对外经济贸易大学应用金融系列研究报告

中国期货市场研究报告
(2011)

吴卫星　刘小红　主编

对外经济贸易大学出版社
中国·北京

图书在版编目（CIP）数据

中国期货市场研究报告. 2011 / 吴卫星，刘小红主编. —北京：对外经济贸易大学出版社，2013
（对外经济贸易大学应用金融系列研究报告）
ISBN 978-7-5663-0648-7

Ⅰ.①中… Ⅱ.①吴… ②刘… Ⅲ.①期货市场-研究报告-中国 Ⅳ.①F832.5

中国版本图书馆 CIP 数据核字（2013）第 038120 号

中国期货市场研究报告（2011）

吴卫星 刘小红 **主编**
责任编辑：郭华良 史伟明

对外经济贸易大学出版社
北京市朝阳区惠新东街 10 号 邮政编码：100029
邮购电话：010-64492338 发行部电话：010-64492342
网址：http://www.uibep.com E-mail：uibep@126.com

山东省沂南县汇丰印刷有限公司印装 新华书店北京发行所发行
成品尺寸：170mm×230mm 18.75 印张 304 千字
2013 年 5 月北京第 1 版 2013 年 5 月第 1 次印刷

ISBN 978-7-5663-0648-7
印数：0 001-1 000 册 定价：38.00 元

本研究报告是对外经济贸易大学“211 工程”三期重大课题“后危机时代的中国金融市场发展”的系列研究报告的部分研究成果。

课题名称：后危机时代的中国金融市场发展

课题总负责人：吴卫星　郭　敏

课题组核心专家：（按姓氏拼音排序）

边江泽　陈　涛　杜冬云　冯建芬

冯晓琦　郭　敏　何丽芬　贺炎林

刘立新　潘慧峰　齐天翔　宋国良

粟　勤　孙艳梅　陶利斌　田秀娟

王茂斌　吴　军　吴卫星　肖欣荣

俞鸿琳　余　湄　张海云　张　颖

对外经济贸易大学应用金融研究中心

冠通期货有限公司

联合研究组

前　言

2011年是全球宏观经济动荡不安的一年。由美国次贷危机引发的全球经济危机的影响仍在继续，以葡萄牙、意大利、爱尔兰、希腊、西班牙等国为代表的欧洲国家正在经历主权债务危机，面临着主权债务违约的可能，大西洋彼岸的美国也在历史上首次失去AAA级主权信用评级；与此同时，国内宏观经济也面临着硬着陆的风险。在这一大背景下，中国期货市场发展的第二十一个年头面临着重要的发展机遇和挑战，投资主体进一步扩大、期货品种进一步丰富、期货公司可开展的业务进一步多元化、市场监管更规范，这些有利于中国期货市场的良性、健康发展；但是，在经过连续五年的高速增长之后，2011年全国期货市场交易量、交易额却是自2005年以来的首次下滑。因此，继《中国期货市场研究报告（2010）》之后，对外经济贸易大学应用金融研究中心联合冠通期货有限公司连续第二年推出此系列研究报告《中国期货市场研究报告（2011）》，对2011年中国期货市场发展进行一番回顾、梳理与思考，希望通过持续、系统地研究和关注，对中国期货市场发展有更深刻的认识和思考，并通过研究报告的形式与广大关心、支持中国期货市场发展的仁人志士分享研究心得、见证中国期货市场的腾飞，也希望本研究报告能够成为中国期货市场研究著作的品牌。

本报告共由四部分组成。第一部分是2011年宏观经济与金融形势研究报告，从宏观层面对2011年国内经济金融政策、国内及全球宏观经济运行情况做了回顾与概述，特别对欧洲主权债务危机的演化及影响进行了讨论，同时对未来宏观经济金融形势做出展望；第二部分是2011年金融期货市场研究报告，详细分析了2011年沪深300股指期货市场运行情况以及基差走势与套利机会，同时从市场运行、品种创新和市场监管等角度对2012年金融期货市场做出展望；第三部分是2011年商品期货市场研究报告，对比分析了国内和国际商品期货市场运行情况，并对2012年商品期货投资做出展望；第四部分为期货投资策略方法专题研究，共包括4篇专题，涵盖了投资组合保险策略、金融期货新品种开发、股指期货价格发行与波动溢出效应以及股指期货套利等方面。最后的附录是2011年期货市场大事记。

本年度研究报告由吴卫星、刘小红任主编，陶利斌、孙艳梅、韩金晓、来绮文、王宫任副主编，他们负责整个报告的设计、组织、统纂及指导工作。具体参加本研究报告各个部分撰稿的成员主要有：第一部分吴赛楠、韩爽，第二部分张琳婉、魏超然，第三部分张阳、刘斯尧、侯冰慧等，第四部分马晓涛、毛玮炜、王鹏、张琳婉、蓝天、谢廖沙、耿丽娉、魏超然、侯冰慧等。陶利斌、孙艳梅、王宫、韩金晓等同志对全书初稿提出了众多建设性意见，韩金晓对全书进行了详细的校对和审核，吴卫星和刘小红最后对报告进行了全面的审阅。

本年度研究报告在研究和撰写过程中，得到了对外经济贸易大学金融学院、对外经济贸易大学应用金融研究中心和冠通期货有限公司的大力支持，他们在本报告的各个关键问题上给予了大力支持与帮助，使得本研究报告内容更加充实和完善，在此表示诚挚地感谢！

尽管参加本年度研究报告编撰的各位同志都对自己执笔的内容进行了专门的潜心研究，但由于面临众多的新问题，加之时间仓促、水平有限，报告中难免不妥之处，敬请各位读者批评指正。

对外经济贸易大学应用金融研究中心
冠通期货有限公司
联合研究组

目　　录

第 1 部分　宏观经济与金融形势

第 2 部分　金融期货市场报告

第 3 部分　商品期货市场报告

第 4 部分　期货投资策略方法专题研究

第 1 部分

宏观经济与金融形势

第1章

2011年全球经济运行情况

第1节　主要金融市场运行情况

2011年，逐渐走出金融危机阴霾的全球经济又面临新一轮挑战。发达国家经济复苏乏力，新兴经济体增速明显放缓；欧洲主权债务危机持续恶化，并威胁到银行业系统的稳定性，成为拖累全球复苏的主要因素；美国历史上首次失去AAA级的主权信用评级，投资者对经济前景担忧加剧；全球自然灾害、地缘政治动荡等突发性事件接连不断，加剧了资产价格的波动。随着市场避险情绪加深，国际资本大量涌向传统的安全资产，黄金、美国国债以及避险货币等均成为受捧的对象，价格纷纷飙升；而股票、贵金属等风险类资产价格大幅下挫。纵观全年，全球资本市场都处于动荡不安的格局中。

1.1　股票市场

2011年受主要经济体复苏乏力的困扰，全球股市整体表现疲软，全年经历了两轮大幅度的下跌。第一次是因3·11日本大地震、海啸及福岛核电站爆炸的冲击，引发市场对日本经济可能大幅下滑并导致全球供应链中断的恐慌情绪，东京日经225指数遭受重挫，3月15日单日跌幅高达10.55%，全球股市也应声纷纷出现暴跌，结束了2010年9月以来整体上涨的态势。震后日本政府及时采取了积极救援措施促使日本经济很快恢复，暂时缓解了市场的担忧情绪，全球股市在第二季度逐渐企稳，但很快又陷入新一轮下跌通道。第二轮大幅下跌源于8月

5 日标普将美国长期主权债务信用评级由 AAA 下调至 AA+，长期展望为负面，使美国历史上首次失去 AAA 级主权信用评级，市场对未来经济前景的产生前所未有的悲观预期，下调评级后的第一个交易日美国股市出现 2008 年金融危机以来最大单日跌幅，并拖累亚欧股市全面大跌。但评级的下调并没有从根本上撼动人们对美国国债的信心，受欧债危机恶化的影响，避险资金反而继续追逐相对更为安全的美国国债，美国国债收益率出现一定幅度的降低，金融市场动荡很快有所平缓。随后，在奥巴马政府推出刺激经济的“扭转操作”、欧盟峰会取得阶段性进展等一系列利好消息的提振下，美股第四季度止跌反弹，标普 500 指数与年初基本持平。

综合全年走势来看，主要发达国家股市表现远好于新兴经济体。图 1-1 对比了中国与主要发达国家的股市表现，其中，美国股市表现最好，道琼斯指数和纳斯达克指数全年分别上涨了 5.5% 和 1.8%，这主要得益于美国经济内生动力恢复、企业财务状况良好以及美联储实施的宽松货币政策，这些因素吸引风险资金流向美国股市。欧洲股市的表现次之，伦敦金融时报 100 指数、法兰克福 DAX 指数以及巴黎 CAC 指数分别下跌 5.65%、15.41% 和 17.80%，欧债重灾区希腊和意大利等国的股市同样难以避免大幅度下跌。尽管新兴经济体实现了更高速度的经济增长，但股市表现最为落后。根据摩根士丹利资本国际公司（MSCI）编

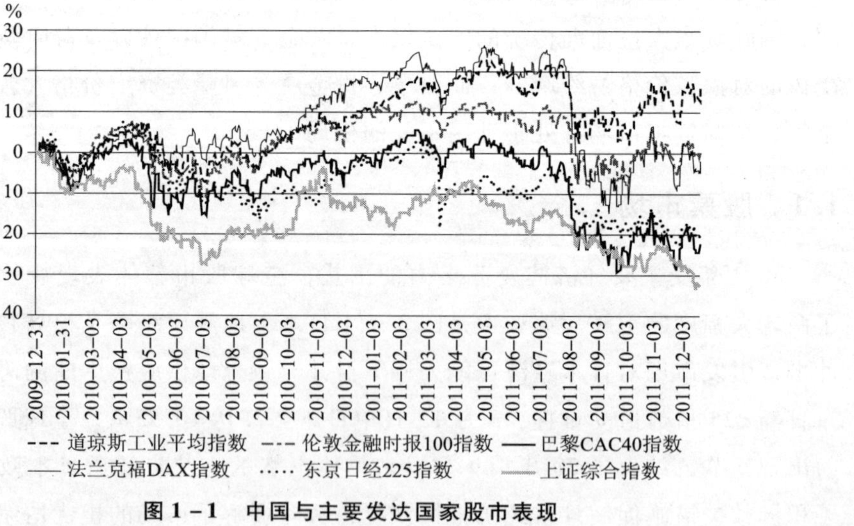

图 1-1 中国与主要发达国家股市表现

资料来源：Wind 资讯

制的投资市场指数显示，2011 年初至 12 月中旬，MSCI 新兴市场指数下跌幅度高达 19.50%，远超 MSCI 全球平均股指 7.96% 的跌幅；而被视为全球经济增长引擎的金砖国家股市更是集体遭受重创，中国、印度、俄罗斯全年股市均跌逾 20%。新兴经济体的股市跑输欧美市场，首要原因是大量国际资本回流至欧美国家，对新兴市场股市造成巨大冲击；此外，由于新兴经济体的股票市场机制尚未成熟，相比发达国家股市表现出更大的弹性，在经济前景出现负面预期时容易出现更大幅度的下跌。

1.2　大宗商品市场

大宗商品经历了跌宕起伏的一年，大部分商品价格从高位回落。如图 1－2 所示，从年初起 CRB 现货价格指数和 CRB 期货价格指数双双震荡下行，这主要源于新兴市场增长乏力，导致大宗商品消费增量缩减。从 IMF 全球初级产品价格指数来看（见图 1－3），食用品、能源和金属的价格均结束了 2010 年 7 月以来过快上涨的势头，从 2011 年第二季度开始进入下滑通道，其中金属价格指数的回落幅度最大，从 1 月份的 243.81% 回落至 12 月份的 192.11%，降幅高达 21.2%；食用品价格指数也由 2 月份的 195.05% 回落至 12 月份的 163.07%，降幅约为 16.4%，食用品价格的回落一定程度上缓解了全球通胀高企的压力。

图 1－2　CRB 现货指数与期货指数

资料来源：Wind 资讯

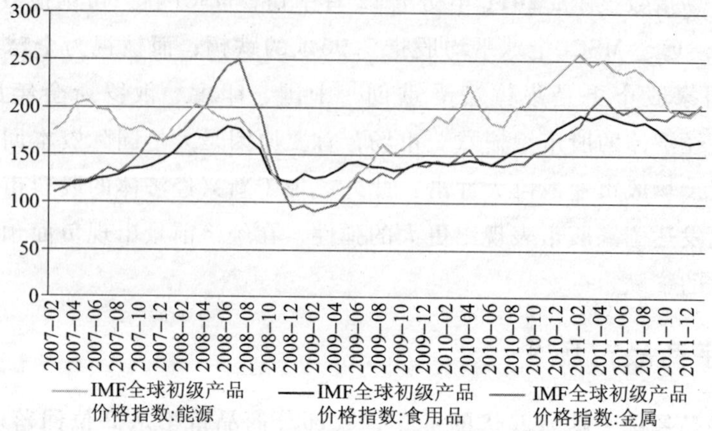

图 1-3　IMF 全球初级产品价格指数

资料来源：Wind 资讯

大宗商品中的原油价格走势一波三折，全年呈现震荡回升的态势（见图 1-4）。年初，利比亚动乱持续以及中东的紧张局势引发市场对原油供给的担忧；日本核危机增加了全球对传统能源的依赖，支撑原油价格稳步攀升，4 月份纽交所 WTI 原油期货结算价最高达到 113.93 美元/桶。5 月起，受全球经济放缓预期、原油需求减弱以及美国采取措施严控高油价的影响，原油价格出现大幅回落；此后，

图 1-4　黄金与原油走势

资料来源：Wind 资讯

国际能源署（IEA）意外宣布释放6 000万桶战略储备、美债评级下调以及美联储采取“扭曲操作”取代预期的QE3等事件，接连引发原油市场的阵阵跌势，8月WTI价格一度跌破80美元/桶的水平。10月，欧盟峰会就欧债危机解决方案取得进展，美国、日本经济数据向好，加上季节性需求高峰的到来，有力地促使原油价格迅速反弹；12月，石油输出国组织（OPEC）达成三年来首个新产量协议，将石油日产量提高至3 000万桶，国际原油再现小幅跌势，最终WTI原油价格于2011年最后一个交易日收于98.83美元/桶。随着伊朗、叙利亚等国地缘政治冲突升级，市场对未来石油供给风险的担忧将再度增加，由于库存和剩余产能缓冲有限，短期内原油价格将面临继续上行的趋势。

1.3 黄金市场

黄金价格2011年同样经历了震荡上扬的格局（见图1-4）。年初，黄金价格延续上一年的行情稳步上行，7月，由于市场对经济前景的不确定性增强以及通货膨胀预期加剧，各路资金竞相涌入黄金市场，黄金价格扶摇直上，连续刷新历史高位，9月份国际现货黄金盘中一度突破了1 900美元关口，最高达到了1 920.78美元/盎司。随后，由于大量投机性资金撤离并转向持有现金和美国国债，黄金价格遭遇一轮暴跌，9月23日，纽约COMEX12月份交割的黄金期货价格下跌101.90美元，报收于每盎司1 639.80美元，跌幅为5.9%，创下5年以来的最高单日百分比跌幅。10月黄金价格止跌企稳，站在1 600美元/盎司上方的位置震荡盘整。12月30日纽交所黄金期货价格收于1 566.8美元/盎司，全年价格回报为11.35%，国际黄金市场实现了连续第11年的牛市行情，充分显现了黄金在危机中保值、抵抗通胀的作用。

1.4 外汇市场

2011年，受欧债危机恶化以及全球经济衰退风险增加的影响，全球投资者风险偏好开始转变，更加关注流动性风险和主权信用风险。美元、日元等作为国际主流货币向来被投资者视为重要的资金“避风港”，即便日本、美国的主权信用评级先后被下调，仍未降低投资者对其货币的持有倾向。美元指数于5月起探底回升，持续震荡走强，至12月23日上涨了10%，全年累计升值1.65%（见

图 1 -5)。由于投资者看好日本储蓄率高、通胀水平低、海外资产庞大等有利条件，日元汇率也实现了全年 5.47% 的涨幅。此外，瑞士法郎、英镑、人民币等货币也出现了不同幅度的升值。为抑制货币过度升值对实体经济的损害，瑞士、日本的央行均采取了强有力的汇率干预措施。9 月 6 日，瑞士央行宣布设定欧元对瑞士法郎的最低汇率为 1.20，并承诺如果有必要将购买无限量的外汇，有效抑制了瑞郎对欧元的持续升值。日本央行多次在外汇市场大量抛售日元、买进美元，以遏制日元对美元的持续升值，这些措施增加了外汇市场的波动性。

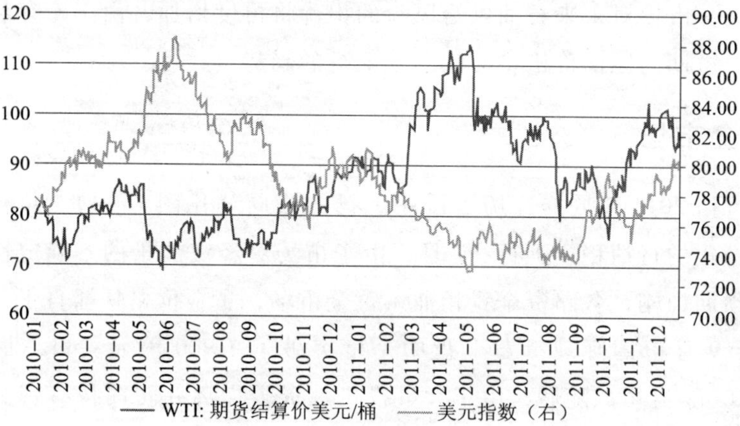

图 1 -5　美元指数与原油价格

资料来源：Wind 资讯

与美元、日元走强对应的是，欧元、英镑、澳元和其他新兴市场货币承受了不同程度的贬值压力，主要受国际资本外流的冲击。2010 年，新兴市场由于全球流动性泛滥和受自身经济增长强劲的影响，曾一度出现本国货币大幅度升值。然而，到了 2011 年，在外部环境恶化的背景下投资于新兴市场的风险性增加，加上欧元区银行出售在新兴市场国家的资产以弥补自身资金缺口，致使新兴国家资本大量外流，货币出现了大面积贬值的现象。图 1 -6 显示了金砖五国的货币汇率走势。自 8 月初以来，巴西、俄罗斯、南非和印度四国的货币均出现了相对美元的小幅贬值，其中印度卢比贬值幅度最大，约为 18%；巴西雷亚尔对美元贬值约 17%；俄罗斯卢布对美元贬值约 13%；南非兰特对美元贬值约 21%；只有人民币维持了相对美元的强势。此外，韩国、越南、墨西哥、土耳其、肯尼亚等新兴国家货币都出现集体贬值。为了避免汇率过度波动引发新一轮货币危机和资金急速撤出风险，印度、韩国、泰国、新加坡、菲律宾等国家的货币当局纷纷对汇市进行了干预，以抑制本币的过度贬值，维护金融市场稳定。

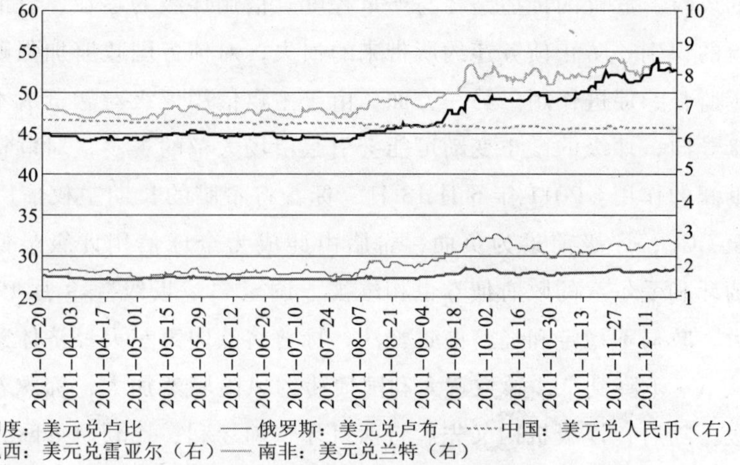

图1－6 金砖国家（BRICS）货币汇率

资料来源：Wind资讯

第2节 欧洲主权债务危机的演化及影响

2.1 欧债危机的发展与演进

欧洲主权债务危机于2008年金融危机后开始萌芽。为刺激本国经济的复苏，各国政府采取过度扩张的财政政策，致使财政收支平衡持续恶化，主权债务风险逐渐酝酿。2009年底，随着希腊债务问题浮出水面，全球三大评级机构标普、穆迪和惠誉同时下调了希腊主权债务评级，欧债危机拉开了序幕。随后，危机向欧元区外围国家扩散，爱尔兰、葡萄牙、西班牙等国也相继暴露严重的财政赤字，主权债信用风险大幅上升，欧债危机全面爆发。2011年，由于大批债务集中到期而无力偿还，希腊债务危机再度升级，并蔓延到意大利和西班牙等大型经济体，甚至威胁到法国等核心国家，整个欧盟几乎都受到债务危机困扰。

在危机中，国际三大评级机构扮演了不可忽视的角色，其作用无疑是把双刃剑。一方面，它从专业的角度对债务人的信誉度进行评判，客观地反映了主权国家债务的风险、危机的传播路径与严重程度。信用评级的存在，有助于提升投资者对风险的识别并防止债务违约所带来的损失，对债务国政府加强财政自我约束也起到了监督、促进作用。另一方面，由于主权信用评级对融资成本、资本流向产生直接导向，评级的微小变动可能会引起市场大幅的震荡，对危机的蔓延起到了推波助澜的作用。2011 年 6 月 13 日，标普将希腊的长期主权信用评级由 B 连降三档至 CCC，评级前景为负面，希腊由此成为全球信用评级最低的国家。随后，葡萄牙和爱尔兰的政府债券也相继被下调至“垃圾级”。9 月 19 日，因债务规模最大、政局不稳定和经济前景黯淡，标普将欧盟第三大经济体意大利主权债务评级从 A + 下降到 A，导致意大利国债违约风险骤然加大，标志着欧债危机进一步升级。随后，评级机构又先后将西班牙、匈牙利、比利时等欧元区国家主权信用评级进行下调，显示欧债危机已由南欧国家向东欧和北欧蔓延的势头。11 月 21 日，穆迪发出欧盟第二大经济体法国信用评级可能下调的警告，加剧投资者对欧债危机升级的担忧，紧接着 11 月 27 日又发出警告，27 个欧盟成员国的信用评级或将均被下调。12 月 16 日，惠誉宣布将比利时、西班牙、意大利、爱尔兰、斯洛文尼亚、塞浦路斯 6 个欧元区国家主权评级列入负面观察名单。从评级机构对欧元区国家这一番降级潮可以看出，危机已经由欧元区外围国家向核心国家扩散，整个欧元区未来经济前景令人担忧。

2.2 欧债危机的影响

欧债危机的演化主要通过三种途径对经济持续产生负面影响。首先，受庞大债务负担制约的国家政府不得不削减财政开支、增加税收，通过财政刺激经济的手段失灵而不利于实体经济的复苏，形成“财政紧缩—经济衰退—债务增加”的恶性循环。

其次，主权债务评级被下调国家的信用因偿债能力的减弱而受到质疑，引起投资者大量抛售危机国家债券，国债收益率大幅攀升。2011 年，欧债危机的发源地希腊，其国债收益率从年初的 10% 飙升至年底的 35% 左右；葡萄牙的国债收益率也在下半年突破10%；欧元区第三大经济体意大利，其国债收益率稳步攀升并一度突破7%的警戒线，处于被救助的边缘。西班牙也紧随其后，国债收益率逼近7%。法国由于其自身债务规模较大，加之银行持有欧洲各国国债较多，引发投资者对其债务问题的担忧，国债收益率也出现显著上扬，法国10年期国债收益率与同为AAA评级的德国同期国债收益率之差升至190个基点，创下欧元区创立以来两国国债收益率差值的最大值。借贷成本的上升导致各国政府融资状况恶化，部分国家已难以承担巨额的融资成本，面临资金链断裂的风险。

更为严重的是，由于持有欧洲主权债的主体为银行，当危机扩散时，首当其冲的就是欧洲的银行业体系，银行业系统性风险大大增加。目前欧洲银行业面临着巨大的风险敞口。根据国际清算银行统计的数据显示，截至2011年第一季度末，法国银行业的风险敞口最大，欧元区银行业对希腊、爱尔兰、葡萄牙、西班牙、意大利和比利时六国主权债的风险敞口合计高达4 548亿美元。主权债务危机的持续恶化，已经对欧洲各大银行的资产负债表产生了重大影响。一方面，随着重债国的国债收益率攀升，国债价格快速回落，直接导致银行持有的欧洲国债资产大幅缩水。另一方面，大幅的主权债务减记，甚至出现债务违约，将使欧洲各大银行蒙受巨大损失。欧洲各大银行2011年第三季度公布的季报显示，法国四大银行（法国巴黎银行、兴业银行、农业信贷和法国人民储蓄银行集团）第三季度的净利润骤减至24亿欧元，比2010年同期缩减了近2/3。其中巴黎银行减值幅度最大，第三季度净利润骤减至5.41亿元，较2010年同期减少72%。无论通过债务减记或其他方式解决债务问题，银行都将通过缩减业务回笼资金等方式谋求自保，从而影响经济领域中企业的信贷链条，导致经济状况进一步恶化。

2.3　救助措施

危机爆发以来，欧盟委员会、国际货币基金组织（IMF）和欧洲央行采取了多项救援措施以阻止欧债危机进一步向全球金融危机演变。其中，欧盟和IMF先后出台了两轮大规模的援助方案。第一轮援助方案于2010年5月推出，向希腊直接发放总额为1 100亿欧元的贷款援助，以避免其发生债务违约。与此同时，成立欧洲金融稳定机制（ESM），该机制包括总额达4 400亿欧元的欧洲金融稳定基金（EFSF）。EFSF以欧元区成员国的信用作为抵押，通过发行债券的方式融资，将资金用于向申请援助并得到批准的欧元区成员国提供紧急贷款，为保护欧元区的金融稳定发挥了核心的作用。11月28日，欧盟各国财长批准通过了向爱尔兰提供规模达850亿欧元的救助计划，爱尔兰正式成为继希腊之后欧元区第二个接受金融援助的国家。此轮援助对希腊国内和国际金融市场起到了一定稳定作用，但并没有从根本上遏制希腊债务的再度恶化。进入2011年下半年，由于大量贷款集中到期，希腊再度面临违约风险。2011年10月，欧盟和IMF领导人在第二轮欧盟峰会上着手对希腊展开第二轮救助，出台了包括EFSF杠杆化扩容、减记希腊债务和欧洲银行业重组三大内容的一揽子方案。欧盟相关各方同意，减记私人部门所持希腊债务50%，约为1 000亿欧元，同时希腊还将获得1 300亿欧元的新官方贷款；同意将杠杆化引入EFSF，最高杠杆比例为4～5倍，从4 400亿欧元扩大至1万亿欧元；要求银行资本充足率在2012年年中之前达到9%。三大议题达成共识，标志着欧债危机取得了阶段性成果。进一步地，12月欧盟峰会上除英国之外的26个成员国就加强财政纪律同意缔结政府间条约，或称“财政契约”，同时增强危机救助工具，各方最新达成的协议最迟将于2012年3月签署，意味着欧元区向财政一体化迈出了实质性的一步。

欧洲央行的救助主要通过三种方式进行。第一，以各类资产为抵押品，为银行提供短期贷款。2011年9月，欧洲央行联手美国、英国、日本和瑞士四国的央行向欧洲银行业提供不限量的3月期美元贷款，以缓解欧洲银行业的美元短缺问题。第二，推行债券购买计划（SMP），即欧洲央行和欧元区17国央行从银行和其他投资者手中购买公债和公司债，但不直接从政府购买。当欧元区重债国无法再顺利融资时，央行通过在二级市场上购买私人投资者抛售的国债，可以防止国债收益率大幅度攀升。欧洲央行自2010年5月份推出的证券市场计划以来，购买了约740亿欧元的债券，但由于这一举措使欧洲央行的独立性受到质疑，该计划已从2011年3月份开始暂停购买。第三，推行长期再融资操作（LTRO）。由于市场对银行部门损失和财政可持续性存在担心，许多欧元区国家的主权利差扩大，达到了欧洲经济和货币联盟成立以来不曾出现过的高水平。欧元区的银行融资几乎枯竭，迫使欧央行于2011年12月9日欧盟峰会后提出两轮3年期的长期再融资操作（LTRO）。第一笔于2011年12月21日拍卖，结果523家欧元区银行共计获得4 890亿欧元3年期1%的低息贷款。第二笔计划于2012年2月底拍卖。此次行动被看作是变相的量化宽松政策，它保障了银行业继续向工商业部门提供信贷的能力，稳定了市场情绪，为欧元区政府动手解决债务问题赢得了时间。11 月 30 日，全球六大央行（美联储、欧洲中央银行、日本银行、英格兰银行、加拿大央行和瑞士央行）采取协调行动，将美元货币互换利率下调 50 个基点，并将互换协议延期至 2013 年 2 月 1 日。此次举动降低欧洲银行业的美元融资成本，缓解了全球资本市场的流动性紧张状况，提高了银行对家庭和企业放贷的意愿和能力，极大地提振了市场信心。

第 3 节　全球宏观经济政策回顾

在欧债危机恶化并蔓延、全球经济面临巨大下行风险的背景下，2011 年主要经济体在政策操作上均维系宽松格局，为经济复苏继续创造宽松货币环境。尽管全球通胀高企，多数国家的央行仍宣布下调或维持较低的基准利率，澳大利亚、英国等国的货币当局已经重启了宽松货币政策，以应对经济形势恶化。

3.1　美国

美国政策目标主要在短期刺激经济与中长期财政整顿的需求上进行权衡，政策导向主要围绕着财政减赤和促进就业两大主题展开。

长期以来，美国拥有庞大的债务规模，同时面临高财政赤字问题。截至 2011 年底，美国联邦债务总额已达到了创纪录的 14.76 万亿美元，占 GDP 比重为 98.7%；2011 年财年联邦财政赤字为 1.3 万亿美元，赤字占 GDP 比例为 8.7%。滚雪球似的债务规模和持续扩大的财政赤字已成为美国经济的一大负担。美国国会两党由于政治分歧就美国国债发行上限问题展开了激烈的谈判，一直僵持不下，由于政治决策的不果断打击了市场对美国政府执政能力的信心，最终诱发了评级机构标普史无前例地将美国长期主权债务信用评级下调，长期展望为负面。2011 年 8 月 2 日，美国国会参众两院通过了《2011 年预算控制法案》，在提高债务上限和制定长期减赤计划方面取得了进展，但该法案主要限制政府可自由支配支出，而美国财政支出增幅主要来自于社会保险、医疗保险以及偿还高额公共债务所需支付的利息。由于社会福利存在刚性，美国社会处于人口老龄化进程中，降低医疗费用增速存在难度，因而该法案不能从根本上解决美国的高财政赤字问题。2011 年 11 月 21 日，美国国会减赤超级委员会宣布谈判破裂，意味着 2012 年如果没有新的措施出台，美国将会于 2013 年开始启动自动减赤机制，需要削财政赤字 1.2 万亿美元，这些削减将分摊到国防和非国防项目开支方面。

为了刺激就业，奥巴马政府于 2011 年 9 月 8 日提出了总额达 4 470 亿美元的“就业促进法案”，旨在通过为企业与工薪阶层减税、扩大基础设施投资等措施来促进就业和提振美国经济。该法案的重点是约 2 400 亿美元的减税计划：如果美国企业雇佣一个失业时间达半年以上的失业者，将给予其最高 4 000 美元的减税奖励；美国 1.6 亿雇员 2012 年起薪资税减半。该方案还包括，在基础设施建设领域进行支出、向地方政府提供补助金以避免其裁减教师人数等。同时，奥巴马还计划延长即将到期的失业救济金政策，这部分开支预计达 1 400 亿美元。

美联储继续维持宽松的货币政策，2011 年 8 月 9 日宣布将 0～0.25% 的联邦基金利率维持至 2013 年年中。由于美元基础货币大量泛滥，国内通胀压力显现，美国第三季度 CPI 上升到 4% 以上的高位，致使 QE3 推出受阻。2011 年 9 月，美联储针对性地出台了 4 000 亿美元的“扭转操作”，即通过减持剩余期限为 3 年期及以下的短期债券，并购入相同数量的 6～30 年期的中长期国债，以达到平滑长期国债收益率曲线的目的。该方案在避免进一步扩大美联储资产负债表的前提下，加大了美元资产和权益类美元资产的中长期吸引力，并促使与长期利率挂钩的房屋按揭贷款和汽车贷款的利率降低，从而鼓励了消费信贷与投资。这一措施的另一优势是避免了对美国国内通胀的刺激，四季度美国通胀压力有所回落，2011 年 12 月份 CPI 同比上涨 3.0%。

3.2 欧盟

欧洲主要债务国家由于同时面临经济衰退风险和债务负担压力的困扰，经济政策陷入巨大的矛盾之中。为了防止财政收支进一步恶化，政府不得不采取增加税收、压缩财政开支、削减社会福利等政策以维持债权人的信心并获得国际社会的救助，但紧缩的政策却可能导致经济增长放缓甚至停滞，政府依靠自身偿还债务的能力愈加减弱，只能通过借新债抵旧债，不得不增加更多的利息支出，形成恶性循环。迫于接受救助的压力，欧元区债务国政府纷纷提出了削减赤字的计划。希腊政府继2010年5月份承诺大规模减赤目标后，又于2011年6月推出新的一揽子财政紧缩计划；爱尔兰政府也于2010年11月份公布了一份四年期的财政紧缩计划，拟削减财政赤字150亿欧元；西班牙计划未来三年内削减财政预算500亿欧元，2013年财政赤字率降至3%；葡萄牙计划将财政赤字率由2009年的9.3%降至2010年的7.3%；意大利计划在两年内削减财政预算260亿欧元，2012年财政赤字率降至3%；法国、德国、荷兰、卢森堡也开始实施财政紧缩计划。法国为了维持AAA级主权评级，宣布未来五年将实施多项加税及削减预算措施，总计规模达650亿欧元的财政紧缩计划，这会减少法国内需，并导致经济增长放缓。对于南欧来说，在沉重的债务负担以及被迫的财政紧缩打击下，经济衰退仍在继续。

由于财政政策的调控作用实际上已失效，欧洲央行肩负着防止欧洲经济萎缩的重任，但欧盟国家整体的通胀压力却日益显现，使欧洲央行的货币政策同样左右为难。2011年，欧盟的CPI和PPI均处于高位徘徊，CPI在多数月份均达到3%以上，远超过了2%的目标通胀率；英国的CPI更是全年维持在4%以上，9月份达到全年最高值5.2%。为了控制通胀水平，欧洲央行分别于2011年4月和7月先后两次提高基准利率25个基点。然而，加息则不可避免地提高欧元区国家的债务负担，使本已债台高筑的欧洲国家风险加剧。进入第三季度后，欧债危机持续恶化和经济衰退风险加剧，欧洲央行的货币政策出现了转向，先后于11月和12月两次下调了欧元区的基准利率，降至1%的历史最低水平，物价稳定的目标已让位于防止经济衰退。英国央行于10月通过购买英镑的国债和其他资产，向再次注入750亿英镑资金，这是英国继2009年3月以来实施的新一轮量化宽松政策，目前已累计向市场注资达2 750亿英镑。与此同时，英国央行维持0.5%的历史最低利率不变。

3.3 日本

日本经济自年初以来受到一系列灾难的冲击。3·11大地震及核泄漏事件，导致日本国内产业链中断，经济一度出现衰退；由于灾后大量资金回流，推动了日元持续大幅升值，对日本经济反弹形成了一定压力。为稳定震后金融市场，应对日本国内通货紧缩的压力并刺激内需，日本政府扩大了财政支出力度，日本央行推行一揽子的“全面宽松计划”，以满足金融机构不断上升的资金需求。

一方面，日本央行全年维持自2010年10月起实施的零利率政策，将银行间无担保隔夜拆借利率维持在0－0.1%的区间。同时，政府扩大了资产购买计划，日本央行多次向市场进行大规模注资，以确保经济复苏势头。5月24日，日本政策金融公库宣布下调提供给中小企业的保障性贷款——“交易企业破产应急贷款”的利率，以防止地震引发企业破产的多米诺效应。随后，为巩固日本经济增长基础、激发中小企业经济活力，6月14日，日本央行再次推出总额5 000亿日元的融资支持计划，重点鼓励金融机构向具备技术优势的中小企业提供无需不动产抵押或他人担保的优惠贷款。10月27日，日本中央银行将购买金融资产的资金规模增加5万亿日元至55万亿日元，并将新增5万亿日元将全部用于购入长期国债。

由于灾后重建需要大笔资金，迫使日本政府大量增发国债，国债占GDP的比例屡创历史新高。第三季度末，日本政府债务总额达到954万亿日元，占GDP的比例高达199%。日本庞大的财政赤字，加上政权的频繁更迭阻碍了长期财政政策的实施。作为偿债资金的来源，日本政府临时增税10.3万亿日元，并增加税外收入2千亿日元。目前日本政府正在酝酿针对消费税的增税。在税外收入方面，日本政府加速公务员宿舍等国有资产的出售，央行也增加两次商业票据的公开竞卖和一次企业债券的公开竞卖，金额达到7 500亿日元。同时，日本政府也进一步削减财政支出，例如削减儿童补贴和中止高速公路免费制试点，分别每年减少财政支出5千亿日元和1千亿日元。

为了抑制日元的持续升值对日本出口带来的压力，日本央行采取了强有力的外汇干预措施，于3月17日、8月4日、10月31日前后三次出手干预汇市，主要通过大举抛售日元、买入美元，同时扩大资产购买计划。由于日本政府干预汇率所需的日元资金一般通过发行政府短期证券筹集，导致日本外汇储备猛增，截至11月底，日本外汇储备再创新高，达到13 047.63亿美元。

3.4 新兴经济体

2011年新兴市场呈现了经济增速放缓与通胀高企并存的困境。2011年上半年，受国际资本大规模流入、农产品价格周期等因素影响，新兴市场国家面临严重的通胀压力。金砖四国中，印度和俄罗斯的通胀率均高达9%以上，巴西和中国的通胀率也分别达到了7%和6%以上的水平。各国频频收紧货币政策，以抑制输入型通胀不断上升和本币升值对本国经济的冲击。中国人民银行从年初起连续6次上调存款类金融机构人民币存款准备金率共计3个百分点，力图收紧市场流动性。上半年的经济紧缩政策效应在下半年逐渐显现，随着国际大宗商品价格回落，大多数新兴市场国家的通胀率开始呈现从高位回落的趋势。进入9月份以来，由于国际金融形势急剧恶化，大量资本从新兴市场撤离，导致新兴市场国家的货币出现大面积贬值，外需增长面临巨大挑战。为避免经济出现"硬着陆"，各国货币政策也随之转向，从此前的持续紧缩趋于稳健。韩国、菲律宾、秘鲁、马来西亚以及智利在上半年加息后保持基准利率水平不变。2011年8月31日巴西央行意外降息，将基准利率下调0.5个百分点，标志着巴西年初以来执行的紧缩型货币政策开始转向。此后，巴西央行连续两次下调基准利率至11%，以确保巴西经济实现适度增长。印尼央行也于年内两次降息，以防范外部经济恶化对该国经济增长。泰国受严重的洪灾影响以及外部需求不振加剧了经济下行的风险，暂停了加息，仍维持3.5%的基准利率水平不变。中国人民银行2011年12月5日起下调存款类金融机构人民币存款准备金率0.5个百分点，为近三年来首次下调。2011年12月16日，印度央行也宣布将回购利率维持在8.5%的水平不变，结束了长达19个月的加息周期。新兴经济体国家的政策天平已经由"控通胀"向"保增长"倾斜。

第4节 主要经济体运行表现

4.1 美国

2011年以来，美国经济的复苏节奏加快，各季度GDP环比折年增长率分别为0.4%，1.0%，2%和2.8%，主要源于消费需求强劲和企业投资增长的拉动。根据美联储发布的数据显示，美国2011年个人储蓄倾向持续下滑，消费信贷持续增长，2011年12月份消费信贷猛增193.1亿美元，年率增长9.3%，消费信贷总额增至2.4983万亿美元。消费者信心指数也持续上扬，2011年11月份零售和食品服务销售同比增长6.75%。个人消费开支对美国国内生产总值的贡献约达到70%，是美国经济增长的主要动力。企业固定投资也保持连续增长势头，其中，企业设备投资和软件投资均有较大反弹，说明美联储低利率政策效应得以显现。

制造业先抑后扬（见图1－7）。美国权威行业研究机构供应管理协会（ISM）公布的数据显示，2011年上半年美国经济复苏表现疲软，制造业和服务业采购经理人指数（PMI）均呈现连续下滑的趋势；第三季度PMI的各项数据开始在50的荣枯分界线上方企稳，2011年12月制造业PMI和服务业PMI分别为53.9和52.6，从分项指数来看，新订单指数和产出指数均出现加速反弹，显示制造业呈现加速复苏迹象。

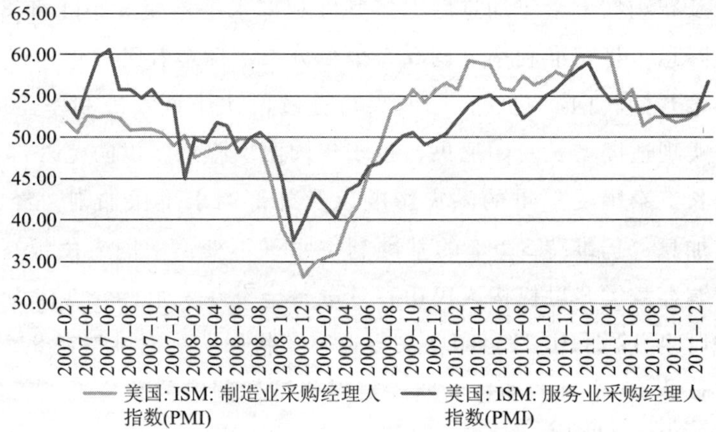

图1－7　美国制造业和服务业采购经理人指数

资料来源：Wind资讯

劳动力市场有所改善。2008年金融危机以来，失业率持续攀升成为美国经济复苏的一大挑战，通过一系列就业促进措施与行业调整，2011年美国的失业率出现了下降的趋势，结构性失业问题得到初步解决。根据美国劳工部公布的数据，12月份新增的非农业就业人口为20万，当月经季节调整后的失业率下降至8.5%，为2009年3月以来的最低水平，表明美国就业市场出现回暖的迹象（见图1－8）。失业率通常与消费、信贷和房地产市场的景气程度密切相关，美国目前的失业率相比2008年以前的历史水平仍处于高位，未来改善就业市场仍将成为政府推动经济复苏并维持社会稳定的重要目标。

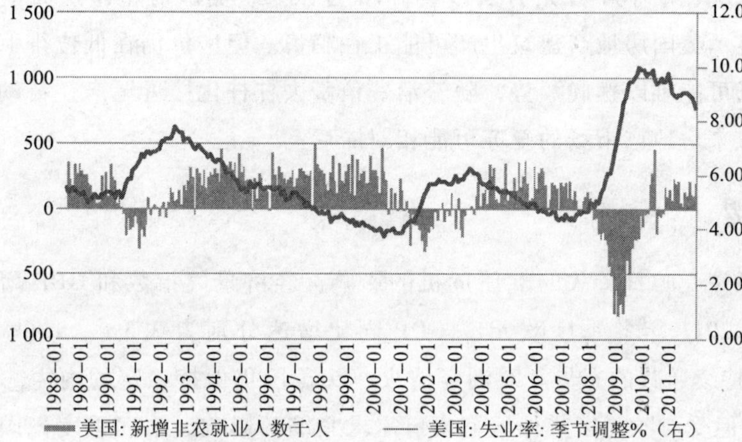

图 1 –8　美国新增非农业就业人数与失业率

资料来源：Wind 资讯

房地产市场在 2011 年上半年表现出二次探底，下半年企稳回升。年初，受美国经济增长疲软和失业率上升的影响，房地产投资需求依旧萎靡不振，美国房屋建筑商对住房市场信心的恢复出现停滞，尽管房屋按揭利率已经下降到了历史新低，但房价仍在寻底，美国 20 个大中城市的 S&P/CS 房价指数持续下滑（见图 1 –9）。

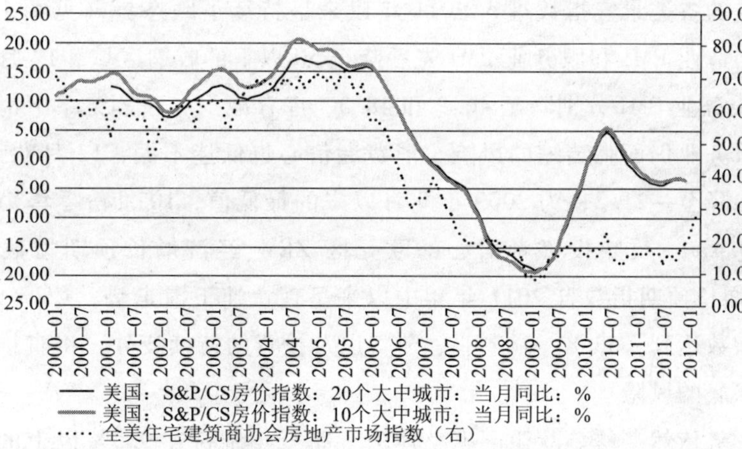

图 1 –9　美国 S&P 房价指数与全美住宅建筑商协会房地产市场指数

资料来源：Wind 资讯

房屋供需情况在下半年开始有所改善。10 月以来，美国房屋建筑商信心指数开始反弹，显示美国房地产建筑生产可能正在趋稳。但房价仍在低位徘徊，短期内房地产市场可能难以摆脱颓势，随着消费信贷去杠杆化接近尾声，劳动力市场缓慢复苏，未来房地产市场的复苏可能相对滞后。

4.2 欧盟

欧元区深受旷日持久的欧债危机的影响，经济景气指数和 GDP 增速均出现全面下滑。2011 年各季度欧元区 GDP 同比增速分别为 2.5%，1.6%，1.4%，1.3%，呈持续递减的态势。欧洲经济火车头德国仍保持稳定的内需，全年 GDP 增速 3%，但受对欧元区其他国家出口需求紧缩的影响，第四季度德国经济出现了 0.2% 的萎缩。欧洲经济另一大引擎法国经济也于第四季度出现明显放缓，第三季度 GDP 同比增速 1.6%，表明欧元区经济内生增长乏力。欧元区工业生产大幅下降，三大经济体德、法、意工业生产分别下降了 2.7%、1.7% 和 4.8%。“欧猪五国”（葡萄牙、爱尔兰、意大利、希腊、西班牙）在沉重的债务负担以及被迫的财政紧缩打击下，经济衰退仍在继续。欧元区第四大经济体西班牙第三季经济成长停滞，葡萄牙经济则早已出现萎缩，第三季不景气情况加剧，GDP 同比下滑 1.7%。

欧元区的各类景气指数进入 2011 年以来呈持续下跌态势（见图 1－10）。8 月份起，制造业 PMI 和服务业 PMI 先后降至 50 以下的收缩区域，12 月份的制造业 PMI 和服务业 PMI 分别降至 46.9 和 48.3，库存减少和采购订单下滑，欧元区制造业和服务业仍面临萎缩的风险。消费者信心也低迷不振，12 月欧元区 17 国消费者信心降至－21.2，为 2009 年 9 月以来的最低值，10 月份零售销售指数也同比下降 0.4%。反映投资者信心的欧元区 ZEW 经济增长预期指数以及德国 ZEW 经济增长预期指数自 2011 年年中以来呈现快速下滑走势，德国 12 月 ZEW 景气判断指数达到－53.8。制造业、消费以及投资的持续疲软，将直接导致经济面临二次探底的风险。

就业形势依然严峻。欧盟国家整体失业率全年维持在 9.5% 以上的水平，已成为欧洲经济复苏的最大障碍。西班牙是欧元区国家中失业率最严重的国家。西班牙劳工部表示，2011 年年底失业人数达 442 万人，申请失业救济金的人数创

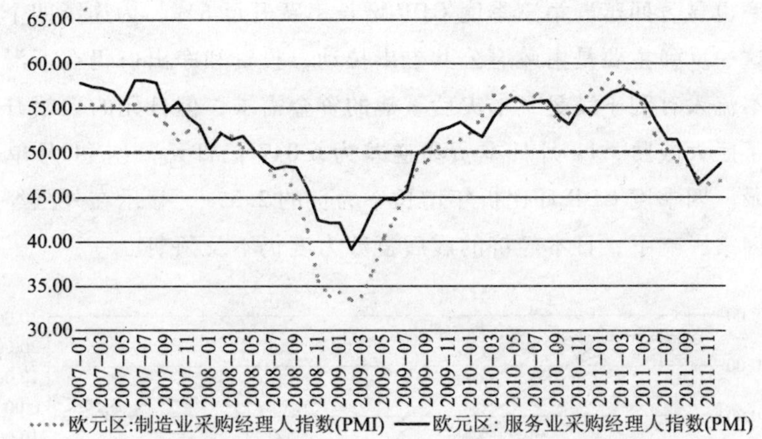

图 1-10　欧元区制造业和服务业采购经理人指数

资料来源：Wind 资讯

15 年新高。二季度以来，法国失业率不断攀升，突破9%的心理大关，11 月法国本土登记的失业人数新增近 3 万人，失业总人数高达 285 万，创 12 年来新高。12 月意大利的失业率达 8.9%，创2004 年 1 月份以来的新高。失业率居高不下，严重威胁这些国家的经济复苏动力，并可能直接导致经济面临萎缩。

4.3　日本

日本经济从 2010 年开始在内需的刺激作用下缓慢复苏，但很快再度受一系列灾害与外部危机的重挫。随着欧债危机恶化并蔓延的影响，日本的主要贸易出口国经济减速，加上日元持续升值，导致日本外需疲软。突如其来的“3·11”大地震和核危机给日本经济复苏再添阴霾，企业生产链中断、电力短缺，严重制约日本产业经济的复苏。经济陷入衰退、通货紧缩形势恶化，导致信用评级机构穆迪 8 月 24 日将日本国债的评级由 Aa2 下调至 Aa3。

上半年日本 GDP 连续出现负增长，前两个季度的 GDP 环比折年增长率分别下跌3.7%和2.1%，制造业 PMI 在50 的荣枯分界线附近上下波动（见图1-11）。但灾后日本政府采取了积极有力的措施，随着灾后重建中供应链逐步修复、个人消费和投资逐步回暖，工业生产和进出口强劲反弹，5 月制造业采购经理人指数（PMI）经季节调整为51.3，重新回到枯荣线上方。灾后重建新增就业机会增加，日本失业率也显著回落。第三季度 GDP 增长率跃升至 6%，为连续四个季度首度为正，但这一反弹主要是由政府公共支出拉动，投资和净出口仍在下滑。尽管大规模的资本流入有利于满足日本灾后重建的资金需求，但日元的大幅升值对日本出口带来了巨大威胁，11 月日本贸易逆差为 6 847 亿日元，创 11 月单月逆差幅度最大纪录。四季度 GDP 环比折年增长率为负的 2.3%，显示在外围经济经济走势不佳等因素影响下，日本经济的震后复苏力度仍不及预期。

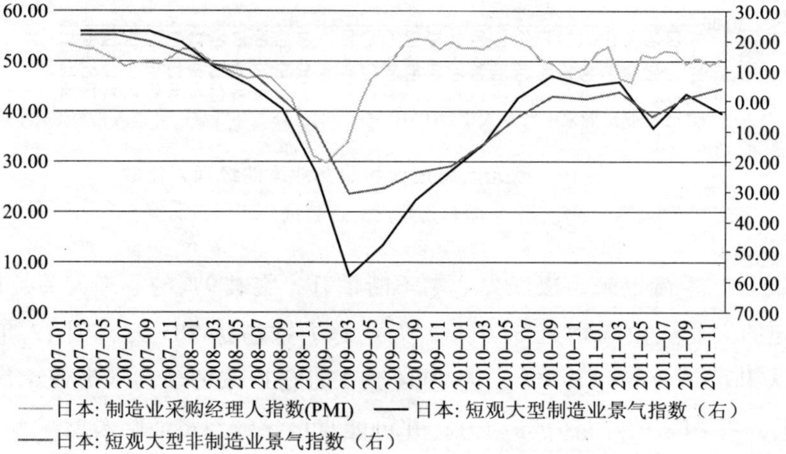

图 1-11　日本制造业 PMI 与短观景气指数

资料来源：Wind 资讯

4.4　新兴经济体

新兴经济体总体上仍保持较强劲的增长态势，但是在自身紧缩政策、发达市场需求不振以及国际资本流动冲击的共同作用下，经济增速放缓程度超出了预期。根据 IMF 发布的数据显示，2011 年新兴和发展中经济体产出增长率为 6.2%，与 2010 年相比下降 1.2 个百分点，但仍远高于发达经济体仅有的 1.6% 的增长率，表明新兴经济体仍是拉动世界经济增长的最大引擎。其中，亚洲发展中国家的经济运行表现最好，总产出实现了 7.9% 的年增长率。中国经济呈现了逐季平稳回落，全年 GDP 增速达到 9.2%。印度受持续高通胀、资本外流、外围环境恶化以及本币大幅升值的影响，经济增速则出现了明显放缓，全年 GDP 增速7.4%，相比2010年降低了2.5个百分点。印度经济增长表现较为乐观，前三季度GDP增速均超过6%，国内消费是拉动印度经济增长的主要动力。从其他金砖国家来看，俄罗斯维持了2010年的增速，全年GDP增长4.1%，主要得益于全球石油需求的增加、企业投资加大、银行信贷增加对消费开支的提振。巴西受出口减少、工业增长放缓、服务业增速下降等多重因素影响，经济出现急剧下行，由2010年的7.5%下滑至2011年的2.9%。南非上半年由于受到制造业、矿业、以及农业部门产值出现巨幅下滑的拖累，第二季度南非经济仅增长1.3%，创下过去两年最低增长，但第四季度由于制造业反弹，刺激经济恢复，全年增长率为3.1%。

由于新兴经济体制造业严重依赖外需，受发达国家经济放缓、出口市场竞争激烈等因素影响，2011年经济体制造业PMI普遍回落（见图1-12）。金砖国家进入第三季度制造业PMI指数呈现涨跌互现的局面，南非、印度、俄罗斯第三季度的制造业PMI都出现了上升的态势，其中南非的反弹幅度最大，由6月份的50.8上升至11月份的58.2，反映出这些国家制造业扩张态势均有不同程度的恢复。尽管巴西11月制造业PMI有所反弹，但仍低于50荣枯分水岭，表明该国依旧未能从制造业萎缩的困境中走出。包括中国、韩国在内的亚洲国家制造业表现较弱。11月中国制造业PMI降至49.0，为2009年3月以来的最低点，新订单和出口订单指数均处于收缩区域，表明制造业市场需求减弱。

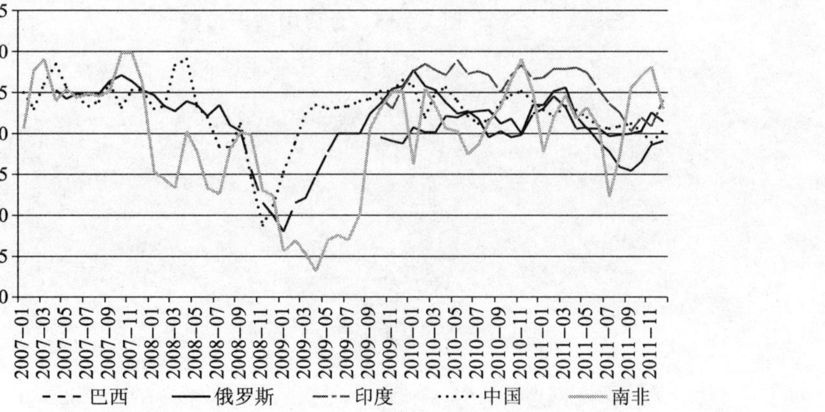

图1-12 金砖五国制造业采购经理指数（PMI）

资料来源：Wind资讯

出口方面，新兴经济体在外部需求不振、本国货币升值和产业结构调整的多重压力下，出口出现下滑。进入2011年三季度以来，印度、泰国、菲律宾等国的出口增幅显著放缓，特别是韩国、新加坡对欧美地区出口受到显著冲击。10月韩国对美国和欧洲的出口分别减少7%和20.4%，贸易顺差大幅低于去年同期。新加坡10月非石油类本地产品出口较去年同期下跌16.2%。金砖国家的出口情况总体表现良好（见图1－13），全年呈上升态势。12月，中国、巴西、印度和俄罗斯出口额环比均出现上升，其中印度出口额环比上升幅度最大，达到12.1%。

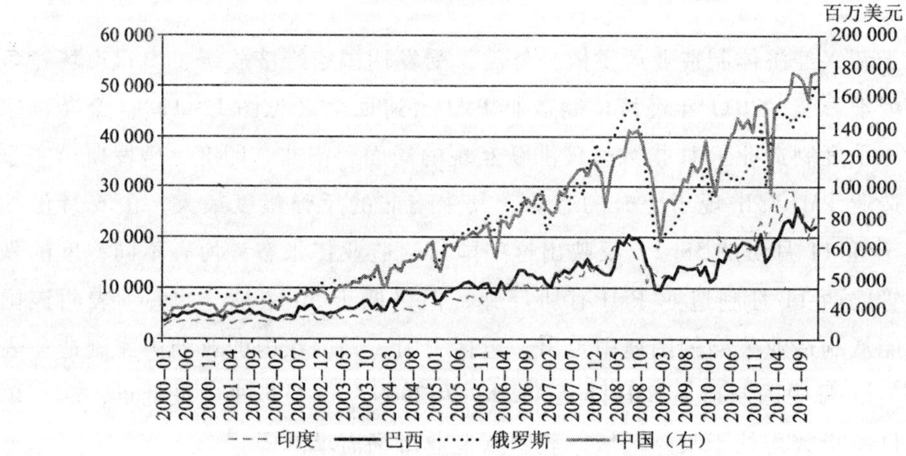

图1－13　金砖国家出口额

资料来源：Wind资讯

第 2 章

2011 年中国宏观经济运行状况

第 1 节　2011 年宏观经济政策导向回顾

2011 年是我国“十二五”规划的开局之年，是至关重要的一年，而这一年国内外经济形势也发生了重大变化。金融危机过后，世界经济有所复苏，我国经济增长的外部环境有所改善，这对于中国经济发展来说是一个很好的机遇，但与此同时与经济高速增长不匹配的结构不均衡状况也带来一系列的社会问题，尤其是各个行业收入严重不均衡，引起了社会各界的重点关注。

2011 年第一季度，中国经济开局良好，消费需求保持稳定，固定资产投资和进出口增长较快，农业生产形势良好，工业企业效益改善，居民收入稳定增加，但物价上涨较快，表明自 2010 年下半年以来持续的通胀压力并未消失且在继续蔓延中。第二季度，宏观经济继续稳定增长，但价格总水平继续上升，央行采取的一系列调控措施并未显现效果，部分原因是政策效果发挥具有一定时滞性。第三季度，在国家宏观政策的调节下，经济增长方式有了较为明显的转变：由政策刺激向自主增长有序转变，内外需动力更趋协调，对外贸易更趋平衡，这主要体现在第三季度出口额同比增速回落，进口额同比增速回升，贸易顺差较上年同期有所减少，经济增长依赖于出口因素的作用有所下降。居民收入继续增加，物价过快上涨势头得到初步遏制。居民消费价格指数（CPI）回落，这与

“保持物价总水平基本稳定”的宏观调控的首要任务是相符合的，体现了政府调控物价的信心与决心。第四季度延续了第三季度物价基本保持稳定的形势，通货膨胀基本得到遏制，经济继续稳定增长，朝宏观调控预期方向发展。

2011 年我国宏观政策调控的重点是“调结构”和“控物价”，要做到积极审慎，稳定灵活，保持政策连续性与稳定性，巩固和扩大应对国际金融危机冲击成果，保持经济平稳较快发展，促进社会和谐稳定，保障人民的生活。

（1）确定基本基调：2010 年 12 月 12 日闭幕的中央经济工作会议为 2011 年的经济发展及宏观经济政策定下了基本取向：积极稳健、审慎灵活，重点是更加积极稳妥地处理好保持经济平稳较快发展、调整经济结构、管理通胀预期的关系，加快推进经济结构战略性调整，将稳定价格总水平放在更加突出的位置，切实增强经济发展的协调性、可持续性和内生动力。而保持物价稳定是本年度经济调控的首要任务，因而与之相匹配，2011 年采取的是“稳健”的货币政策而并未延续前两年“适度宽松”的货币政策，体现了政策调控的灵活性与可控性。同时要转变经济发展方式，坚持把经济结构战略性调整作为加快转变经济发展方式的主攻方向，重点是发展新兴产业，发展绿色低碳的集约型经济。

（2）货币政策：2011 年 1 月 5 日至 6 日中国人民银行工作会议在北京召开，会议确定 2011 年中国人民银行工作的总体要求是：实施稳健的货币政策，着力提高政策的针对性、灵活性和有效性，保持价格总水平基本稳定，支持经济发展方式转变和经济结构战略性调整，促进经济社会又好又快发展。同时要加强对金融领域的监管，保障金融秩序，完善金融市场运行机制。前三季度，面对通货膨胀压力不断加大的形势，中国人民银行按照国务院的统一部署，围绕保持物价总水平基本稳定这一宏观调控的首要任务，先后 6 次上调存款准备金率共 3 个百分点，3 次上调存贷款基准利率共 0. 75 个百分点，灵活开展公开市场操作，实施差别准备金动态调整。进入 10 月份以后，国内外形势发生变化，针对欧洲主权债务危机继续蔓延、国内经济增速放缓、价格涨幅逐步回落等形势，适时适度进行预调微调，暂停发行三年期央票，下调存款准备金率 0. 5 个百分点，引导金融机构加大对小型微型企业、“三农”和国家重点在建续建项目的信贷支持。总体来看，稳健货币政策实施成效逐步显现。

（3）财政政策：2011 年 1 月 10 日全国财政工作会议在北京召开。会议确定财政部2011年工作的总体要求是：紧紧围绕科学发展主题和加快转变经济发展方式主线，继续实施积极的财政政策，着力调整国民收入分配格局，深化财税制度改革，进一步优化财政支出结构，加大对“三农”、教育、医疗卫生、社会保障和就业、保障性住房、节能环保以及欠发达地区的支持力度，切实保障和改善民生，推动经济增长、结构调整、区域协调和城乡统筹发展。

2011年，积极的财政政策得到了贯彻与实施，推出结构性减税的方案，自2011年9月1日起，新修订的个人所得税法实施，起征点从2 000元提高到3 500元，调节社会收入分配，增加居民收入。11月1日起，财政部、国税总局宣布上调增值税和营业税起征点，同时对金融机构与小型、微型企业签订的借款合同免征印花税，为小微企业增添了活力。11月17日，《营业税改征增值税试点方案》发布，决定从2012年1月1日起，在上海交通运输业和部分现代化服务业展开试点。从2012年1月1日起至2014年12月31日，对微小企业免征注册登记费等22项行政事业类收费。

2011年，全国财政预算执行情况良好，与国民经济发展相适应，财政收入较快增长，各项重点指出得到较好保障，宏观调控得到严格落实。2011年1～12月累计，全国财政支出108 930亿元，比上年增加19 056亿元，增长21.2%；2011年财政支出结构得到进一步优化，加大了对“三农”、教育医疗卫生、社会保障和就业、保障性安居工程、文化等的支持力度，切实保障和改善民生。

2011年初，中央财政安排了7 884亿元的预算规模，其中50%的资金用在支持粮食生产方面。全年，中央财政对“三农”的支持规模超过了1万亿元。特别是中央财政及时出台了产业扶植政策，促进了农业战略性结构的调整。并且中央财政加大了综合扶贫力度，中央财政投入的扶贫资金从2010年的1 618亿元提高到2011年的2 272亿元。其中，中央财政安排的专项扶贫资金达到了272亿元，比上年增长了约22%，力度之大，前所未有，将政策落实到实处，切实保障人民的基本生活。

第2节 经济总体分析

2011年，国际形势复杂多变，而国内经济运行也不断出现新情况、新问题，党中央、国务院以科学发展为主题，以转变发展方式为主线，坚持实施积极的财政政策和稳健的货币政策，不断加强和改善宏观调控，国民经济继续保持平稳较快发展，为“十二五”计划树立了一个良好的开端。

1. GDP 总体稳定增长，各季度增长幅度递减

根据国家统计局统计数据来看，2011 年全国国内生产总值为 471 564 亿元，2010 年为 397 983 亿元，按可比价格计算，比 2010 年增长了 9.2%，经济保持平稳较快增长。分季度来看，一季度同比增长 9.7%，二季度增长 9.5%，三季度增长 9.1%，四季度增长 8.9%（见图 2－1）。可以发现，四季度经济增长速度是不断回落的，这是由内、外部因素共同影响的结果。内部因素主要是是由于国家宏观调控政策的影响，存款准备金率不断提高，以期达到防止经济过热，稳定物价，控制通胀的效果，但这同时也造成了房地产需求受到抑制，房价有所下降，股票市场持续下跌，进而经济增长速度有所减缓。外部因素则主要是出口不够强劲，出口需求不旺盛导致的，这与动荡混乱的国际形势是密不可分的。

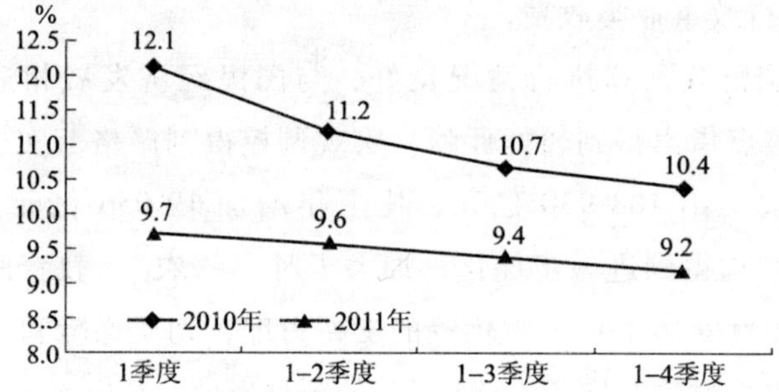

图 2－1　2011 年国内生产总值同比增长速度

资料来源：国家统计局

分行业来看，第一产业增加值 47 712 亿元，增长 4.5%，第二产业增加值 2 220 592 亿元，增长 10.6%，第三产业增加值 203 260 亿元，增长 8.9%。第一产业增加值占国内生产总值的比重为 10.1%，第二产业增加值比重为 46.8%，第三产业增加值比重为 43.1%。

2011 年国外形势更为复杂，虽然各国经济在金融危机之后均有不同程度的恢复与发展，但是不得不承认金融危机的影响并未消失。欧美深陷“三高”与“三低”的经济状况中，高债务、高成本、高失业，低增长、低储蓄、低消费，尤其是欧洲国家主权债务危机更是加剧了国际金融的不稳定性，难以避免地给中

国经济发展带来了巨大的考验，在这种情况下中国能以9.2%的高速度保持GDP继续增长，表明国家的宏观调控政策是适应经济形势的，是有效的，同时这也要归功于能够集中并且强有力的保证各种宏观经济政策的实施与执行，才能顺利完成宏观经济的运行目标。

2. 货币供应量增长总体回落

2011年，货币供应量长期来看较为稳定，增长速度较为缓慢，主要是配合政府宏观调控政策，以达到保持物价稳定，控制通货膨胀，促进经济平稳发展的目标。具体数据如下：2011年末，广义货币供应量M2余额为85.2万亿元，同比增长13.6%，增速比2010年末回落6.1个百分点，狭义货币供应量M1余额为29.0万亿元，同比增长7.9%，增速比2010年末低13.3个百分点。流通中货币M0余额为5.1万亿元，同比增长13.8%，增速比2010年末低2.9个百分点。三者均以较低速度增长，有助于货币市场的稳定，进一步保证宏观经济平稳健康发展，而不是仅仅追求高速度。2011年末，基础货币余额为22.5万亿元，同比增长23.2%，比年初增加4.2万亿元，货币乘数为3.79，比2010年末低0.13，金融机构超额存款准备金率为2.3%（见表2-1）。

表2-1　　2011年货币供应量

项目	货币和准货币M2	货币（M1）	流通中货币（M0）
2011.01	733 884.83	261 765.01	58 063.94
2011.02	736 130.86	259 200.50	47 270.24
2011.03	758 130.88	266 255.48	44 845.22
2011.04	757 384.56	266 766.91	45 489.03
2011.05	763 409.22	269 289.63	44 602.83
2011.06	780 820.85	274 662.57	44 477.80
2011.07	772 923.65	270 545.65	45 183.10
2011.08	780 852.30	273 393.77	45 775.29
2011.09	787 406.20	267 193.16	47 145.29
2011.10	816 829.25	276 552.67	46 579.39
2011.11	825 493.94	281 416.37	47 317.26
2011.12	851 590.90	289 847.70	50 748.46

数据来源：中国人民银行统计数据

进一步分析，2011 年前五个月，货币供应量增长较为稳定，但是六月份三个货币量指标均出现较大幅度增长，而 7 月份货币量出现回落情况，进而在 12 月份又达到高峰，货币量表现出一种受短期性、季度性因素影响的特点。这主要是因为银行市场的监管，在季末或者年末，各银行为满足监管要求，尽可能的拉存款，并且部分表外理财产品于年末回归表内存款等因素，造成 6 月以及 12 月货币量的明显增加。同时年末，财政支出、信贷投放量等也随之增长，进一步加剧了这种货币量短期较快增长的形势。

2011 年，货币供应量平稳增长，既满足了经济增长对货币供应量的需求，又不会导致物价继续上涨，配合政府以及央行其他稳定物价的措施，有力的控制了通货膨胀，促进社会平稳运行。

3. 人民币汇率弹性明显增强，小幅升值

2011 年，人民币小幅升值，双向浮动特征明显，汇率弹性明显增强，人民币汇率预期总体平稳。2011 年末，人民币对美元汇率中间价为 6. 300 9 元，比上年末升值 3 218 个基点，升值幅度为 5. 11%。自 2005 年 7 月汇改以来，人民币对美元双边汇率升值超过 30%。根据国际清算银行计算，2011 年，人民币名义有效汇率升值 4. 95%，实际有效汇率升值 6. 12%（见图 2 – 2）。

图 2 – 2　2011 年美元对人民币汇率走势图

数据来源：前瞻产业研究院整理

4. 物价上涨势头遏制，通货膨胀基本得到控制

作为反映物价水平的典型指数全国居民消费价格指数（CPI）在 2011 年度走

势较为平稳，上半年呈现上升趋势，下半年逐渐回落。7 月份同比增长 6.5%，达到高峰。但是 7 月份之后，在国家各种宏观调控政策的影响下，涨幅连续回落，物价水平趋于稳定，通货膨胀趋势得到基本控制。

2011 年全国居民消费价格指数（CPI）比上年上涨 5.4%，比上年高 2.1 个百分点。各季度同比涨幅分别为 5.1%，5.7%，6.3%，4.6%（见图 2－3）。其中，城市上涨 5.3%，农村上涨 5.8%，食品上涨 11.8%，涨幅比上年高 4.6 个百分点，贡献度最大，是价格上涨的主要推动力。国家为稳定物价，保障人民的生活，在 2011 年六次上调存款准备金率，6 月 20 日大型银行存款准备金率高达 21.5%，并且央行不断加息，在 7 月份达到高峰后，CPI 指数终于回落，宏观经济调控政策生效。

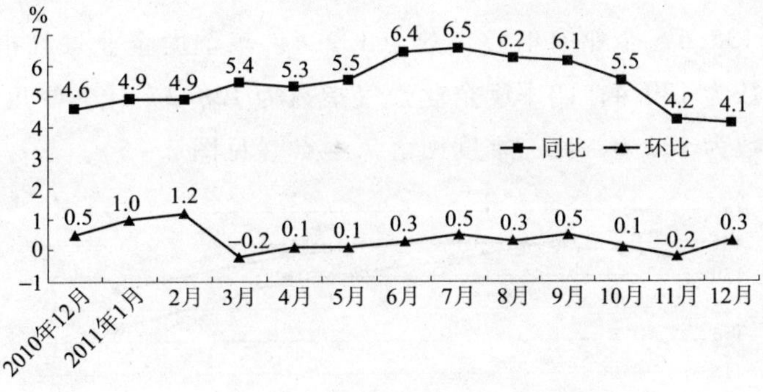

图 2－3　2011 年全国居民消费价格涨跌幅

资料来源：国家统计局

2011 年，工业生产者出厂价格同比上涨 6.0%，比上年高 0.5 个百分点。各季度同比分别上涨 7.1%，6.9%，7.1% 和 3.1%。从图 2－4 可以看出前三季度工业生产者出厂价格一直处于高位，这也反映了 2011 年物价水平较高，通货膨胀较为明显的的总体经济形势，成本的提高直接导致制造品及消费品价格题高，进而带动整个物价水平的提高，是通货膨胀的一个成因。而在第四季度之后，工业生产者出厂价格陡幅下降，在 12 月份同比上涨 1.7%，环比下降 0.3%，这与宏观经济在各个季度的运行状况发展方向也是一致的。

5. 企业景气指数处于景气区间，经济运行状况良好

2011 年一季度企业景气指数为 133.8，企业家信心指数为 137.4；二季度企

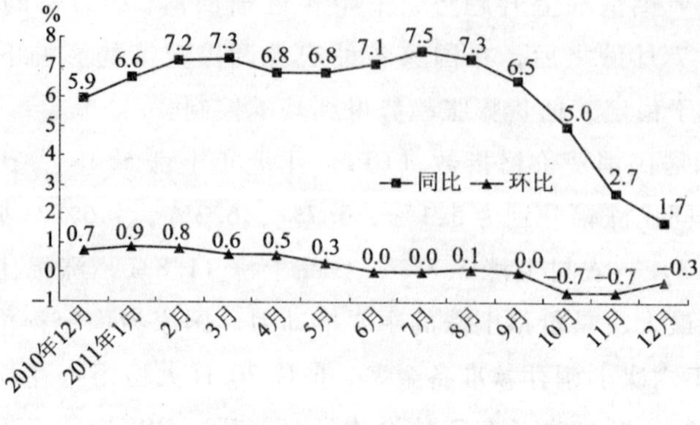

图 2－4　2011 年工业生产者出厂价格涨跌幅

资料来源：国家统计局

业景气指数为 135.6，企业家信心指数为 132.4；三季度企业景气指数为 133.4，企业家信心指数为 129.4；四季度企业景气指数为 128.2，比三季度回落 5.2 点，企业家信心指数为 122.0，比三季度回落 7.4 点（见图 2－5）。

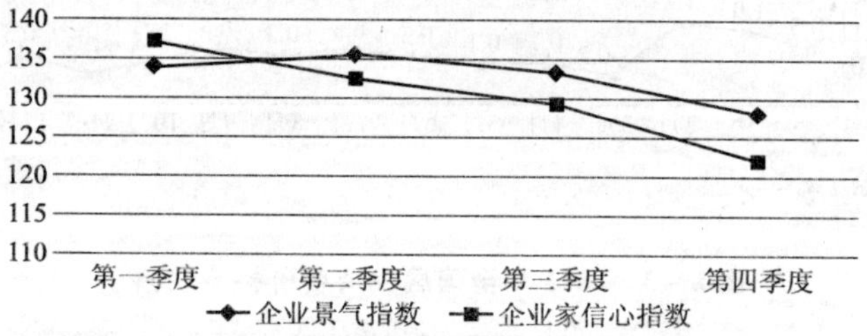

图 2－5　2011 年企业景气指数与企业家信心指数走势图

数据来源：国家统计局

第 3 节　经济结构分析

自金融危机之后，中国出口动力不足，为了保证经济健康发展，政府一直在大力倡导扩大内需，并且社会上也形成一种“消费就是爱国”的说法，这说明中国经济发展方式确实在不断地改变，从单纯依靠投资与出口的经济发展方式向结构性均衡化方向发展，内需的拉动力在不断提高。但是，转变经济发展方式并不是能够一蹴而就的，需要各个方面的配合，政府配套政策的出台，科学技术的进步等等都是不可或缺的因素，这必定是一个长期而艰难的过程。

2011 年，在政策的调节指引下，中国经济增长由政策刺激向自主增长转变，国民经济运行态势良好，经济结构也得到改善，消费和投资平稳增长，对外贸易更趋平衡。2011 年，内需对经济增长的贡献率为 105.8%，其中最终消费对 GDP 增长的贡献率为 51.6%，相比于 2010 年的 37.3%，提高了 14.3%；资本形成总额对 GDP 增长的贡献率是 54.2%；货物和服务净出口对 GDP 增长的贡献率是 -5.8%，与金融危机刚爆发后的 2009 年相比，进出口贡献再次转负担程度有所下降。

1. 消费平稳增长，农村居民收入增长快于城市

2011 年城乡居民收入继续稳定增长，国内消费需求稳定。2011 年城镇居民家庭人均可支配收入为 21 810 元，比 2010 年增长 14.1%，扣除价格因素，实际增长 8.4%；农村居民人均纯收入 6 977 元，增长 17.9%，扣除价格因素，实际增长 11.4%（见图 2-6），农村居民收入增长明显快于城市。

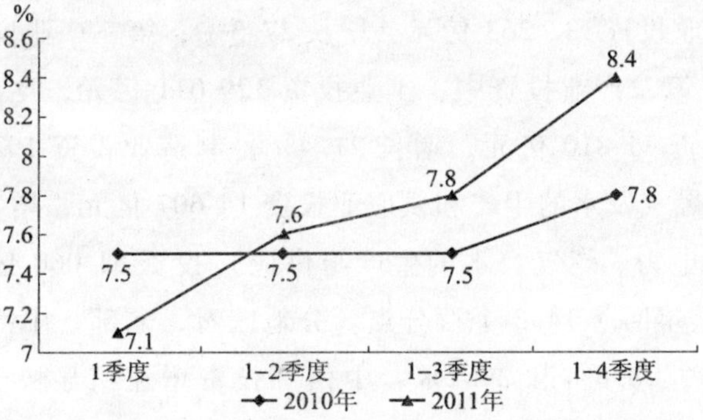

图 2-6　2011 年城镇居民人均可支配收入实际增长速度

资料来源：国家统计局

随着居民收入的增长，社会消费支出也随之增长。2011 年 1~12 月，社会消费品零售总额 181 226 亿元，同比增长 17.1%，扣除价格因素，实际增长 11.6%（见图 2-7）。对于宏观经济的增长拉动力在不断增强。但是，相比于目前内需对于经济的拉动力还是远远不够的，因而仍要坚持扩大内需的政策，改善经济增长结构，促进经济自主增长。

2. 投资保持较快增长，投资结构继续改善

2011 年，固定资产投资（不含农户）301 933 亿元，比 2010 年增长 23.8%，

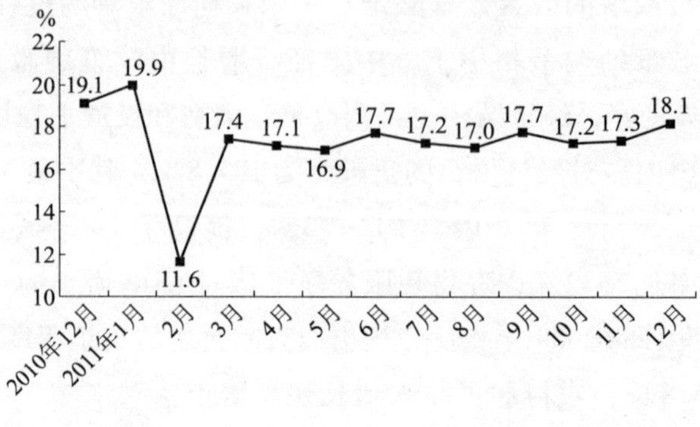

图 2－7　2011 年社会消费品零售总额分月同比增长速度

资料来源：国家统计局

扣除价格因素后，实际增长 16.1%（见图 2－8）。其中国有及国有控股投资为 10.7 万亿元，增长 11.1%。分产业看，第一产业投资 6 792 亿元，比上年增长 25.0%；第二产业投资 132 263 亿元，增长 27.3%；第三产业投资 162 877 亿元，增长 21.1%。在第二产业投资中，工业投资 129 011 亿元，比上年增长 26.9%；其中，采矿业投资 11 810 亿元，增长 21.4%；制造业投资 102 594 亿元，增长 31.8%；电力、燃气及水的生产和供应业投资 14 607 亿元，增长 3.8%。全年基础设施（不包括电力、燃气及水的生产与供应）投资 51 060 亿元，比上年增长 5.9%，增速比上年回落 14.3 个百分点。分地区看，东部、中部、西部地区投资分别增长 21.3%，28.8% 和 29.2%，中西部投资增速明显快于东部。2011 年，投资对 GDP 增长的贡献率依然是最高的，资本形成总额对 GDP 增长的贡献率是

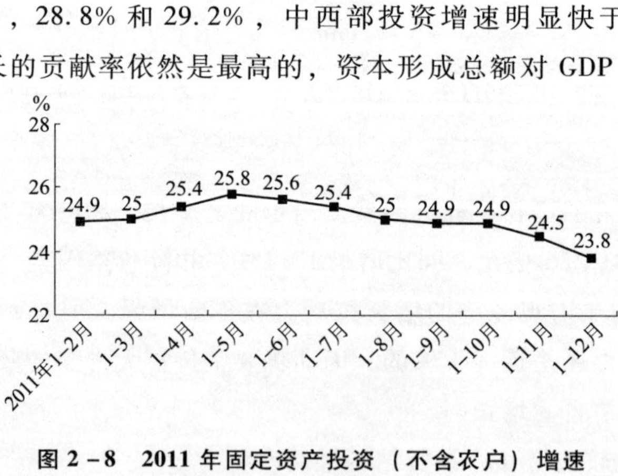

图 2－8　2011 年固定资产投资（不含农户）增速

资料来源：国家统计局

54.2%，相比于2010年的54.8%有所下降，但其在总需求里占的比例仍较高。

3. 进出口增速回落，贸易顺差继续收窄

据海关统计，2011年，我国进出口总额36 420.6亿美元，比上年增长22.5%，外贸进出口总值刷新年度历史记录。其中，出口18 986亿美元，增长20.3%，进口17 435亿美元，增长24.9%。2011年贸易顺差为1 551.4亿美元，比上年减少263.71亿美元，尤其是下半年以来我国外贸进出口增速持续走低，但是贸易发展更趋平衡：进口、出口协调发展，外贸顺差逐年收窄，已连续三年下降，这不仅缓解了巨额外汇储备带来的人民币不断升值的压力，而且能够促使出口产品结构优化，提高技术含量，促进对外贸易健康发展，而不仅仅是依靠价格优势。

2011年中国出口结构不断优化，主要表现在以下方面：

贸易方式结构继续改善，一般贸易增长强劲，加工贸易比重下降明显。2011年，一般贸易进出口额为1.9万亿美元，增长29.2%，占进出口总额的52.8%，比上年提升2.7个百分点；加工贸易进出口额为1.3万亿美元，增长12.7%，占进出口额的36.1%，较上年下降2.8个百分点。

出口商品多元化，而不仅仅是初级加工品。在出口商品中，机电产品出口10 855.9亿元美元，增长16.3%。传统大宗商品出口稳定增长，其中服装出口仍占较大比重，纺织品出口增长最快，较去年增长22.9%，体现了我国出口方式的转变，不仅仅是依靠价格获得优势，取得市场，而更注重产品的质量与技术，扶植国内重点出口产业发展，带动经济增长。

出口国家多元化，新生市场较为强劲。2011年，中国与欧盟、美国、日本的贸易总值分别增长18.3%，15.8%和15.1%。对巴西、俄罗斯和南非等国家双边贸易进出口总值分别为842亿、792.5亿和454.3亿美元，分别增长34.5%、42.7%和76.7%，均高于同期我国总体进出口增速，表明我国对新兴市场国家贸易增长强劲，出口地多元化，贸易合作伙伴数量明显增加，有利于贸易出口的均衡稳定发展，尤其是在动荡的经济形势中，潜在力量不可忽视。

除此之外，2011年民营企业在对外贸易方面发展较快，民营企业（包括集体、私营企业及其他企业）进出口10 212.8亿美元，增长36%，高出同期中国进出口总体增速13.5个百分先，占同期中国进出口总值的28%，比2010年提升

2.8个百分点。

从投资、消费和净出口三大需求看，2011年增速都有所减缓，但仍然处在平稳较快的增长区间。同时，投资和消费主导的内需增长动力进一步增强。从国民经济核算的角度看，2011年投资和消费对经济增长的贡献进一步提高，内需对经济增长的贡献率为105.8%，其中最终消费对经济增长的贡献率为51.6%，比上年提高10.1个百分点；资本形成总额对经济增长的贡献率为54.2%，提高1.4个百分点。贸易顺差进一步缩小，在上年大幅收缩贸易顺差的同时，继续减少顺差264亿美元。经济增长内生动力的强化和对外依赖程度的减弱有效促进了内外需增长的平衡发展，经济增长方式逐渐转变，依靠内需，自产自销能力增强。

第4节　重点行业发展分析

4.1　农产品市场

2011年农产品市场先涨后跌，农产品价格回落成为市场主要特征，且部分品种下跌幅度远超预期，特别是棉花、白糖等软商品下跌幅度惊人，而部分农副产品价格的暴涨暴跌也再次引起了市场高度关注，政府针对这些价格变化也采取了一系列措施进行调控。

4.1.1　政策回顾

上半年，在稳定物价水平，控制农产品市场价格的同时，国家也出台相关政策扶持农业发展，从年初的中央一号文件，到逐年提高小麦、稻谷等最低购价水平。由于干旱物价高涨，国家对农产品的政策是在不影响农民种粮积极性的前提下，通过财政、税收等政策对农产品价格进行调整。中央一号文件定调全年农业政策，将农田水利作为国家基础设施建设的优先领域。中央一号文件强调，把水利作为国家基础设施建设的优先领域，把农田水利作为农村基础设施建设的重点任务，把严格水资源管理作为快速转变经济发展方式的战略举措，大力发展民生水利，努力走出一条中国特色的水利现代化道路。

1月28日，由于国家玉米储备的连续抛出，国家储备不足，导致国家调控能力下降，中国已要求一些大型加工企业暂停向农民收购玉米，以保障国储部门的收购。而下半年由于农产品价格开始回落，国家又出台相应政策保护农民种粮积极性。由于生产预期良好，丰产在望，粮食价格出现下跌趋势，国家粮食局会同国家发展改革委、财政部、中国农业发展银行联合下发《关于2011年国家临时存储玉米收购等有关问题的通知》，通过收储等方式提高农产品价格，保护农民种粮积极性。同时对价格高涨的产品进行结构性调整。

7月初，面对高涨数月的猪肉价格，国家多个部门发布了多条政策，农业部六项举措稳定猪肉价格，国家发改委也多次加强市场价格监管工作，严肃查处哄抬价格、串通涨价等违法行为。

4.1.2 主要农产品行情分析

2011年全国粮食总产量达到57 121万吨，比上年增产2 473万吨，增长4.5%，连续八年增产。全国夏粮总产量12 627万吨，比2010年增产312万吨，增长2.5%；早稻总产量3 276万吨，比2010年增产143万吨，增长4.5%；秋粮总产量41 218万吨，比2010年增产2 018万吨，增长5.1%。三大粮食作物总产量超过5亿吨，达到51 045万吨。稻谷总产量突破2亿吨大关，比2010年增长2.6%，小麦总产量11 792万吨，比2010年增长2.4%，玉米总产量19 175万吨，比2010年增长8.2%。玉米大幅度增产使我国粮食生产结构得到进一步改善（见图2-9）。

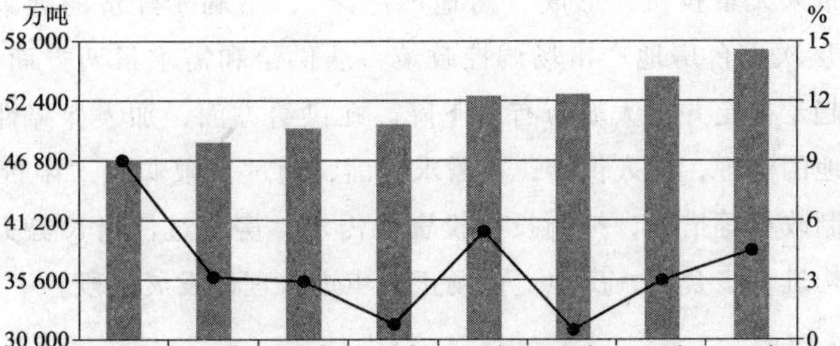

图2-9 2004—2011年全国粮食总产量及增长情况

数据来源：国家统计局

2011年全国粮食平稳上涨。全国稻谷市场购销活跃，价格呈现稳步上涨的态势。2011年11月份，全国稻谷平均收购价格为2 535元/吨，比年初上涨9%。

小麦价格平稳上行。具体来看，1~5月份小麦收购价格持续上涨，进入6月份，受夏粮增产、小麦上市量增加影响，价格出现阶段性回落，下半年小麦价格再次步入上升通道。而2011年玉米消费量较上年增长8.8%，市场整体处于供求偏紧格局，拉动玉米价格上涨。

另外，猪肉价格的节节攀升成为物价上涨主力。由于受国际玉米大豆价格上涨的影响，饲料价格随之上涨，然后导致猪肉价格不断升高。2011年，宏观调控的首要任务是稳定物价总水平，并且把猪肉列举为加剧通货膨胀的主要原因。2011年6月，生猪价格和冷鲜肉价格达到历史高位，价格一路飙升。而猪肉价格上涨的原因除了包括饲料价格上升，圈养成本加大之外还包括年初肠胃炎疫情影响，大量母猪死亡，还有“瘦肉精”事件促使整个生猪行业整顿，导致市场货源紧张，抬高了猪肉价格。其中最明显的表现是2011年物价全面上涨，导致居民货币购买力下滑。9月，中国政府为稳定猪肉价格，批准墨西哥猪肉制品进入中国市场，高涨的猪肉价格，吸引着“洋猪肉”登陆中国市场，但进口猪肉对于弥补国内供需缺口是远远不够的。

4.2 房地产市场

房地产市场近几年一直火爆，各大城市房价居高不下，给人们生活带来极大困扰，同时带来大量投机，形成“房地产泡沫”，不利于经济的健康持续发展。2011年国家屡次出台房地产市场调控政策，从供给和需求量两方面引导，效果显著，房价趋于稳定并在大城市有所下降。在供给方面，加大保障性住房建设，加大闲置土地的清理，扩大供给；在需求方面，通过“限购”、“限价”、“限贷”及房地产税制改革等措施，抑制投机投资性需求。房价过快增长势头得到遏制，市场供给结构进一步合理，房地产市场正逐步进入理性发展阶段。

4.2.1 政策回顾

2011年1月27日公布新“国八条”（《国务院办公厅关于进一步做好房地产市场调控工作有关问题的通知》），把二套房贷首付比例提至60%，贷款利率提至基准利率的1.1倍。加上此前的政策，2011年，首套房商业贷款的首付为30%，第三套及以上住房不发放商业贷款，良好地限制了投机者对房地产市场的炒作，打压哄抬物价的现象，从需求方面进行调控。

2011 年央行三次加息，六次提高银行存款准备金率。紧缩银根，银行房贷额度纷纷告急，房地产市场资金供应紧张，各个房地产企业资金需求得到限制，排队“等贷”成为普遍现象。虽然政策对房贷利率并未控制，从三季度开始，房贷利率上浮成为普遍现象，有的银行甚至上浮 20% 。若不考虑此前存量房贷利率大部分 7 折的情况，房贷利率已升至最近 10 年来的最高水平。2011 年如何融通资金成为各房地产企业的最大难题，开发贷款、发行股票这两大融资渠道几乎都被堵死，房地产企业的资金链日益紧张，不得不转向高成本的民间借贷、信托基金等渠道，压制了房地产市场的火爆现象。

2011 年保障房开工建设 1 000 万套，确保任务落实，确保建设质量，确保分配公平。我国住房制度向商品房和保障房双轨制迈进，“十二五”期间，开工建设 3 600 万套保障房，2011 年开工建设 1 000 万套保障性住房，包括加快棚户区改造，大力建设公租房等项目，扩大保障房供给，实现人们“安居”的目标。

4.2.2 房地产市场分析

开发投资增速大幅下降，土地市场不景气。2011 年，全国房地产开发投资 61 740 亿元，比 2010 年增长 27.9% ，增速比上年回落 5.3 个百分点，其中住宅投资 44 308 亿元，增长 30.2% ，占房地产开发投资的比重为 71.8% 。全年房地产开发企业土地购置面积 40 973 万平方米，比上年增长 2.6% ，增速比上年回落 22.6 个百分点（见图 2－10）。而土地市场也不复往日火爆，竞拍场面变得冷清，“底价成交”成为常态，“流拍”、“流标”现象频频发生。

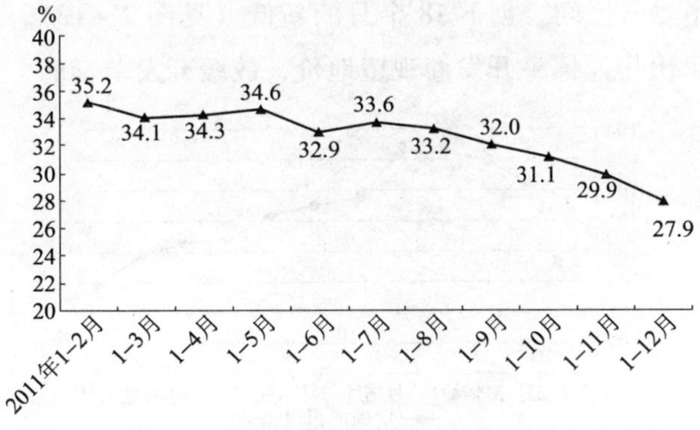

图 2－10 全国房地产开发投资增速

数据来源：国家统计局

市场销售降温，户型结构改善。2011 年，全国商品房销售面积 10.99 亿平方米，比上年增长 4.9%，增速比上年回落 5.7 个百分点，其中住宅销售面积增长 3.9%，住宅销售额增长 10.3%；商业营业用房销售员面积增长 12.6%，商品房销售额增长 16.1%（见图 2－11）。北京、上海、广州等一线城市商品房销售均比 2010 年下降，中小户型销售比重加大，说明商品住宅正在向经济型、实用型和消费型的合理方向转变。

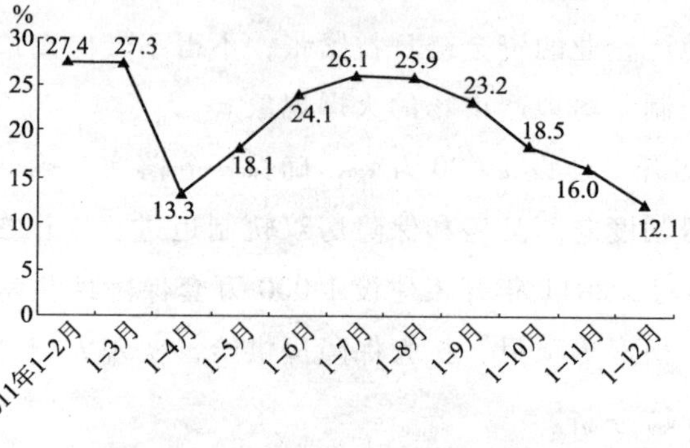

图 2－11　全国商品房销售额增速

数据来源：国家统计局

主要城市房价环比下降，国房景气指数连续下降。国家统计局 70 个大中城市住宅销售价格指数显示，进入 2011 年四季度，主要城市房价环比出现下降的城市逐月增多。10 月分新建商品住宅销售价格环比下降的有 34 个，11 月份有 49 个，12 月份有 52 个。而国房景气指数更是连续下降，并在 11 月份破百，为 99.87，进入 100 点以下的不景气区间，创下 18 个月的新低（见图 2－12）。房地产市场出现购房者观望房价，出售谨慎，开发商观望地价，放缓开发节奏的“双观望”状态。

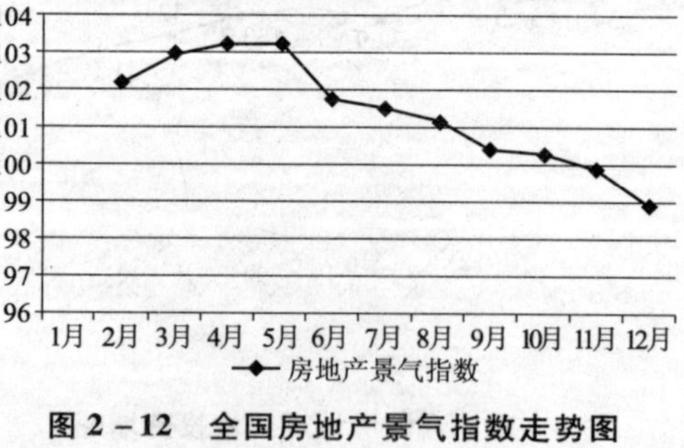

图 2－12　全国房地产景气指数走势图

数据来源：国家统计局

第3章

2012年宏观经济金融形势展望

第1节 短期经济形势与不确定性

2012年将是全球经济和政治形势最为动荡的一年。欧债危机仍在持续发酵，将继续成为困扰全球经济复苏的首要风险因素；同时，2012年是美国、法国、俄罗斯、墨西哥、韩国等诸多国家的大选之年，政府更替导致的政策不确定性增强和大选之前的政治博弈也是市场面临的另一个不确定性因素。美国在高财政赤字高失业率的的背景下，其财政政策走向也将对未来全球经济走向产生重要影响。全球增长前景面临的其他风险还包括中东和北非政局紧张造成石油供应中断的可能性，新兴国家硬着陆风险等等。

1.1 欧债危机的前景及不确定性

尽管目前国际机构与组织加强了合作共同应对欧债危机，一定程度上延缓了部分重债国的危机恶化并迈向长期解决方案，向市场表明了积极应对困难的决心，但目前很多国家的债务问题仍悬而未决，存在诸多挑战。

首先，2012年欧元区主要国家将面临庞大的债务到期。据统计，全年欧元区将有约1万亿欧元的政府债务到期，债务总量达到了空前的规模，其中PIIGS（葡萄牙、爱尔兰、意大利、希腊、西班牙）五国到期债务总额约占一半，并且多国将在第一季度迎来还债高峰期，市场整体面临短期流动性危机。市场担忧的焦点集中在欧元区第三大经济体意大利的偿债能力上。目前意大利的到期债务规模最大，2012 年全年的到期债务高达 3 371 亿欧元，超过 PIIGS 其他四国的到期债务的总和，第一季度约有 1 040 亿欧元的到期债务。2011 年意大利十年期国债收益曾一度突破 7% 的警戒线，一旦意大利无法承受公开市场高额的融资成本而必须接受欧盟救助，欧洲债务问题的解决难度将大大增加。此外，欧元区第二大经济体法国，2012 年到期的债务仅次于意大利，达到 2 899 亿欧元。法国银行业面临巨大的风险敞口，而法国国债的收益率走高，也将面临持续上升的融资成本和银行流动性紧缩的压力。短期内各债务国经济增速难见好转，减赤压力仍然较大，为了完成财政整顿目标，未来一年适当增加税收并缩减财政支出已成为各国无奈之举，这将打击经济领域的扩张活动，令欧元区经济复苏雪上加霜。

短期来看，为了避免欧元区面临严重资金约束的国家出现债务违约及银行无序重组，仍需要向欧元区银行注入更多资本，以维持人们对欧元市场的信心。欧洲机构领导人将继续通过达成债务减记方案，扩容 EFSF 等方式来缓解区域内流动性紧张。从长期看，欧元区必须打破经济增长疲软、高失业、财政状况恶化以及金融系统的脆弱性之间的恶性循环，这需要成员国通过努力发展自身经济和形成严格的财政约束来实现。债务负担可持续性，归根结底要依靠各国经济增长动能来支撑，只有经济实现均衡持续的增长，政府的偿债能力才能有所增强，应加强劳动力和产品市场的改革，解决欧元区内部贸易失衡和竞争力差异问题。

欧债危机从深层次看涉及到欧元区机制问题，欧元区统一的货币政策却没有统一的财政政策与之协调，各成员国在税收、财政支出、就业和社会保障等方面的差异，加剧了欧元区成员国经济分化。由于解决欧债问题的关键在于财政政策，如果欧元区继续维持现有的货币机制，那么欧元区财政一体化也势在必行。未来有必要在欧元区成员国之间加强风险分摊，重塑欧元区财政纪律的重要性并增强集中化管理。德国总理默克尔表示，解决欧洲债务问题无法一蹴而就，欧洲国家要走出困境并重振经济需要耗时 10 年。化解债务危机的重要措施在于，包括德国在内的欧元区国家通过立法，限制各自债务规模，进行彻底的社会福利和保障制度改革，从而扭转以财政赤字维持国民高福利的局面，长期内实现经济再平衡。

1.2 2012年全球经济预测

从目前经济的基本面来看，全球制造业正显现回暖迹象，产能充足；包括美国在内的部分发达经济体和新兴经济体的内生增长动能表现强劲；全球的通胀水平都出现了一定的回落；主要经济体政府将继续以刺激经济增长作为决策首要考虑的因素，这些将构成2012年未来经济上行因素。全球经济出现二次探底的可能性在逐渐下降，但无论是发达经济体还是新兴经济体复苏之路都存在多重挑战。

发达经济体仍需面临艰难的金融、家庭及公共部门资产负债表调整。在主权债务危机的进一步约束下政府动用财政资源刺激经济的空间有限，且市场避险情绪上升使金融状况收紧，多数发达经济体的增长将维持放缓局势。欧元区国家受主权利率上升、银行去杠杆化以及政府进一步财政整顿的影响，经济前景不容乐观，可能将在2012年陷入轻度衰退。而欧洲经济的低迷将通过国际贸易和资本市场的传导对其他经济体产生更多负面效应。欧洲内需持续不振、进口下滑，将导致全球贸易增速持续放缓，从而进一步打击对欧洲出口依赖型国家的利益。全球资本市场的紧张状态及其对公司与个人资本成本的反作用将削弱企业投资和居民的投资需求。美国经济仍未摆脱“无就业复苏”，持续制约着消费、房地产领域的恢复与扩张，而2012年美国大选，两党间的政治博弈势必牵动着美国未来经济政策的走向。尽管往往大选之年所带来的政策福利，可能使美国经济继续加速复苏；然而，美国两党各自所代表的利益集团不同，一旦政策上的严重分歧阻碍了正确经济政策的顺利出台，如财政政策出现超预期收紧，必将制约美国社会总需求，对经济复苏产生不利影响，并可能更大程度地拖累全球经济的增长。

新兴和发展中经济体目前仍表现良好的态势，但由于外部环境持续恶化和内部需求不稳，经济增长也有从高速放缓的趋势。预计大部分新兴经济体国家2012年将实现平稳增长，但不排除部分可能陷入滞胀局面的新兴经济体面临硬着陆风险。一方面，大部分新兴市场国家贸易依存度高，发达国家经济衰退、全球贸易保护主义抬头，将对新兴市场国家的出口贸易形成严重打击。另一方面，新兴市场国家的金融体系仍相对较为脆弱，大规模的资本流动可能引发金融风险；如果资产价格高位震荡，通胀再企的风险仍在酝酿，部分新兴经济体有可能陷入滞涨的局面，特别是在潜在产出不确定的背景下，新兴市场国家实体经济将遭遇实质性侵害。

根据国际货币基金组织2012年1月发布的《世界经济展望》，2012年全球产出预计将扩张3.25%，相比2011年9月的预测值下调了0.75个百分点。作出这种预测的假设是，欧元区政策制定者将加大克服危机的努力，政策能够有效地限制欧元区银行的去杠杆化。欧元区国家最紧迫的政策挑战是恢复信心并结束欧元区的危机，为此应继续实施支持经济增长的货币政策，同时维持调整控制去杠杆化过程，并提供更多的流动性。在其他主要发达经济体，关键的政策要求是，解决中期财政失衡，修复和改革金融体系，同时维持经济复苏。新兴和发展中经济体则应适当提高本国宏观经济政策的灵活性，需要严防外部金融环境恶化的冲击，提高金融机构防范和应对风险的能力；同时，应加强经济结构调整以实现可持续增长目标。

第2节　长期经济展望

2.1　全球经济格局的变化

2008年爆发全球金融危机以来，全球经济金融的格局正发生着深刻的变化。发达经济体增长乏力且主权债务危机持续不断，新兴经济体保持强劲增长。IMF公布的数据显示，2011年，全球经济总体增长3.8%，其中发达经济体增长1.6%，新兴和发展中经济体增长6.2%，新兴和发展中经济体对全球经济增长的贡献接近80%。按照购买力平价计算，IMF预测2013年新兴和发展中经济体在全球经济总量中的比重将第一次超过发达经济体。新兴和发展中经济体崛起，经济主体结构多元化，正日益对全球经济的方方面面产生深远影响。

概括地说，目前全球经济格局表现以下几大特征：

1. 发达经济体陷入持续增长困境，新兴经济体竞争优势显现

从目前的宏观经济环境来看，发达经济体正面临史无前例的严峻挑战，突出的问题主要有：庞大的公共债务、政府赤字严重、失业率高，经济增长乏力。而主权债务危机极大程度地约束了发达国家政府刺激经济增长的政策空间，诸多问

题相互交织并陷入恶性循环，必然导致经济增速放缓。发达经济体的信用评级已不再稳居高上，评级机构不断下调主权债及金融机构的信用评级，并且普遍对长期展望为负面，使人们对发达国家在全球经济主导地位感到质疑。然而，与历次西方经济体经历衰退后的复苏反弹局面不同的是，目前发达国家仍然没有发现新的经济增长点能带动经济繁荣复苏，在这种情况下，发达国家经济可能陷入持续低迷的困境。

新兴和发展中经济体则呈现截然不同的局面：财政赤字相对较低、公共债务在可管控范围内、民间部门储蓄水平较高、银行系统稳定、周期性失业人数不多、增长动力强劲。与此同时，新兴和发展中经济体拥有发达经济体所不具备的人口优势和后发优势，这些将推动新兴经济体在未来较长一段时间内仍保持较快的经济增长速度。

2. 全球经济失衡，面临重大结构性调整

当前全球经济失衡主要表现为国际贸易失衡。2003 年以来全球经常项目发生了系统性的偏差，以美国为代表的一些发达经济体的贸易逆差正不断扩大，而以中国为代表的新兴经济体的贸易顺差快速增长，二者之间经常项目收支长期实现不均衡格局，逐渐导致前者不断积累了大量的债务，而后者相应地积累了庞大的外汇储备。

全球经济失衡问题源于当前世界经济结构变化，供给方和需求方的对象与结构出现了不匹配，一方面全球范围内产能过剩，另一方面却有大量的需求得不到满足。过去，新兴经济体基本上沿用了出口主导的经济发展模式，由发达经济体主导的外部需求拉动了新兴经济体的总需求并同时促进了新兴经济体国内经济结构变化。而随着发达经济体自身经济发展放缓从而总需求减弱，发达经济体对新兴经济体增长的外部需求拉动作用在下降，对新兴经济体内部经济结构变化的推动力也大幅减弱。渐渐地，依赖发达经济体需求的增长模式已经不能适应新兴经济体的发展需要了，新兴经济体应将其发展重点从外向型增长转向依靠内需的经济增长。从目前形势来看，全球资源需求已日益被新兴经济体所主导，并在需求的总量与结构上发生了改变。过去十年，全球原油消费增长了 13.5%，而新兴经济体增长了 39%——其在全球原油消费中的份额从 1/3 增长至 1/2；新兴经济体居民在改善住房、交通和提高生活品种等方面的需求，转化为对诸如石油、金属等非再生性资源的巨大需求。

随着全球经济重心的改变，全球金融格局的变化也不可避免。尽管目前新兴和发展中经济体的经济总量已接近赶超发达经济体，但金融实力仍大大落后，新兴经济体拥有的全球金融资产占比仍很低，同时由于新兴经济体的金融市场尚未成熟，规模和深度都很有限，正面临金融体系的深度改革。未来金融组合投资将以更大的规模从发达经济流向新兴经济，比如退休基金、共同基金、保险基金和私募基金等，将导致资本流动和金融结构都发生巨大变革。

3. 发达市场和新兴市场的联动性增强

经济全球化的结果，使得全球贸易自由化、金融自由化以及投资自由化的环境得以实现。随着新兴经济体的资本市场逐步放开，全球投资者可以在全球范围内进行资产配置，使得发达市场和新兴市场在经济各个领域联系更为紧密，发达市场的风吹草动，将会通过国际贸易和资本流动两大路径对新兴市场产生一定程度的影响。从2008年金融危机及随后的欧债危机以来全球经济的整体形势来看，尽管危机爆发于发达经济体，但随着危机的持续蔓延，新兴市场无法独善其身，发达国家会通过多种方式将危机转嫁至新兴市场，以牺牲新兴经济体的利益为代价走出危机。例如，经常项目赤字的国家可能会要求顺差国通过提升汇率来实现均衡，制造全球范围内的贸易摩擦；通过滥发货币和维持低利率政策，引起新兴和发展中国家的输入型通胀；热钱的涌入与快速撤出，均会造成新兴经济体资本市场的剧烈动荡，等等。新兴经济体抵抗风险的能力有待进一步增强。

4. 新兴经济机遇与挑战共存

全球经济增长的重心正在转移，有利于新兴经济体在总量和人均收入方面逐渐向发达经济体的水平趋同，帮助成千上万的低收入人口脱贫，提高整体世界经济发展水平。大量资本流入新兴经济体既是机遇也是挑战。一方面，外资金融资本流入可以提高传统制造业的资金、技术和管理水平，加快新兴经济体发展亟需的基础设施、教育、医疗等社会部门的投入，有助于建立长期融资的金融市场等。另一方面，外资金融资本流入也会推高消费品以及资产价格，尤其助长房地产泡沫，也会加大金融领域风险的积聚。同时，由于新兴经济体的金融市场尚在发展之中，规模和深度都很有限，大规模的波动性外资金融资本流入很容易对本地资本市场形成冲击，引发金融市场动荡甚至对实体经济造成负面冲击。

总的来说，当前全球经济正处于痛苦而漫长的转型时期。新兴经济体抵抗风险的能力在增强，但面对世界经济格局调整带来的机遇与挑战，新兴经济体只有在增长模式、政策以及生活方式等方面进行深刻的结构性变革，才能实现可持续发展。发达经济体应继续刺激需求，推进中长期财务整顿，修复和改革金融体系，重塑对未来发展前景的信心。

2.2 中国经济展望

2011 年，在经历了内外部复杂多变环境的考验下，中国经济仍维持了平稳高速的增长，对全球经济的影响持续显著提升。未来，在外围经济形势不确定性增加和自身经济结构调整的影响下，中国经济仍面临较大的下行压力。

受全球经济复苏乏力的影响，我国的出口可能持续遭受巨大的冲击，主要来自于发达国家进口需求减弱、国际贸易摩擦的风险以及人民币汇率升值的压力。我国的出口导向型的增长模式日益受到挑战。目前我国正稳步推进出口市场多元化战略，对东盟、俄罗斯等新兴和发展中国家扩大出口，但这无法抵消欧美经济疲软对我国出口贸易造成的冲击，加上我国促进本国进口政策的影响，未来我国出口的增速都将处在一个下降的通道中，出口对经济增长贡献的作用将大幅减弱。

我国经济增长不仅受到外部需求减弱的影响，更受到自身经济问题的困扰。从内部来看，中国经济主要面临房地产调控引起的房地产市场低迷和地方融资平台债务问题两大风险因素。

1. 房地产市场回落

随着我国一系列房地产调控政策的出台，有力地遏制了房地产市场过热现象，房地产价格开始回落，房屋成交量萎缩，房地产价格上涨得到控制。然而，与此同时，房价调控对房地产市场和房地产投资也带来了负面冲击。尽管 2011 年房地产行业投资仍实现了 30% 以上的高速增长，但在目前房地产调控依然维持高压的条件下，这种高速投资增长难以持续，并可能面临急剧减速的风险。主要原因在于：第一，房地产企业的资金状况紧缩。由于房屋成交量低迷，房地产商库存处于高位，销售收入不断下降，再加上房地产开发贷款被严格控制，导致资金链紧张，商品房开发投资有出现资金链断裂的可能，房地产商的投资意愿也显著受挫；第二，2010 年随着国家针对开发商囤地的打击力度加大，开发商被动开工的局面集中涌现，由于房地产的投资周期一般是两年，随着这轮被动开工引致的投资周期高峰结束，随之而来的可能将是突然大面积停工；第三，保障房建设面临巨大的资金缺口。2011 年中央推出了庞大的保障房建设项目，目标是在 2011 年底完成了 1 000 万套保障性安居工程住房的分配任务，预计在“十二五”期间完成共计 3 600 万套的保障房，需要庞大的资金支持。但是由于地方财政收入严重依赖土地收入，房地产市场的持续低迷已经导致土地收入出现锐减，地方政府财政资金紧缺，随着保障房在建规模的加速扩大，资金缺口更加严峻。保障房建设的资金陷入困境，可能阻碍保障房的正常开工建设，真实进度可能低于预期。一直以来，房地产业投资都是带动投资增长的主要动力，占固定资产投资总量的 25% 左右，是我国经济的支柱产业。一旦房地产投资加速下滑，固定资产投资增长承压，将造成经济增速回落超过预期的风险。

2. 地方融资平台到期债务风险

目前地方政府债务整体负担较重，根据审计署公布的数据，截至 2010 年底，全国省、市、县三级地方政府性债务余额共计 10.7 万亿元。2012 年起地方平台将迎来首轮偿债高峰，未来三年将有共计 4 万亿的平台贷款到期，且高额债务的背后还有大量的利息支付，地方政府面临较大的还款压力。在房地产市场持续萎靡导致土地出让金大幅缩水的环境下，地方政府财政收支拮据，面临严峻的流动性风险。一些平台项目的贷款条件和偿债能力先天不足，已出现在建项目后续建设资金和还贷资金紧张的局面。虽然近两年中央政府已经相继采取了相关措施来治理和规范地方债务平台问题，如在上海、广东、浙江和深圳四地成功试点发行了 229 亿元 3 年、5 年期的市政债券，一定程度上缓解了银行的信贷风险压力，并为在建的基建项目提供资金。但从长期来看地方政府债务仍存在不可预知的风险隐患。由于我国地方政府债务非常复杂，包括显性债务和隐性债务两个部分，隐性债务一般不出现在会计报表中，各种规避监管的隐性平台融资可能在逐渐增加，这对未来监管机构的地方债务的整改工作和风险控制提出不小的挑战。银行贷款是地方债务的主要来源，地方政府一旦无法偿还债务将使银行业的风险资产增加，从而危机蔓延至银行系统。考虑到目前我国巨大的外汇储备和健康的财政收支的支撑下，地方政府融资平台贷款发生系统性违约的可能性较小。在中国经济不出现硬着陆的前提下，短期内地方债务问题可以通过有条件的贷款展期、政府出售部分资产以及扩大发行地方债的方式得以控制。但从长期来看，需要政府建立更加规范、透明和市场化的地方政府举债融资机制，才能从根本上避免大规模的债务危机爆发。

总的来说，在外需疲软和房地产行业调整等多重因素的持续作用下，未来拉动中国经济增长的三家马车已难以并驾齐驱：出口的动力正日渐消退；投资需求面临结构性调整，将由过去的房地产投资主导转向由基建投资以及制造业、服务业投资引领的高速增长；消费的转型升级是相对缓慢而渐进的过程，我国总需求放缓的趋势不可避免。但就经济增长的基本面而言，我国居民、企业及中央政府资产负债表依然强劲，生产率基本面稳健。当前中国经济发展正处于重要战略调整期，政策目标已不再一味追求经济与投资的高速增长，而是更加注重经济增长的质量。经济需求结构的转型和产业结构的调整将成为经济平稳增长的动力。我国将继续推行结构性减税，加大对新兴产业和服务业的支持，通过扩大内需和优化经济增长方式，来化解制约经济发展的深层次问题。

第 2 部分

金融期货市场报告

第 4 章

2011 年沪深 300 指数现货市场运行概况

第 1 节　沪深两市全年行情走势

2011 年 A 股市值大幅缩水，截至年末沪深 A 股总市值为 21.47 万亿元，较 2010 年末回落 5.06 万亿元。上证综指报收 2 199.42 点，全年跌幅 21.68%；深圳成指报收 8 918.82 点，全年跌幅 28.41%，跌幅均居全球前列。2 296 家在交易的上市公司全年股价涨幅为负的有 2 113 家，占比达 92.03%。两市 IPO 共计 282 宗，融资总额 2 825 亿元，同比下降 42.1%，破发率高达 78.6%。

沪深 300 指数 2011 年全年下跌 843.94 点，报收于 2 345.74 点，跌幅 26.46%。全年最低点为 2 305.04 点，出现在 12 月 27 日；最高点为 3 372.03 点，出现在 4 月 13 日，最值区间高达 1 066.99 点，74.8% 的点位位于 2 500 到 3 200 点区间之内。全年下滑趋势明显，在四月达到高点之后连续下挫（见图 4－1）。

沪深 300 指数全年成交金额为 16.09 万亿元，成交量为 1.32 万亿股，平均日成交金额 0.066 万亿元，日成交量 53.92 亿股，其中各月的成交量及成交金额（见表 4－1 及图 4－2）。

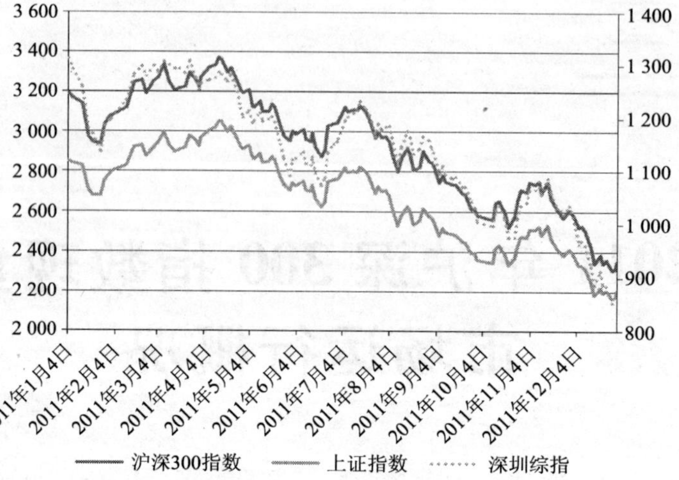

图 4－1　2011 年沪深 300 指数、上证指数和深圳综指全年走势

资料来源：锐思金融研究数据库

表 4－1　　2011 年沪深 300 指数成交量与成交金额

月份	交易日（天）	成交金额（万亿元）	日均成交金额（万亿元）	成交量（亿股）	日均成交量（亿股）	日均成交量涨跌幅
1 月	20	1.64	0.082 1	1 265.75	63.29	1.01%
2 月	15	1.64	0.109 1	1 202.70	80.18	26.69%
3 月	23	2.58	0.112 1	1 845.27	80.23	0.06%
4 月	19	1.91	0.100 4	1 487.55	78.29	－2.42
5 月	21	1.20	0.057 7	968.53	46.12	－41.09
6 月	21	1.22	0.058 0	1 006.72	47.94	3.95%
7 月	21	1.46	0.069 7	1 163.71	55.41	15.58%
8 月	23	1.24	0.054 0	1 083.56	47.11	－14.98%
9 月	21	0.75	0.035 9	702.29	33.44	－29.02%
10 月	16	0.75	0.047 2	762.68	47.67	42.55%
11 月	22	1.01	0.045 9	953.91	43.36	－9.04%
12 月	22	0.68	0.030 8	713.63	32.44	－25.18%

资料来源：锐思金融研究数据库

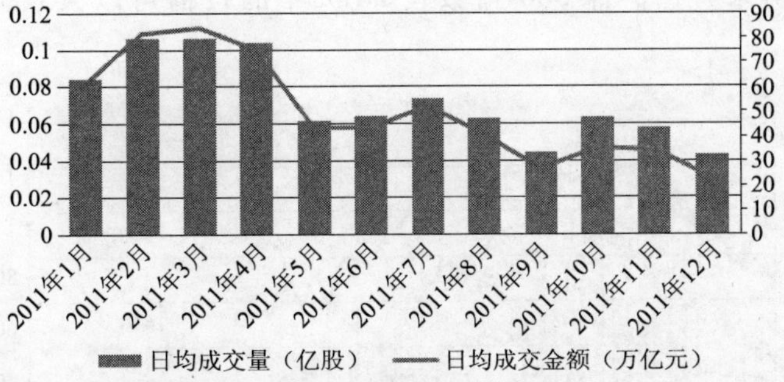

图4－2　2011年沪深300指数日均成交量和日均成交金额

资料来源：锐思金融研究数据库

从表4－1关于沪深300指数2011年各月份成交金额和成交量的对比可知，2011年全年成交呈现先多后少的趋势，前4个月的成交量和成交金额均远大于后8个月。结合图4－1可知，成交量缩小的时段恰好与指数连续下挫的时段基本重合，显现出市场规避风险，谨慎操作的心理。

与此同时，对指数回报波动率的观察可知，短期波动率（以5日指数回报波动率为例）在2011年4月到6月维持低位运行，对应指数高企的时段，并在下半年开始高位运行，显示出市场较大的系统风险。长期波动率的这一表现更加明显（以20日指数回报波动率为例），在指数持续下滑的下半年，长期指数回报波动率与前半年相比大规模放大（见图4－3）。

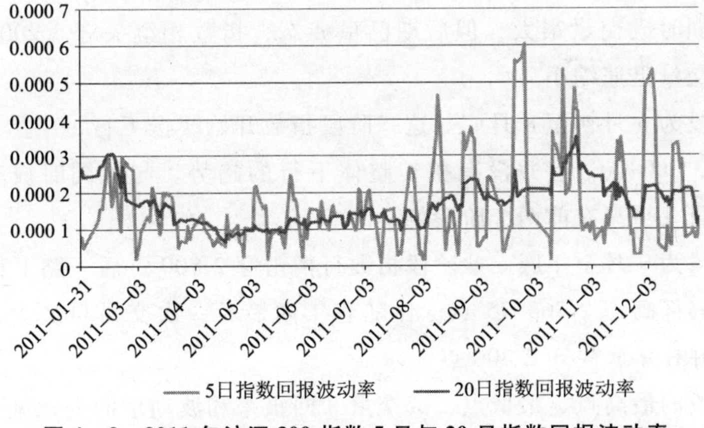

图4－3　2011年沪深300指数5日与20日指数回报波动率

资料来源：锐思金融研究数据库

从全年走势来看，沪深 300 指数在 2011 年的行情可以大致分为四个阶段。（见图 4－4）。

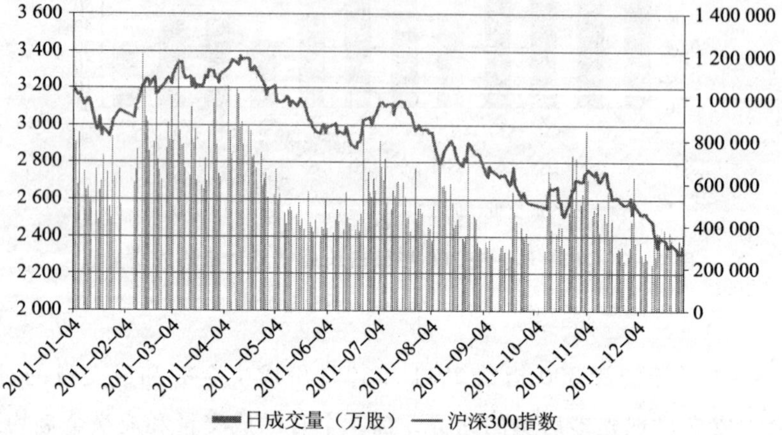

图 4－4　2011 年沪深 300 指数与日成交量

资料来源：锐思金融研究数据库

第一阶段为 2011 年 1 月份至春节假期。沪深 300 指数持续下行，并在 1 月底到达一个局部谷底 2 938.65 点。虽然行情呈现单边下挫的趋势，但同时期的交易量仍维持在较高位，市场换手率较高，市场情绪较为乐观。

第二阶段为 2 月份开市至 5 月底。这段时期，市场表现出了一个局部高潮，并且也是全年的高点。可以发现这个时期指数一直维持 3 000 点以上高位较为平稳的运行，同时成交量很大，但后期已呈疲态，指数相继失守 3 200 点和 3 000 点，同时成交量迅速缩小。

第三阶段为 6 月初至 8 月底。这一阶段指数开始缓慢下行，虽然 7 月份上半段短暂站上 3 000 点，但并没有扭转整体下行的趋势。与此同时成交量维持低位，日交易量几乎只有前两个阶段的一半。

第四阶段为 9 月至年底。此阶段指数行情击穿 2 800 点后一路下行，期间 11 月份出现的局部高点 2 763.75 点。伴随着年内最后一次交易量放大，随后再无回天之力，并在年底失守 2 400 点。

各个阶段的最高点、最低点、成交量、回报率和波动率的变化见表 4－2。

表 4－2　　沪深300指数分阶段行情走势

阶段	时期	交易日	主要特征		最高点	最低点	日均成交额（万亿元）	日均回报率（%）	5日均指数回报波动率（%）	20日均指数回报波动率（%）
			指数	成交量						
一	1月4日－2月1日	21	下行	较大	3 189.68	2 938.65	0.081 3	－0.066 2	0.028 5	0.025 4
二	2月9日－5月31日	77	高企	很大	3 372.03	2 954.51	0.094 3	－0.025 8	0.013 1	0.014 4
三	6月1日－8月31日	65	缓慢下行	缩小	3 128.89	2 777.79	0.060 4	－0.073 7	0.015 9	0.014 4
四	9月1日到12月30日	81	持续下行	较小	2 834.54	2 503.04	0.039 4	－0.228 9	0.020 6	0.020 9

资料来源：锐思金融研究数据库

从表4－2中可以看到，随着指数的持续下行，后两个阶段的成交量远低于前两个阶段，其中第四阶段的日均成交金额仅为第三阶段的一半，为第二阶段的三分之一。而无论是长期波动率还是短期波动率，第一和第四阶段都要高于中间两个阶段。指数下行和成交量缩小是全年的主题。

第2节　2011年沪深300权重股及行业板块变动情况

截至2011年底，A股总市值为214 758.1亿元，较2010年的265 422.59亿元缩水了19.09%，其中A股流通总市值为164 921.3亿元，较前一年缩水了14.6%。与此同时，沪深300样本股总市值占A股总市值的比重也进一步下降，从2010年底的68.32%下降至2011年底的66%。

从权重股的角度，截至2011年12月30日，沪深300指数样本股中权重前十只股票分别是招商银行、民生银行、中国平安、交通银行、浦发银行、兴业银行、中国神华、贵州茅台、万科 A、中信证券，这前十大股票的总权重为 22.65%，同比上升 2.17 个百分点（见表 4－3）。

表 4－3　2011 年 12 月 30 日沪深 300 指数样本股权重前十只股票

简　称	收盘价（元）	权重（%）	总股数（亿股）
招商银行	11.87	3.36	176.66
民生银行	5.89	3.04	225.88
中国平安	34.44	2.64	47.86
交通银行	4.48	2.35	327.09
浦发银行	8.49	2.17	186.53
兴业银行	12.52	2.16	107.86
中国神华	25.33	1.91	164.91
贵州茅台	193.3	1.84	10.38
万科 A	7.47	1.65	96.80
中信证券	9.71	1.53	98.39

资料来源：锐思金融研究数据库，中证公司

沪深 300 指数样本股中权重较大的这十只股票与去年相比基本一致，其中贵州茅台取代中国太保进入前十，涵盖金融、地产、煤炭、制造等行业，其中以金融行业为主，占比达到 17.25%。

截至 2011 年 12 月 30 日，沪深 300 指数样本股中权重最大的三只股票分别为招商银行、民生银行、中国平安，占比分别为 3.36%，3.04%，2.64%，对比 2010 年 12 月 31 日的中国平安（3.57%）、招商银行（2.99%）和交通银行（2.51%），比重没有明显变化。

2011 年底，前五大权重股累计权重由 2010 年底的 12.75% 上升至 13.56%；前十大权重股累计权重由 2010 年底的 20.48% 上升至 22.65%；前二十大权重股累计权重由 2010 年底的 30.58% 上升至 34.2%；前三十大权重股累计权重由 2010 年底的 38.3% 上升至 42.22%；前一百大权重股累计权重由 2010 年底的 69.53% 上升至 71.12%（见图 4－5）。

截至 2011 年 12 月 30 日，沪深 300 指数样本股行业板块的权重排名没有明

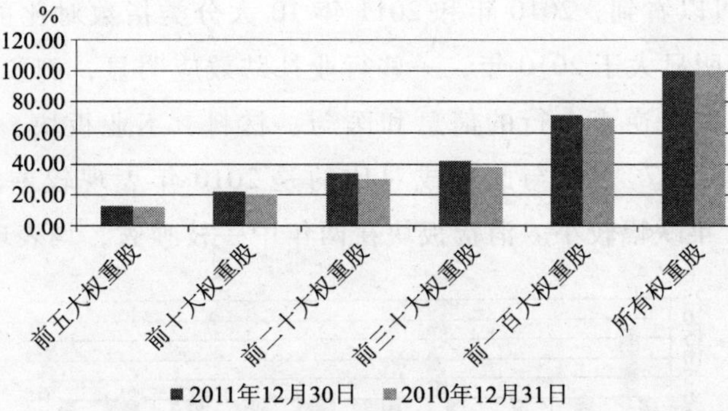

图4－5　2011年底权重股比重与2010年对比

资料来源：锐思金融研究数据库

显变化，其中金融板块所占权重最大，占34.07%；工业和材料分列第二和第三，各占17.55%和14.83%。相较2010年底的金融（32.27%）、工业（18.78%）、材料（15.71%），权重均有所下降。

在沪深300分行业指数中，成交量较大的分别为金融、工业、材料三个板块，分别占总成交量的27.28%、24.32%、18.31%（见表4－4）。

表4－4　2011年（截至12月30日）沪深300分行业指数交易情况

指数名称	收盘点位	全年涨幅（%）	去年同期涨幅（%）	成交量（亿股）	成交金额（万亿元）
300信息	1 153.43	－39.44	＋18.54	419.42	0.400 5
300材料	2 077.2	－37.60	－2.80	2 409.18	3.725 9
300工业	1 850.5	－35.16	＋0.63	3 200.18	3.505 7
300医药	4 269.32	－32.90	＋21.92	282.54	0.665 9
300可选	2 832.41	－26.65	－5.60	1 271.74	1.154 8
300能源	2 890.2	－24.59	－12.61	852.40	1.621 7
300公用	1 348.84	－18.08	－26.57	463.59	0.282 9
300金融	3 204.11	－15.26	－27.26	3 588.38	3.514 1
300电信	2 207.28	－15.06	－18.67	289.35	0.246 8
300消费	6 082.04	－9.78	＋14.12	379.52	0.971 2

资料来源：锐思金融研究数据库，中证公司

从图4-6可以看到，2010年和2011年10大分类指数对比可以看出，2011年各类指数跌幅明显大于2010年，一些行业补跌效应明显，例如2010年在市场下跌背景下表现良好逆市上行的信息和医药、材料、工业板块，2011年都创下较高跌幅（见图4-7）。而与此形成对比的是2010年表现较差的金融、公用、电信板块，2011年跌幅较小。消费板块在两年中一枝独秀，均表现出色。

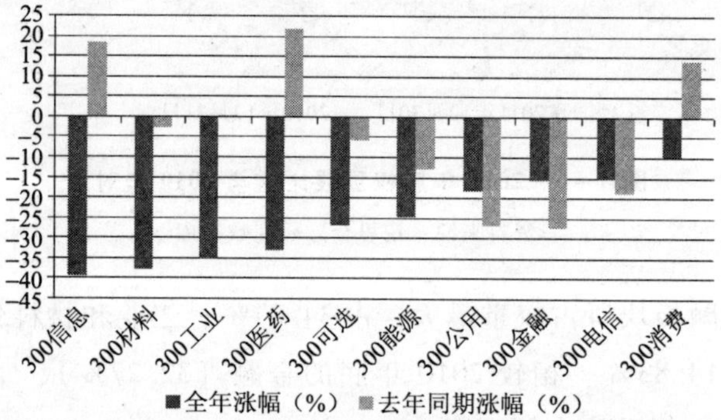

图4-6　沪深300分行业指数2011年涨幅与2010年同期对比

资料来源：锐思金融研究数据库，中证公司

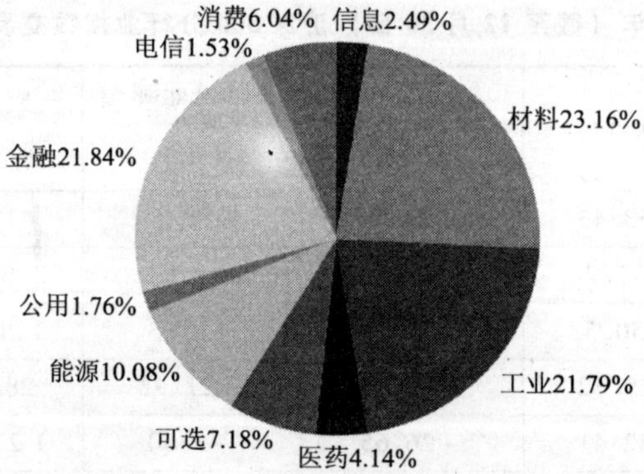

图4-7　2011年（截至12月30日）沪深300分行业交易金额占比

资料来源：锐思金融研究数据库，中证公司

2011年上半年，为了控制较为严重的通货膨胀形势，央行延续了2010年的加息与提高存款准备金率并举的措施，市场流动性持续收紧，对股市紧缩效果开始显现。作为对股市影响重大的产业，房地产市场的调控政策的效果初显对股市造成很大压力。股指期货、融券引入做空机制，泡沫压缩作用巨大，在不景气的2011年，进一步打击股市。在以上一系列政策因素的影响下，2011年沪深300指走出巨幅下滑的趋势（见图4－8）。

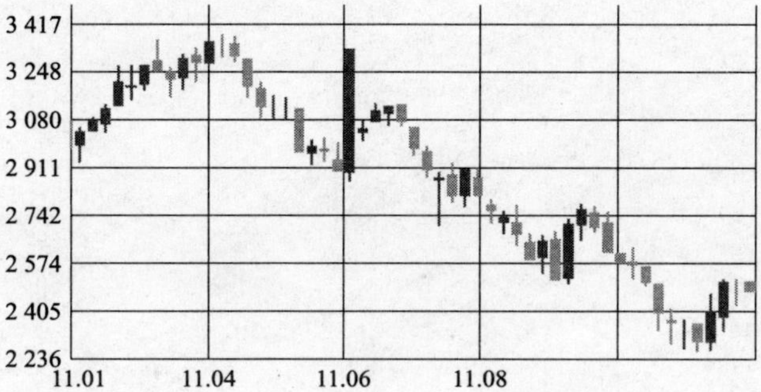

图4－8　沪深300指数2011年周K线走势

资料来源：中证公司

展望2012年，虽然2011年11月30日央行宣布下调存款类金融机构人民币存款准备金率，但并没有后续动作，货币政策是否走向宽松还未可知。同时经济放缓趋势基本确定，国际范围内经济形势严峻。因此对2012年的指数目前的态度仍不应太乐观。

第5章

2011年沪深300指数期货行情概况

第1节 沪深300股指期货上市以来总体走势

沪深300股指期货自2010年4月16日开市以来，市场已经运行1年8个月有余。2011年，沪深300股指期货市场维持快速成熟的良好态势，整体运行健康，成交量和持仓量稳步增长，持仓成交比稳步上升，交割结算较为正常。在2010年频繁出现的迅速跳动30~80点的“秒行情”大量减少，交割日效应也趋减，主力合约与现货基差全年维持在较低的合理水平，市场建设成果初现。

股指期货上市之初，恰逢房地产调控政策密集出台，希腊债务危机恶化，因此出现了单边下跌的行情。2010年年中，受美国定量宽松货币政策的影响，美元走软推高了国际大宗商品价格，从而带动沪深300指数与股指期货大幅反弹。然而同时带来的输入型通货膨胀促使央行不断出台上调存款准备金率及存贷款基准利率的紧缩货币政策，最终导致股指反弹止步，开始震荡调整，直到2011年4月开始出现明显的长期震荡下跌趋势。从HS300股指期货2010年4月上市到2011年年末，当月连续合约开盘价为3 415.6，收盘价为2 357，最高价为3 606，最低价为2 321.2，累计振幅达37.6%（见图5-1）。

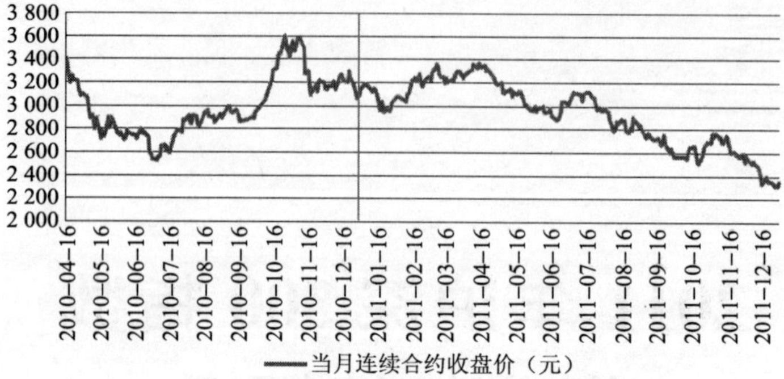

图 5－1　沪深 300 股指期货上市以来总体走势图

资料来源：中国金融期货交易所

1.1　沪深 300 股指期货 2011 年走势

2011 年，HS300 股指期货合约收盘价在年初呈小幅上涨趋势，在 4 月 13 日期指当月连续合约创下全年最高点 3 374.8 点，之后由于欧债危机以及国内紧缩政策的影响呈现不断下跌趋势，于 12 月 28 日创下全年最低点 2 321.2 点。当月连续合约全年振幅达 1 053.6 点，年末收于 2 357 点，全年累计跌幅为 26.16%（见图 5－2）。

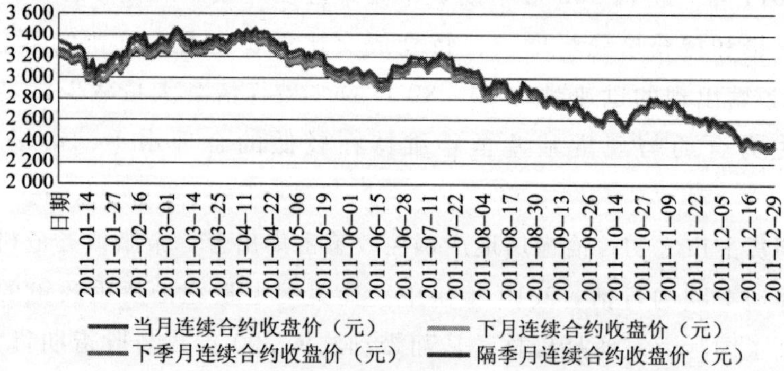

图 5－2　沪深 300 股指期货各合约 2011 年总体走势图

资料来源：中国金融期货交易所

1.2　成交量、成交额基本情况

沪深 300 股指期货自 2010 年 4 月 16 日上市以来，首年成交量达 4 587.3 万手，而2011年全年成交量为5 041.1万手，同比增加453.9万手，增幅9.89%。首年成交额410 698.77亿元，2011年全年成交额437 658.55亿元，同比增加26 959.78亿元，增幅6.56%。从成交金额来看，沪深300股指期货2011年以437 658.55亿元成为国内期货市场第一大交易品种，占全国28种期货交易金额总量的18.44%，比位列第二位的棉花期货高出3.17个百分点，比位列第三位的天然橡胶期货高出4.52个百分点，高出位列交易金额排序后19种的期货总和1.75个百分点（如图5－3）。

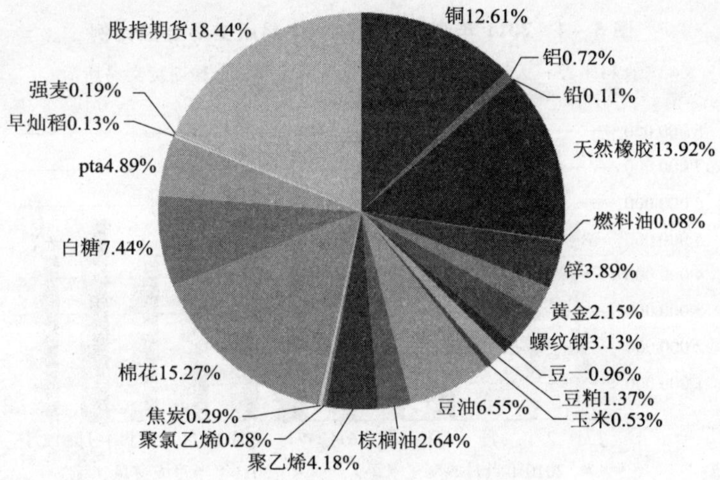

图5－3　2011年全国期货合约成交金额交易品种分布

资料来源：大连、郑州、上海交易所及中国金融期货交易所

从期货交易所的交易金额分布来看，大连商品交易所总成交金额44 320.76亿元，占全国的16.8%；郑州商品交易所总成交金额83 553.34亿元，占全国的28.16%；上海期货交易所总成交金额96 563.19，占全国的36.61%；而负责沪深300股指期货交易的中国金融期货交易所总成交金额为437 658.55亿元，占全国的18.44%，从2010年的第四位上升为第三位（如图5－4）。

虽然从全年总额来看，2011年沪深300股指期货的成交量和成交金额都比2010年有较大的提高，但由于股指期货交易于2010年4月才开始启动，因此这一总量上的增幅并不等同于每个月的增幅（见图5－5，5－6）。事实上，如表5－1所示，2011年有6个月份成交量和成交金额都比2010年有所下降，并且降幅较大。

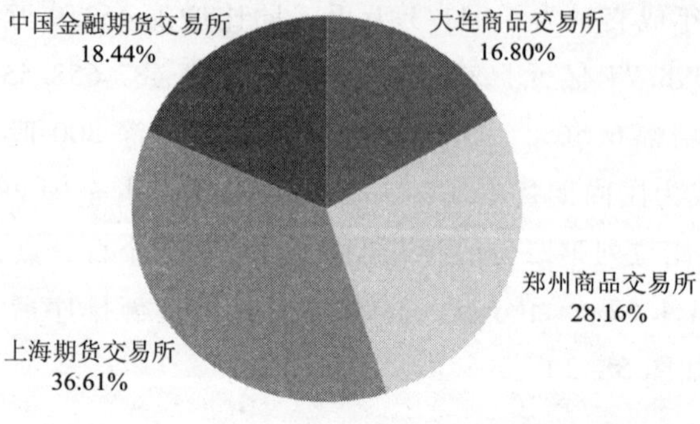

图5－4　2011年全国四大期货交易所交易金额比例

资料来源：大连、郑州、上海交易所及中国金融期货交易所

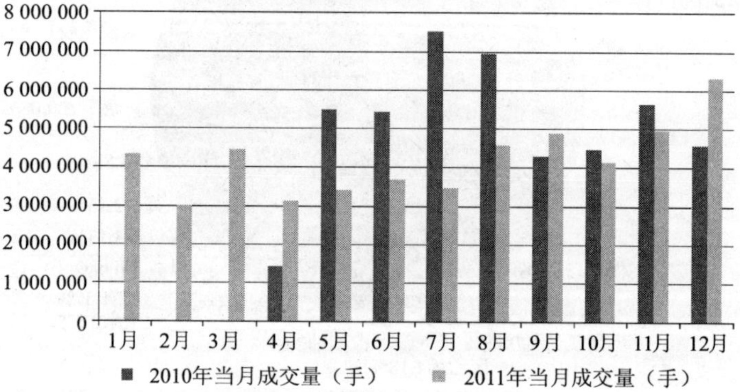

图5－5　2011年每月成交量与2010年每月成交量对比

资料来源：中国金融期货交易所

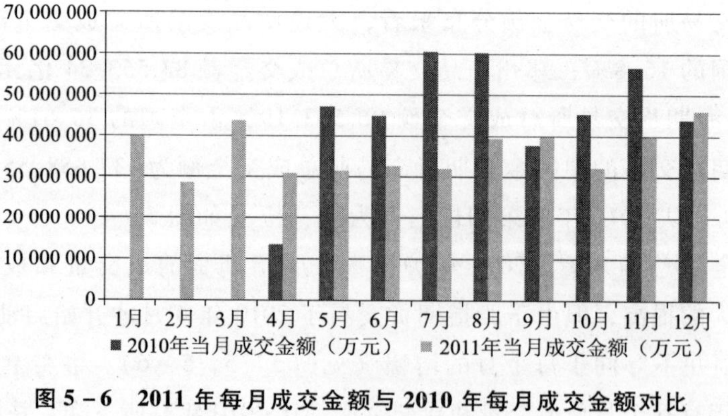

图5－6　2011年每月成交金额与2010年每月成交金额对比

资料来源：中国金融期货交易所

表 5－1　　2011 年各月份沪深 300 股指期货成交量与成交金额

月　份	交易日	月成交量（手）	成交量同比增减	月成交金额（亿元）	成交金额同比增减
2011 年 1 月	20	4 338 211	—	39 956. 30	—
2011 年 2 月	15	2 987 165	—	28 624. 78	—
2011 年 3 月	23	4 464 137	—	43 756. 02	—
2011 年 4 月	19	3 122 689	118. 43%	30 986. 91	125. 68%
2011 年 5 月	21	3 413 041	－37. 81%	31 690. 59	－32. 72%
2011 年 6 月	21	3 674 959	－32. 50%	32 774. 08	－26. 95%
2011 年 7 月	21	3 470 866	－53. 95%	32 060. 57	－47. 05%
2011 年 8 月	23	4 592 676	－34. 07%	39 427. 01	－34. 86%
2011 年 9 月	21	4 910 753	14. 20%	39 946. 29	5. 68%
2011 年 10 月	16	4 132 663	－7. 60%	32 457. 39	－28. 51%
2011 年 11 月	22	4 964 532	－12. 08%	39 905. 13	－29. 64%
2011 年 12 月	22	6 340 168	38. 16%	46 073. 49	4. 66%

注：成交量、持仓量按单边计算，成交额按单边计算（下同）

资料来源：中国金融期货交易所

日均成交量和成交金额方面，2011 年大部分月份均小于 2010 年（见图 5－7）。其中尤其以 7 月、8 月、10 月和 11 月差距最大。

另外，从年度趋势上来看，不同于 2010 年的波动起伏较大的特征，2011 年每个月的日均成交金额和日均成交量均呈现比较平稳的状态，这也体现出股指期货市场的日益成熟。4 月到 7 月成交量在全年低位运行，8 月起进入上升阶段，并在 10 月份达到全年高点，但这一高点与 2010 年相比相差较大。

从交割情况看，股指期货上市以来，所有合约均到期交割，没有发生强制平仓、投诉和交易纠纷。在交割日中交割合约走势平稳，未发生价格异动，股指期货交割日收盘价与交割结算价的偏离率在 0. 034% 以内。各合约交割量较低，市场没有出现对到期合约的过度炒作，合约价格始终围绕交割结算价微幅波动，走

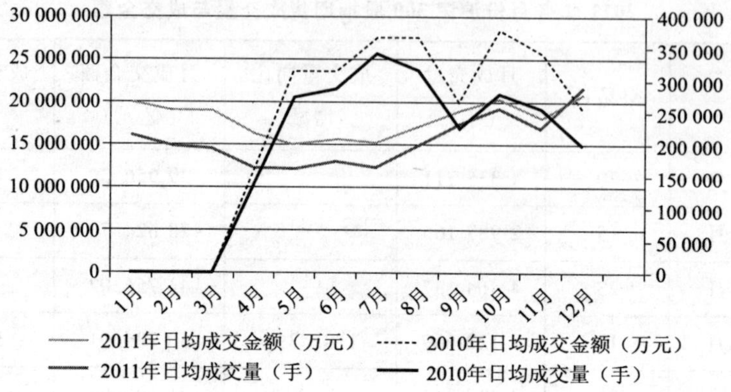

图 5－7　2011 年与 2010 年日均成交金额（左轴）和日均成交量（右轴）对比

资料来源：中国金融期货交易所

势平稳，收敛性好，未出现“到期日效应”。

2011 年全年中国金融期货交易所共交割 12 个股指期货合约（IF1101、IF1102、IF1103、IF1104、IF1105、IF1106、IF1107、IF1108、IF1109、IF1110、IF1111、IF1112），各合约成交量与成交金额如表 5－2 和图 5－8 所示。

表 5－2　2011 年交割股指期货合约成交量与成交金额

合　约	成交量（手）	成交金额（亿元）
IF1101	4 960 773	47 099. 48
IF1102	2 772 046	25 303. 33
IF1103	4 590 537	44 682. 06
IF1104	3 315 259	32 623. 68
IF1105	3 541 429	34 270. 10
IF1106	3 537 752	32 204. 02
IF1107	3 649 729	33 161. 97
IF1108	3 842 845	34 156. 48
IF1109	4 610 530	39 035. 61

续表

合　　约	成交量（手）	成交金额（亿元）
IF1110	4 561 735	36 361.96
IF1111	4 991 488	40 084.95
IF1112	4 927 970	38 060.36
平均值	4 108 507	36 420.33
2010 年平均值	5 373 538	47 867.00

资料来源：中国金融期货交易所

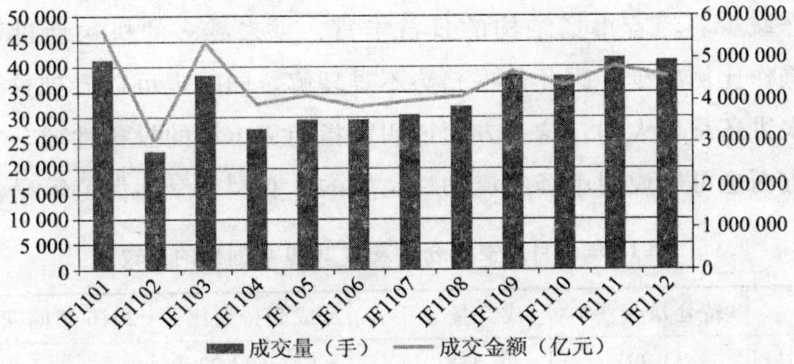

图 5－8　2011 年交割股指期货合约成交量与成交金额走势图

资料来源：中国金融期货交易所

从上列图表可以看到，2011 年交割的 12 种股指期货合约在成交量和成交金额除前 3 个品种外呈现逐渐放大的趋势，成交量前三位的合约分别为 IF1111、IF1101、IF1112，其中成交量最高的 IF1111 比成交量最低的 IF1102 高出 2 219 442 手，即 80.07%。成交金额前三位的合约分别为 IF1101、IF1103、IF1111。其中成交金额最大的 IF1101 比成交金额最小的 IF1102 高出 21 796.15 亿元，即 86.14%。

从平均值上来讲，无论是成交量还是成交金额，2011 年均比 2010 年有较大下降，其中平均成交量比 2010 年少 12 651 手，下降 23.54%；平均成交金额比去年少 11 446.67 亿元，下降 23.91%。

总体来看，2011年沪深300股指期货的交易呈现平稳态势，交割情况良好，市场健康有序运行，但交易量和交易金额均低于2010年。

1.3 持仓量情况

2010年末沪深300股指期货持仓量29 805手，2011年末沪深300股指期货持仓量48 443手，同比增加18 638手，增幅62.53%。持仓量的升高体现出资金日内交易减少，投机性操作减少。市场成交持仓比呈下降趋势，目前该比值在4左右，较上市初期的20已大幅下降，逐渐接近海外成熟市场水平。

从各个月份来看，如表5-3所示，2011年各个月份的成交持仓比比去年同期已有显著下降，显示出市场投机性流转速度的降低，市场交易趋向长期化，短期高频操作减少。随着市场结构的日益丰富，越来越多的机构性投资者进入市场，短线操作比例减少，因此这一趋势不难理解。同时也可以看到这一比值相比商品期货来讲还是很大的，这一方面说明股指期货市场的投机性成分相较之下较大，另一方面也可以说明市场的流动性是好的，有利于套期保值等操作的进行。

表5-3　　2011年各月成交持仓比及与2010年同期的比较

合约	持仓量（手）	成交量（手）	成交持仓比	2010年同期成交持仓比
2011年1月	33 991	4 338 211	127.628 225	—
2011年2月	35 336	2 987 165	84.536 025 6	—
2011年3月	37 433	4 464 137	119.256 725	—
2011年4月	44 585	3 122 689	70.039 004 1	130.938 633 4
2011年5月	44 796	3 413 041	76.190 753 6	242.913 774 8
2011年6月	37 179	3 674 959	98.845 02	189.145 214 5
2011年7月	35 987	3 470 866	96.447 772 8	244.300 735 8
2011年8月	35 177	4 592 676	130.559 058	212.137 988 8
2011年9月	37 768	4 910 753	130.024 174	170.760 185 8
2011年10月	41 422	4 132 663	99.769 76	118.703 893 4
2011年11月	42 313	4 964 532	117.328 764	211.229 080 2
2011年12月	48 443	6 340 168	130.878 93	153.969 300 5

资料来源：中国金融期货交易所

从会员成交持仓情况来看，重要会员中证和国泰君安等持仓比例仍保持较高水平，其他重要会员的影响也日趋增大，如：海通、华泰长城、广发、南华、永安、中粮、光大、银河、申银万国、中信建投、上海东证、鲁证、兴业、信达等。这显示出市场力量得到进一步平衡，向着健康平稳的方向发展。

第2节　与股票现货市场的对比

股市期货推出以来备受投资者青睐的一个重要原因是：股指期货可以卖空。当股市下跌时，股指期货的存在使股票投资者可以转向期货市场，寻求反向卖空的套保和投机机会。为了检验我国HS300股指期货上市以来是否起到了资金规避股市风险的港湾作用，我们用2011年244个交易日HS300指数相关的股票市场与期货市场的成交量及成交金额做出以下对比图（见图5－9）。

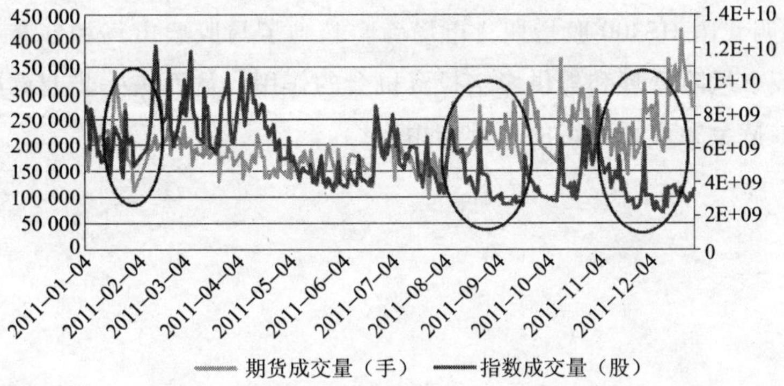

图5－9　股市与期市2011年日成交量对比图

资料来源：锐思金融研究数据库

图5－9中，指数成交量是指HS300指数成分股的总成交量。如图5－9所示，在2月、8－9月、12月，股市成交量与期货成交量表现出了明显的反向变化趋势。

再看图5－10，折线图表示成交额，柱状图表示2011年指数收盘价。柱状图中间的空白部分是2011年市场休市日。2011年下半年以来，股市成交额与期货成交额之间的反向变动趋势表现的越来越明显。同时，与指数收盘价趋势对比我们发现，指数成交额与指数涨跌趋势具有很高的一致性。而期货成交额则不同，

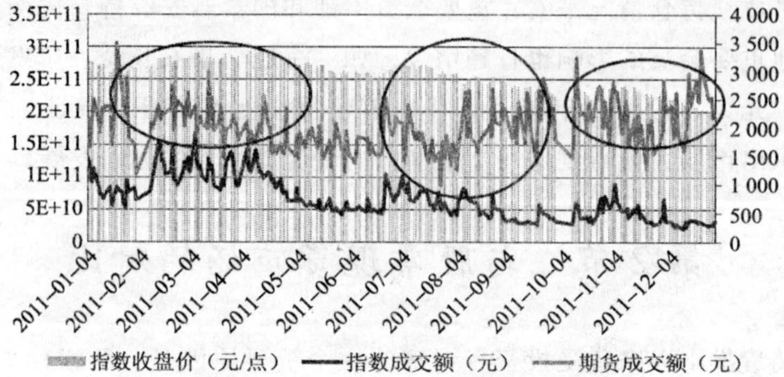

图 5-10　股市与期市 2011 年日成交额对比图

资料来源：锐思金融研究数据库

当指数上涨时，期货成交额下降，指数下跌时，期货成交额上升。且期货成交额变动的速率（斜率）与指数及其成交额的变动速率非常相似（斜率互为相反数）。这说明我国 HS300 股指期货市场确实起到了与股票市场相互替代，帮助投资者进行股市风险管理和提供卖空投资机会的作用，从而进一步起到阻止股市暴涨暴跌、维持金融市场稳定的关键作用。

第 6 章

2011 年沪深 300 股指期货基差走势及套利机会

第 1 节　2011 年沪深 300 股指期货基差走势

基差是指期货价格减去现货价格所得到的价差，这里是指 HS300 股指期货各交割期限连续合约与 HS300 股指现货价格的价差。如图 6－1 所示，期货当月连续合约基差与次月连续合约基差变化较为稳定，没有明显的上升或下降趋势；而下季月连续合约基差与隔季月连续合约基差存在明显的周期性下降趋势。这是因为当月、次月连续合约交割时间较近，交割日期与当前交易日之间的天数变化分

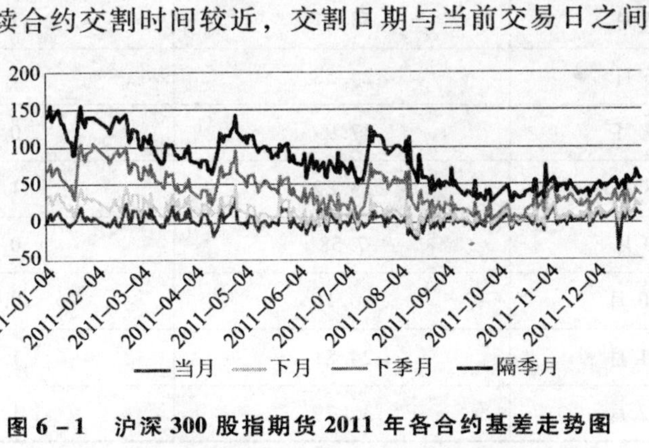

图 6－1　沪深 300 股指期货 2011 年各合约基差走势图

资料来源：中国金融期货交易所

别稳定在1个月以内、1个月以后2个月以内，变化范围为1个月；而下季月、隔季月连续合约交割时间较远，且时间差变化范围较大，分别在3～5个月、6～8个月之间，变化范围为3个月，因此基差随着交割日期与交易日间天数的变化表现出明显的周期性趋势。观察图2－19，还可以发现，HS300股指期货当月连续合约基差在每个交割日都接近于0，说明股指期货合约交割顺利，期货市场运行良好。同时，交割日期货与现货价格趋同也给股指期货套利交易者提供了良好的条件。

2011年各月连续合约平均基差和基差率如表6－1和图6－2所示，可以看到全年的月平均基差率均为正，其中2月份达到高点后一路下降，直到12月再次达到一个高点。对各个合约的基差率观察可知，近月合约出现了一定数量的利差倒挂，基本不存在套利机会；远月合约则基差率较高，较为频繁的出现套利窗口。

表6－1　　2011年各月连续合约平均基差和基差率

月份	月平均基差	月平均基差率
2011年1月	43.09	1.83%
2011年2月	71.24	2.77%
2011年3月	60.71	2.30%
2011年4月	28.41	1.18%
2011年5月	38.11	1.75%
2011年6月	24.58	1.18%
2011年7月	17.99	0.81%
2011年8月	23.82	1.12%
2011年9月	7.58	0.52%
2011年10月	10.16	0.52%
2011年11月	24.81	1.23%
2011年12月	35.79	1.87%

资料来源：中国金融期货交易所

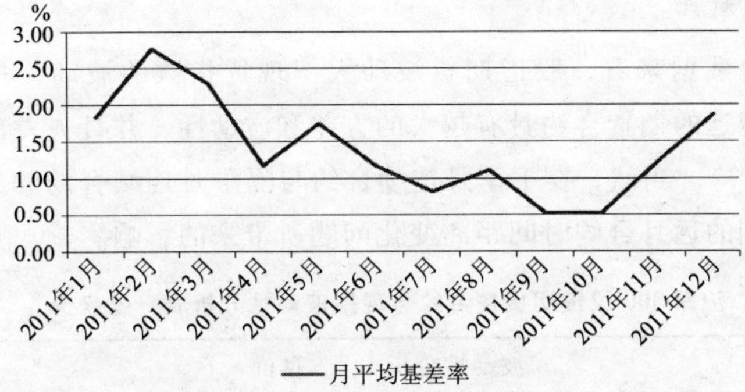

图6－2　2011年各月平均基差率

资料来源：中国金融期货交易所

第2节　套利机会

2.1　与现货指数的关联

2.1.1　走势相关性

通过HS300现货指数与股指期货当月连续、下月连续、下季连续、隔季连续合约日收盘价序列的相关系数矩阵（见表6－2），可以看出：随着交割月份的临近，股指期货与指数的相关系数越高；各股指期货连续合约与现货指数的相关系数都达到了0.996以上，股指期货走势与现货指数走势有着极高的相关性，其中当月连续合约与指数的相关系数大于0.999。

表6－2　　沪深300股指期货各合约与现货指数相关系数矩阵

相关系数矩阵					
	当月连续	下月连续	下季月连续	隔季月连续	指数
当月连续合约	1				
下月连续合约	0.999 8	1			
下季连续合约	0.998 3	0.998 9	1		
隔季连续合约	0.997 5	0.998 3	0.999 4	1	
指数	0.999 4	0.999 2	0.997 6	0.996 9	1

2.1.2 波动性对比

就日收盘价数据来看，股指期货波动大于现货指数的波动，具有较大的方差；交割月份越远的期货合约具有越大的方差和波动性，并且方差的增幅也越来越大（见表6-3）。当然，在下季月连续合约与隔季月连续合约的方差中，不可避免上文中提到的远月合约时间距离变化问题所带来的影响。

表6-3 沪深300股指期货各合约与现指波动性分析表-收盘价

波动性分析1：收盘价				
组	观测数	求和	平均	方差
当月连续合约	244	715 668.4	2 933.067 2	75 627.279 4
下月连续合约	244	718 480.8	2 944.593 4	77 839.005 4
下季连续合约	244	725 076.0	2 971.623 0	83 011.744 0
隔季连续合约	244	734 286.6	3 009.371 3	89 249.024 9
指数	244	714 658.1	2 928.926 4	75 478.344 3

就日振幅数据来看，股指期货波动仍大于现货指数波动，振幅和较大（见表6-4）。在这里，振幅的方差数据没有多大意义，有用的是振幅的和及其平均数。虽然振幅的方差大致随着交割月份的远离而变大，但振幅和数据表明：股指期货当月连续合约的波动最大，其次是下季月连续合约，然后是下月连续合约，最后是隔季连续合约，这与当月连续合约的“主力合约”角色，即投资者的交易活跃程度有很大关系。

表6-4 沪深300股指期货各合约与现指波动性分析表-振幅

波动性分析2：振幅（最高价-最低价）				
组	观测数	求和	平均	方差
当月连续合约	244	12 461.6	51.072 1	586.370 1
下月连续合约	244	12 304.6	50.428 7	578.691 7
下季连续合约	244	12 363.4	50.669 7	872.371 9
隔季连续合约	244	11 970.6	49.059 8	903.011 9
指数	244	11 677.8	47.859 9	444.456 5

2.1.3 联动性分析

用2011年HS300股指期货各期限连续合约及现货指数的各244个交易日收益率数据进行滞后一阶及滞后二阶的格兰杰因果检验，Eviews输出结果经整理如下表所示。其中，HS300表示股指现货收益率序列，FUTURE1表示股指期货当月连续合约收益率序列，FUTURE2表示股指期货下月连续合约收益率序列，FUTURE3、FUTURE4分别表示股指期货下季月、隔季月连续合约收益率序列。格兰杰因果检验原假设诸如：HS300不是FUTURE1的格兰杰因。若概率结果（Probability）很小，则推翻原假设，认为HS300是FUTURE1的格兰杰因。在下表中，将原假设中的“因”放在第一列，“果”放在第一行，表中数据即为输出的概率结果（见表6－5和表6－6）。

表6－5　沪深300各合约与现指格兰杰因果检验表－滞后一阶

Lags：1	因					
果	Probability	HS300	FUTURE1	FUTURE2	FUTURE3	FUTURE4
	HS300		0.062 1	0.247 9	0.259 9	0.582 7
	FUTURE1	0.662 0		0.236 9	0.469 4	0.163 5
	FUTURE2	0.315 8	0.044 6		0.771 9	0.373 0
	FUTURE3	0.597 0	0.257 2	0.722 1		0.199 0
	FUTURE4	0.335 2	0.044 1	0.297 3	0.045 1	

表6－6　沪深300各合约与现指格兰杰因果检验表－滞后二阶

Lags：2	因					
果	Probability	HS300	FUTURE1	FUTURE2	FUTURE3	FUTURE4
	HS300		0.112 6	0.510 9	0.513 8	0.816 5
	FUTURE1	0.884 6		0.317 9	0.680 6	0.367 9
	FUTURE2	0.377 7	0.044 7		0.884 7	0.550 9
	FUTURE3	0.571 3	0.287 5	0.740 1		0.257 0
	FUTURE4	0.580 3	0.118 5	0.529 8	0.101 7	

从表6－5和表6－6中可以看出：HS300指数是当月连续期指FUTURE1的格兰杰因，下月连续期指FUTURE2是当月连续期指FUTURE1的格兰杰因，隔季月连续期指FUTURE4是当月连续期指FUTURE1和下季月连续期指FUTURE3的格兰杰因，其他各序列之间没有明显的格兰杰因果关系。由于当月连续股指期货合约距离现货交割的时间太近，在0～32天之间，因此受到了现货指数、下月连续期指及隔季月连续期指的共同影响。而隔季月连续期指对下月连续期指及下季月连续期指的影响也正好反映了期货市场指导现货定价的价格发现功能。造成各序列之间联动关系不明显的另一个原因来自于我国的股指期货交易制度。由于合约交割月份分别是当月、次月、下季月、隔季月的设定，使各连续合约之间的交割时间间隔在不断变化。例如：1月份的合约交割月份分别为1月、2月、3月、6月，2月份的合约交割月份分别为2月、3月、6月、9月，使次月和下季月合约的交割时间间隔由1个月变化为3个月，从而造成了连续合约之间联动关系的不稳定性和不显著性。

2.2 与国外市场的关联

为了研究国外主要国家市场与我国沪深300指数及期货市场的关联，本文选取日经225指数、伦敦金融时报100指数、道琼斯工业指数、纽约标普500指数共四个国外市场指数与中国沪深300指数日收益率数据，利用Eviews做格兰杰因果检验。由于Resset数据库国外指数数据只更新到2011年9月30日，并且我国、日本与英美国家的市场休息日不同，因此本文共选取了各国都有交易的167个交易日数据进行分析，结果如表6－7所示。

表6－7　　全球各主要指数与沪深300股指格兰杰因果检验表

Lags: 2	因					
果	Probability	HS300	DOW	SP500	LONDON	JAP225
	HS300		0.401 5	0.402 9	0.566 1	0.921 5
	DOW	0.062 1		0.087 1	9.6E－06	4.5E－06
	SP500	0.020 3	0.103 0		5.7E－06	2.1E－06
	LONDON	0.086 3	0.000 2	0.000 3		0.029 3
	JAP225	0.280 7	0.521 6	0.773 7	0.295 5	

从表6-7中可以看出，伦敦金融时报100指数、道琼斯工业指数、纽约标普500指数三者之间互为格兰杰因果关系，相互影响；并且这三种指数都同时是日经225指数和沪深300指数的格兰杰因；日经225指数在28%的可能性下不是沪深300指数的格兰杰因，也就是说日经225指数也在一定程度上影响着沪深300指数的走势。在金融全球化的今天，尽管2011年中国经济状况远好于其他国家，但金融市场的兴衰涨跌仍然与国际市场休戚相关。而在全球金融市场中，中国并不占据主导地位和世界影响力，常被动的受到国外市场的影响。

2.3　期货价格合理性与套利机会

2.3.1　期现套利

通过期货无套利定价公式，可以利用HS300指数计算出HS300股指期货的理论价格，或者说是合理价格。当股指期货的实际价格偏离其合理价格的程度超过套利成本时，投资者可以建立套利头寸，待期货到期时或期货价格回归其合理价格时平仓，以获取无风险的价差收益。由于现实中没有完全追踪HS300指数的交易基金，需要用市场上已有的ETF基金进行替代。而二级市场上ETF卖空交易受到限制，因此以下只讨论卖出期货买入ETF组合的正向套利机会。

2011年无风险套利机会如图6-3和图6-4所示：

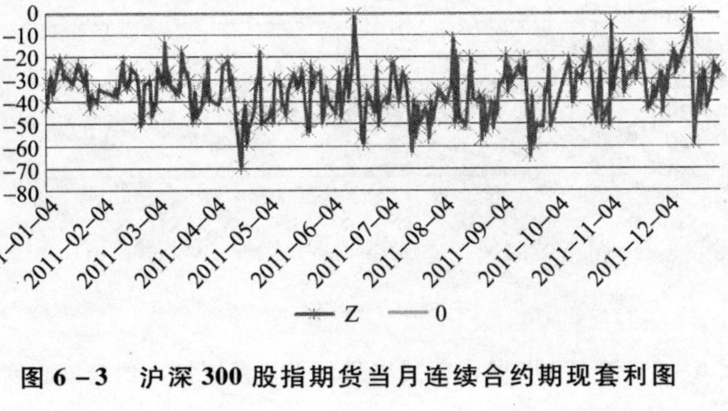

图6-3　沪深300股指期货当月连续合约期现套利图

其中，Z=期货实际价格-期货理论价格-套利成本，当Z>0时，存在无风险套利机会。而套利成本包括买卖的交易成本、由于不能按理想价位成交带来的冲击成本、资金占用的机会成本和ETF对指数的跟踪误差。由以上两图可以看出，2011年股指期货与HS300指数之间几乎没有无风险套利机会。

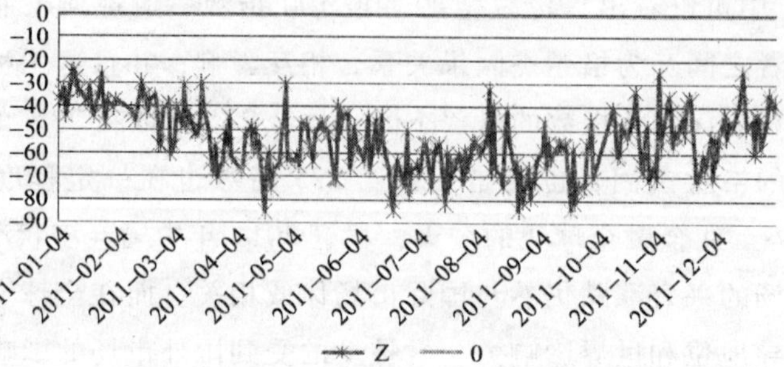

图 6－4　沪深 300 股指期货次月连续合约期现套利图

2.3.2　跨期套利

与期现套利类似的，我们可以根据无套利定价公式，利用股指期货近月合约价格计算出远月合约与近月合约之间的合理价差，在此合理价差上分别加减套利成本形成一个无套利区间。现实中与期现套利不同的是，由于跨期套利利用的都是股指期货合约，因此不存在卖空限制，可以方便地进行正向或反向套利。当远月合约与其近月合约的实际价差减去合理价差的绝对值超过交易成本时，我们可以进入市场进行套利。本文计算了 HS300 股指期货当月连续合约与下季月连续合约之间的套利机会，其结果如图 6－5 所示：

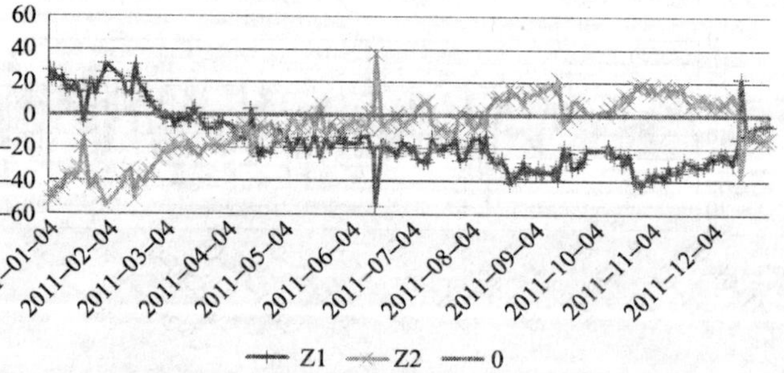

图 6－5　沪深 300 股指期货当月、下季月连续合约跨期套利图

图 6－5 中，Z1＝股指期货下季月连续合约价格与当月连续合约实际价差－其合理价差－套利成本；Z2＝合理价差－实际价差－套利成本。当 Z1 大于 0 时，存在正向无风险套利机会，应买入近月合约，同时卖出远月合约；Z2 大于 0 时，存在反向无风险套利机会，应买入远月合约，同时卖出近月合约。从图 6－5 中

我们看到，2011 年市场存在不少 $Z>0$ 的跨期套利机会，也就是说股指期货远月合约价格并不常处于合理价格水平。股指期货远月合约不是现货指数按无风险利率计息的价格，而是更多的反映着人们对未来市场的预期。按照套利理论，在 244 个交易日中，有 40 天存在正向跨期套利机会，97 天存在反向跨期套利机会，套利收益大致在 20 点左右。然而，这只是理论上的套利机会，在实际中，由于远月合约距离交割时间较远且交易不活跃，我们无法预期价差会在当月合约交割前或交割时会回归到合理范围内，给跨期套利带来了很多困难。事实上，从上图中我们也可以观察到，连续合约间价差具有很大的自相关性，没有明显的均值回归趋势。因此，依据理论计算出的近月合约与远月合约之间的跨期套利并不能称之为套利。这也是现实中我们很少利用远月合约进行套利的主要原因。

第7章

2012年金融期货市场展望

第1节　金融期货市场运行

1.1　市场走势

2012年是国际经济形势错综复杂的一年。在国外，欧债危机的持续给全球经济带来了不确定性。欧元区国家银行业流动性紧张，经济增长疲软，两者之间通过信贷的作用相互联系相互影响。虽然银行风险尚未传导到其他国家，但欧债危机已经严重影响了全球经济的正常发展。对于中国来说，来自欧洲的进出口贸易额急剧下降，严重削弱了“出口”这架马车对中国经济增长的带动作用。

在国内，受房地产持续调控和出口增速回落影响，2012年中国经济增长放缓。十二五规划中的重点行业将对未来经济增长提供持续动力，中央经济工作会议表示，扩大内需将是2012年经济工作的重要任务之一。但2012年社会福利改善、工资上涨以及个人所得税调整等政策引导的潜在消费需求还不足以弥补出口增速放缓带来的对GDP贡献的缺口。

2011中央工作会议认为，推动2012年经济社会发展，要突出把握好稳中求进的工作总基调。稳，就是要保持宏观经济政策基本稳定，保持经济平稳较快发展，保持物价总水平基本稳定，保持社会大局稳定。进，就是要继续抓住和用好我国发展的重要战略机遇期，在转变经济发展方式上取得新进展，在深化改革开放上取得新突破，在改善民生上取得新成效。

在2012年两会温家宝总理政府工作报告中，提出了2012年经济社会发展主要预期目标：其中，国内生产总值增长7.5%；居民消费价格涨幅控制在4%左右。总理表示，国内生产总值增长目标略微调低，主要是要与“十二五”规划目标逐步衔接，引导各方面把工作着力点放到加快转变经济发展方式、切实提高经济发展质量和效益上来，以利于实现更长时期、更高水平、更好质量发展。这从根本上是一个利好消息，中国经济将克服不平衡、不协调、不可持续的问题，真正走上一条注重质量的发展道路。提出居民消费价格涨幅控制在4%左右，综合考虑了输入性通胀因素、要素成本上升影响以及居民承受能力，也为价格改革预留一定空间。2012年将继续实施积极的财政政策和稳健的货币政策，根据形势变化适时适度预调微调。财政政策要继续完善结构性减税政策，加大民生领域投入，积极促进经济结构调整，严格财政收支管理，加强地方政府债务管理。房地产方面，将严格执行并逐步完善抑制投机、投资性需求的政策措施，进一步巩固调控成果，促进房价合理回归。货币政策将突出其灵活性和针对性，按照总量适度、审慎灵活的要求，兼顾促进经济平稳较快发展、保持物价稳定和防范金融风险。综合运用各种货币政策工具，调节好货币信贷供求，保持社会融资规模合理增长。广义货币预期增长14%。扩大内需特别是消费需求是我国经济长期平稳较快发展的根本立足点，是2012年工作的重点。

从宏观经济和政策角度分析，2012年通胀下降和经济减速已经成为不争的事实。在货币政策预调微调的情况下，2012年1月大盘走出低点，开始反弹；2月物价回落给货币政策带来了结构性宽松空间。从基本面来看，预计欧债危机、经济增速、房地产市场形势在下半年将逐渐明朗，给投资者增加信心，十八大的召开将给市场带来制度红利，因此年中大盘会平稳上涨。总体来说，在稳健的货币政策和经济结构转型的制约下，预计2012年全年大盘走势为震荡上涨形态，但总振幅不大，预计全年大盘波动在2 200～3 000点之间。

1.2　资金面略宽松

国外：欧债危机不断向外围蔓延，给全球经济带来不利影响，欧元区国家迟迟拿不出一个可行性强、被市场认可的根本性解决方案。面对未来市场的高度不确定性，国际投资者风险偏好下降，资金纷纷流向美元、黄金、大宗商品等保值资产，从包括中国在内的新兴市场国家撤离。预计国外流入的资金将减少，再加上欧洲经济疲软对中国出口的削弱，预计我国 2012 年外汇占款增速将进一步下降。

国内：多年以来，央行外汇占款增量一直是我国扩大货币供应量、释放流动性的主要渠道。然而2011 年 10 月份我国外汇占款余额月度数据出现了自 2008 年以来的首次下降。2012 年外汇占款增速下降将影响货币供应量的投放方式。央行将通过降低存款准备金率、公开市场操作等数量或价格型工具以投放正常的货币需求量，增加信贷投放以支持经济较快发展。2012 年 2 月，全国消费价格总水平同比上升 3.2%，结束了我国已维持 24 个月的负利率时代，通货膨胀基本调整到位。在中央工作会议及两会政府工作报告中，一再强调 2012 年我国实行积极的财政政策和稳健的货币政策，并适时适度预调微调。虽然货币政策定调稳健，但相较 2011 年仍给流动性设定了一定的宽松范围，以保证经济平稳较快增长。这意味着 2012 年流动性状况比 2011 年将有所好转，市场资金成本将呈现下降趋势。

资本市场：困扰股市多年的限售股解禁已接近尾声，2012 年解禁资金压力不到前两年的 30%，对市场的供应冲击有望减弱。市场融资方面，2012 年 1 月，共有 14 家中国企业在境内外资本市场完成 IPO，合计融资 11.36 亿美元。IPO 个数环比下降 56.3%，同比下降 64.1%；融资额环比下降 85.2%，同比下降 84.5%。融资市场并未像人们预想中那样由于政策趋于适度宽松而出现回暖迹象，但我们也不能忽视岁末年初的季节性影响。证监会要求上市公司分红等一系列加强 IPO 监管的措施增大了公司发行股票的融资成本；2012 年 1 月全国证券期货监管工作会议上，证监会主席郭树清表示：要努力推动资本市场的结构调整，显著提高公司类债券融资在直接融资中的比重。这一系列监管新思路将影响公司的融资决策和监管层的审批节奏。就 2012 年全年来看，预计总市场融资需求相对于 2011 年基本持平。

综上所述，我们认为 2012 年我国金融市场流动性总体较 2011 年略有改善。

第 2 节　品种创新

随着我国实体经济与金融市场的不断发展，实体企业对金融风险控制的需求愈加强烈，给金融期货市场创新增添了更多动力。2012 年必将是期货市场新品种创新加速发展的一年。

2.1 国债期货

“十二五”规划明确提出，要积极发展债券市场，这是促进实体经济加快结构调整和转变发展方式的重要手段，也是健全金融体系、分散各种风险、增加投资工作的必要措施。

从海外市场看，债券融资规模要远远大于股权融资，而在我国资本市场，债券融资远远小于股权融资。数据统计，美国国债期货的交易量占总期货交易量的一半以上。我国债券市场以及国债期货市场隐藏着巨大的发展潜力。

根据规划，2012 年债券市场的规范统一有望取得实质性进展，债券品种将大大丰富，高收益企业债、市政债、机构债等债券新品种的陆续推出将为投资者提供新的投资品种。同时，证监会将积极培育多元化的债券机构投资者队伍，吸引商业银行、保险机构积极参与交易所债券市场。目前，我国国债现货市场日趋成熟，市场规模迅速扩大，流动性持续增强。截至 2011 年 12 月底，我国记账式国债存量达到 6.5 万亿元，位居亚洲第二位，世界第五位。其中银行持有量占 70%。此外，市场交易活跃，2011 年银行间市场国债现券交易总额为 8.6 万亿元，国债回购交易总额达 2.6 万亿元。因此，发展国债期货变得越来越有必要。

目前我国利率管制正在逐渐放松，利率市场化程度不断提高。国债发行与交易利率已基本实现市场化：在一级市场上，记账式国债采用对国债承销团成员公开价格招标的方式发行，发行利率完全由市场投标决定；在二级市场上，国债价格由市场供需决定，利率也实现了市场化。随着利率市场化改革的稳步推进，利率波动将变得更加频繁剧烈，债券持有者和交易者，如银行、保险、基金、券商等，对冲风险的需求也日益强烈。而国债期货作为一种风险管理的工具，能够有效满足机构投资者管理利率风险、套期保值的需求，保障金融体系的安全；还能促进我国利率进一步市场化，提高债券定价的有效性和债券市场的流动性，使得以国债为基础的收益率曲线更加合理，促进债券市场和金融期货市场的整合和深入发展。

有了商品期货和股指期货市场良好运行的制度经验和监管经验，加上已逐渐发展成熟的国债现货市场，国债期货的推出不会再出现“327 事件”类似的情况。可以说国债期货上市的条件已基本成熟。经过多年努力，国债期货已完成了合约及规则设计、技术系统开发等工作，日前国债期货仿真交易也已经启动并在逐步扩大参与范围，可以说国债期货已经呼之欲出。

从仿真交易来看，国债期货开放 3 个合约，分别为 TF1203、TF1206、TF1209，基准价为 100 点，涨停板是 2%，标的为 5 年期标准券，剩余期限 4 ~ 7 年的国债都可以参与交割，以保证可交割债券量充足，有效防范交割风险。投资者可以利用原股指期货仿真交易账户进行国债期货仿真交易。就目前来看，仿真交易比较平稳，持仓量越来越大。

2.2 多品种指数期货

HS300 股指期货上市以来，市场运行状况良好，得到了广大投资者的认可。同时，交易指数品种的单一也不能满足投资者的交易需求。HS300 指数只反映 A 股中大蓝筹股的综合走势，无法用于其他股票投资的风险规避。因此，更多品种指数标的股指期货合约的推出势在必行。

中金所总经理朱雨辰表示：中金所正在积极筹备中证 500 指数期货以及创业板指数期货等品种。

中证 500 指数与 HS300 指数的股票样本完全不同，在沪深交易所上市 A 股中，扣除 HS300 指数样本股及最近一年日均总市值排名前 300 名的股票，把剩余股票按照最近一年（新股为上市以来）的日均成交金额由高到低排名，剔除排名后 20% 的股票，然后将剩余股票按照日均总市值由高到低进行排名，选取排名在前 500 名的股票即为中证 500 指数的样本股。由此可见，中证 500 指数反映的是沪深证券市场内中小市值公司的综合走势。与 HS300 指数相比，中证 500 指数囊括的股票数量更多，成长性也更高。

中证 500 指数以 2004 年 12 月 31 日为基期，基点为 1 000。长期的运行和样本调整使其具备很好的客观性和稳定性。市场上已经有了追踪中证 500 指数的基金，如南方中证 500 指数基金（LOF），其中中证 500 指数的成分股及其备选成分股的投资比例不低于基金资产净值的 90%，现金或到期日在一年以内的政府债券不低于基金资产净值的 5%，以期通过被动式指数化投资实现对中证 500 指数的跟踪，为投资者提供一个分享中国经济中最具活力的中小企业长期增长的有效投资工具。中证500股指期货推出后，投资者可以利用期指对中证500指数基金进行风险管理和套期保值，也可以方便地同时利用两者进行期现套利。

创业板指数以2010年5月31日为基期，基点为1 000点，包含100只在深交所创业板上市的股票。选样时先计算入围个股平均流动市值和平均成交金额占创业板市场比重，再将上述指标按2:1的权重加权平均，将计算结果从高到低排序，在参考公司治理结构、经营状况等因素后，按照缓冲区技术选取成分股。创业板指数以样本股的“流通市值占比”和“成交金额占比”两个指标的加权值为主要依据，以样本股的“自由流通股本精确值”为权数，并且每季度对样本股进行一次调整，从而汇集了创业板中代表性强、流动性好的100家上市公司，更灵敏、准确、真实的反映了创业板市场成交活跃、成长迅速的特点。与中证500指数相比，创业板指数的成长性更高、风险更大。2011年8月15日，易方达创业板ETF及其联接基金开始公开发售，是一只完全复制创业板指数的基金，也是首只跟踪创业版指数的基金，为创业板股指期货上市后的套利交易和正常运行提供了更加有利的基础条件。

中证500股指期货、创业板股指期货的推出，将为投资者提供更多的交易品种，给风险厌恶者带来与不同风险等级的股票、基金投资相适的风险对冲工具，给风险偏好者带来更大风险的投机工具。沪深300股指期货加上中证500股指期货、创业板股指期货的配合，将使我国股指期货市场成为一个较为完善的市场。因此，中证500股指期货、创业板股指期货的推出在2012年变得迫不及待、呼之欲出。

2.3 其他品种创新

自2010年6月我国重启汇改以来，随着全球经济形势的不确定发展，人民币汇率弹性逐渐增大，2011年末一改单边升值态势，开始了双边波动时代。我国进出口商和对外投资者面临的人民币汇率风险日益增大。为此，国家外管局2011年4月推出了人民币外汇期权，11月又推出人民币外汇期权组合业务，以帮助企业和投资者更好的管理汇率风险。随着汇改的继续进行，人民币汇率市场化进程逐步发展，为了抓住人民币汇率定价的自主权和国际话语权，我国需要一个成熟的外汇期货市场。

另外，我国商品期货市场经过多年来的发展和创新，已经积累了相当丰富的经验，作为平衡期货市场风险的商品期货期权的推出逐渐显出其重要性。中国期货协会副会长肖成认为，在当前26个上市期货品种中选取几个比较成熟且交易频繁的品种推出相应期权，有助于这些期货品种更好地发挥其规避风险和发现价格功能。

中国金融期货交易所总经理朱玉辰表示，中金所正在研究期权、汇率期货等金融衍生品，但尚未列出新品种推出的具体时间表。

第3节 市场监管

3.1 期货相关法律

2012年2月3日，中金所发布了修订后的《中国金融期货交易所套期保值与套利交易管理办法》，2010年2月20日发布的《中国金融期货交易所套期保值管理办法》同时废止。新办法简化并优化了套期保值审批流程，引入了套利业务，提高了对套期保值、套利业务监管的针对性和有效性。

《办法》明确实行套期保值、套利额度审批制度。客户申请套期保值、套利额度的，应当向其开户的会员申报，会员对申报材料进行审核后向交易所办理申请手续。会员申请套期保值、套利额度的，直接向交易所办理申请手续。交易所在正式受理套期保值、套利额度申请后5个交易日内作出审批决定。套期保值、套利额度自获批之日起12个月内有效，有效期内可以重复使用。

《办法》确定了事中跟踪管理制度，强化对套利交易过程的跟踪管理，关注套利客户持仓变化和期现货市场交易规模匹配情况；同时加强对套利交易行为监管，明确了套利交易申请人的义务，并针对违规套利行为规定了相应的监管措施。

针对套保套利交易的特性，交易所将持续加强市场监管，建立并严格落实制度完备、流程透明的配套监管安排，加大防范过度投机交易行为等监管力度，确保套期保值与套利交易业务规范运作。

3.2 期货业务监管

两会期间，全国政协委员、招商银行行长马蔚华提交了《关于开放审批股份制商业银行从事期货相关业务的提案》，指出，股份制商业银行已经具备开展期货结算和保证金存管业务的相关条件，但缺乏相应资格，导致银行流失高端客户、新设基金托管业务机会，无法自主利用国债、利率、外汇等新期货品种对传统银行业务进行风险管理和业务拓展，建议尽快出台相关管理办法，开放审批银行期货业务资格。

另外，在2010年期货业协会第三次会员大会上，证监会曾表示为扩宽内地期货公司业务范围，将重点推进期货公司投资咨询业务、境外期货经纪业务和资产管理业务。2011年2月，《期货投资者咨询业务试行办法》（征求意见稿）已经发布。2011年9月，中国国际期货、中粮期货和浙江永安期货收到中国证监会的通知，获准参与境外期货经纪业务试点筹备工作，为中国投资者参与全球期货交易迈出了重要的一步，也是推进国内资本市场开放的重要一步。随着我国经济规模扩大，国内制造企业原材料大多来自国外，抵御国际大宗商品的价格波动的需求很强，预计境外期货经纪业务一经推出将受到广大企业和投资者的欢迎。同时期货公司资产管理业务也在进一步的酝酿中。

随着我国金融期货市场的发展，我们将看到有越来越多的金融机构或投资者参与到金融期货市场中，监管机构也将逐渐放宽和规范对期货市场的管制，这与市场的健康稳定发展相辅相成，互为必要条件。同时，国债期货等新品种的推出将给金融期货市场带来大批的机构投资者，期货市场交易将变得越来越专业化，市场运行将变得越来越成熟稳定，以更好地服务于国民经济发展。2012年我国期货市场预计将打开一幅全新的局面。

第 3 部分

商品期货
市场报告

第8章

商品期货市场运行情况回顾

2011年全球宏观市场连受打击，日本大地震及核泄漏，阿拉伯国家政局动荡造成石油价格剧烈波动，欧洲主权债务危机更是加剧了信贷在全球范围内收缩。全球避险情绪高涨，大量资金回流美国，美元升值成为明显趋势，近几年走势强劲的大宗商品步入熊市，在年末走出阶段性探底行情。另外，原油及贵金属市场上升延续趋势，也进一步说明了全球整体投资热情的降低以及投资者对避险目的需求。

我国期货市场的发展相比于国外较为落后，大体经历了迅速扩张、清理整顿、规范发展三个阶段，目前全国期货交易所共有四家，其中商品期货交易所三家，分别为郑州商品交易所、大连商品交易所和上海期货交易所。

第1节　郑州商品交易所

郑州商品交易所成立于1990年，是经国务院批准的我国首家期货市场试点单位，由远期现货交易起步，1993年正式推出标准化的期货合约，隶属中国证券监督管理委员会垂直管理。

1.1　上市品种简介

目前郑州商品交易所上市交易的期货品种有小麦（包括优质强筋小麦和硬白

小麦）、棉花、白糖、精对苯二甲酸、菜籽油、早籼稻、甲醇，其中甲醇为2011年10月28日郑州商品交易所新上市期货合约。

1.2 新上市品种

甲醇：由合成气生产的重要化学品之一，既是重要的化工原料，也是一种燃料，大体上分为工业甲醇、燃料甲醇和变性甲醇，目前其中以工业甲醇为主。从甲醇的消费领域来看，近几年来甲醛、醋酸、医药和农药等行业稳步发展，甲醇的消费量也逐步上升；同时，一些新兴领域例如甲醇掺烧汽油、二甲醚等行业也发展迅速。

甲醇期货是郑商所继PTA之后的推出的第二个化工品种，二者都是国际期货市场上首发的品种（见表8-1）。目前，郑商所的PTA期货逐渐在国内外市场发挥了定价功能，甲醇期货的推出很可能会形成与PTA相似的价格指导作用，这对于我国商品期货业的发展具有重大意义。

郑商所为甲醇期货的推出做了长时间的准备工作，除了举办甲醇峰会，还对期货公司的分析师进行专门的培训会议。许多期货公司在会议结束后都召开了全公司范围内的甲醇期货动员大会，在对甲醇期货和现货有初步的了解的基础上，讨论制作甲醇期货培训和营销方案等。

甲醇作为近几年较活跃的化工品种，受到了国内交易市场的关注，国内的多家电子交易市场都推出了甲醇的电子交易；同时，现货企业和金融机构也非常期待甲醇期货的上市。国内相关行业对甲醇的需求快速增长使甲醇的市场价格攀升，现货企业希望可以通过甲醇期货的套保来规避价格波动的风险。而金融机构如银行等，也希望通过规范化的期货标准仓单质押业务来提供更高效安全的信贷服务以及拓展盈利渠道。

从甲醇期货推出的必要性来看，目前全球甲醇现货的走势依旧由美国海湾甲醇市场主导，但郑商所甲醇期货的开发也使得中国对甲醇现货的定价权有一定掌握，现实意义和长远意义都表明甲醇期货的推出是顺应市场需求的。

表8-1　郑州商品交易所甲醇期货合约

交易品种	甲醇
交易单位	50吨/手

续表

报价单位	元（人民币）/吨
最小变动价位	1元/吨
每日价格最大波动限制	不超过上一交易日结算价±4%
最低保证金	合约价值的6%
合约交割月份	1~12月
交易时间	每周一至周五　上午9:00~11:30 下午1:30~3:00
最后交易日	交割月份的第10个交易日
最后交割日期	交割月份的第12个交易日
交易代码	ME
上市交易所	郑州商品交易所

资料来源：郑州商品交易所

第2节　大连商品交易所

大连商品交易所成立于1993年2月28日，是中国东北地区惟一的期货交易所。1993开业，特别是2006年以来，大连商品交易所的成交量和金额都实现了跨越式的发展，1993年至2010年底，大连商品交易所累计成交期货合38.04亿手，累计成交额146.56万亿元，实现实物交割1 332万吨。在2010年在全球交易所期货期权交易量排名中，大连商品交易所位列第13名。

2.1　上市品种简介

目前上市交易的有玉米、黄大豆1号、黄大豆2号、豆粕、豆油、棕榈油、线型低，度聚乙烯、聚氯乙烯和焦炭9个期货品种，其中焦炭为2011年新品种。

2.2　新上市品种

焦炭：焦炭是炼焦煤在焦炉中经过高温干馏转化而来的，是冶铁冶金的能源及还原剂，也可以用于其他化学制造等领域；另外，我国是传统的焦炭生产和出口大国，近年来产量占世界焦炭产量的50%左右。我国主要的焦炭产地，如山西、河北、山东、河南、都集中在华北地区，这也使得焦炭的供应具有相当程度的可控性。

对于焦炭期货的推出，大连商品交易所也做出了充分的准备工作，早在2007年，大连商品交易所就宣布已经完成了焦炭期货的合约和规则的初稿，准备择机推出焦炭期货。在2009年，山西省焦化行业协会与大连商品交易所签订了合作协议，为共同推动焦炭期货的上市而努力（见表8－2）。

金融危机之后，国内焦化行业就陷入了全行业亏损的困境中，由于钢材价格和需求的回落，使得焦炭的需求也相对疲软，造成严重的损失。近年来焦炭、焦煤的价格波动幅度和频率都有明显上升，现货市场对于焦炭期货的推出呼声不断，通过焦炭期货来锁定价格，从而规避原材料上涨的风险。

另外在可行性方面，焦炭市场发展无政策阻碍，现货市场化程度较高，商品质量和流通环节易标准化，为期货的推出提供了扎实的现货基础。焦炭期货的推出，与大商所原有的钢材等期货一起共同构成钢铁行业期货品种体系，为相关企业提供了更方便、更齐全的风险规避工具。

表8－2　　大连商品交易所焦炭期货合约

交易品种	冶金焦炭
交易单位	100吨/手
报价单位	元（人民币）/吨
最小变动价位	1元/吨
涨跌停板幅度	上一交易日结算价的4%
合约月份	1，2，3，4，5，6，7，8，9，10，11，12月
交易时间	每周一至周五上午9:00～11:30，下午13:30～15:00
最后交易日	合约月份第10个交易日
最后交割日	最后交易日后第2个交易日
交割等级	大连商品交易所焦炭交割质量标准
交割地点	大连商品交易所焦炭指定交割仓库

续表

最低交易保证金	合约价值的5%
交割方式	实物交割
交易代码	J
上市交易所	大连商品交易所

资料来源：大连商品交易所

2.3　拟推出期货合约

焦煤期货：也称冶金煤，是中等及低挥发分的中等粘结性及强粘结性的一种烟煤。在中国煤炭分类国家标准中，是对煤化度较高，结焦性好的烟煤。近年来的焦煤国际供应料将趋紧已经成为不争的事实，将这推动炼钢原料价格的上涨。

拟推出的焦煤期货与2011年新品种焦炭期货形成配套，更有助于煤炭相关企业利用好期货工具管理风险，提高了企业经营管理水平。

目前焦煤期货已进入审批程序，未来大商所将就具体合约和规则的设计向市场征求意见。大商所总经理刘兴强在证监会系统代表委员新闻发布会上表示，焦煤期货将争取2012年在大商所上市。

另外，生猪期货、鸡蛋期货和铁矿石期货等品种也在加紧研究。

第3节　上海期货交易所

上海期货交易所是1998年由上海金属交易所、上海商品交易所和上海粮油商品交易所合并而共同组建的，目前已经成为亚洲最大、世界第二的铜期货交易中心，仅次于伦敦商品交易所。

3.1　上市品种简介

上海期货交易所目前上市交易的有黄金、铜、铝、锌、铅、螺纹钢、线材、燃料油、天然橡胶等九种期货合约，其中铅为2011年3月新上市期货合约。

3.2 新上市品种

铅：铅是常用的有色金属，中国自 2003 年起成为世界上最大的精炼铅生产国，其中河南省是我国精炼铅生产第一大省，铅产品主要用于铅酸蓄电池的原材料。在进出口方面，进口量远远大于出口水平，且进口大部分为铅精矿。

中国有色金属工业协会副会长尚福山曾表示，“中国作为全球最大的铅生产国和消费国，铅期货合约上市，有利于优化铅的价格形成机制，促进资源的合理配置，进一步提升中国对全球市场的影响力。”这一方面说明铅期货对于整个期货市场的重要性，另一方面也表明国家对于推出铅期货持高度支持的态度（见表 8－3）。

从铅期货推出的必要性来看，首先，铅作为重要的有色金融，在工业生产中的广泛使用使其具有大量套保的需求，加之近年来国际铅价的波动剧烈，铅期货的推出对于铅生产及消费市场上的价格具有指导性作用，相关产业链企业也能够通过铅期货的交易来实现价格发现并进行套保；其次，铅期货的推出也为国内铅现货市场提供价格指导作用，我国一直以来都是铅生产、消费大国，但铅现货价格的决定却只能依赖 LME 的期货价格，这对于国内市场的发展非常不利。此外，铅期货的广泛推广还将通过市场化手段推动铅产业结构调整，促进我国铅工业持续健康发展。

从现实意义上来讲，铅期货上市，将完全改变涉铅企业仅仅依赖现货市场的被动局面，为企业同时在期、现市场安排生产经营提供了很好的管理工具。

表 8－3　上海期货交易所铅期货标准合约

交易品种	铅
交易单位	25 吨/手
报价单位	元（人民币）/吨
最小变动价位	5 元/吨
涨跌停板幅度	上一交易日结算价的 5%
合约月份	1，2，3，4，5，6，7，8，9，10，11，12 月
交易时间	每周一至周五上午 9:00～11:30，下午 13:30～15:00
最后交易日	合约月份第 15 个交易日

续表

交割日期	最后交易日后连续五个交易日
交割等级	标准品：铅锭，符合国标 GB/T 469－2005 Pb99. 994 规定，其中铅含量不小于 99. 994%
交割地点	交易所焦炭指定交割仓库
最低交易保证金	合约价值的 8%
交割方式	实物交割
交易代码	PB
上市交易所	上海期货交易所

资料来源：上海期货交易所

3.3　拟推出期货合约

白银期货：白银期货合约的设计规则已由上海期货交易所完整制定，于 2012 年 5 月 10 日正式在上海期货交易所上市交易。表 8－4 为白银期货的标准合约。

表 8－4　　上海期货交易所拟推出白银期货标准合约

交易品种	白银
交易单位	15 千克/手
报价单位	元（人民币）/克
最小变动价位	1 元/千克
涨跌停板幅度	上一交易日结算价的 5%
合约月份	1，2，3，4，5，6，7，8，9，10，11，12 月
交易时间	每周一至周五上午 9:00～11:30，下午 13:30～15:00
最后交易日	合约月份第 15 个交易日
交割日期	最后交易日后连续五个交易日
交割等级	标准品：符合国标 GB/T 4135－2002 IC－Ag99. 99 规定，其中银含量不低于 99. 99%
交割地点	交易所指定交割仓库

续表

最低交易保证金	合约价值的7%
最小交割单位	30千克
交易手续费	不高于成交金额的万分之二（含风险保证金）
交割方式	实物交割
交易代码	AG
上市交易所	上海期货交易所

资料来源：上海期货交易所

白银期货是我国上市的第二个贵金属期货品种。对于白银期货的上市，市场的反应及投资者热情较高，这也说明贵金属期货的发展满足了更多投资者的需求，结束了我国作为白银生产和消费大国却长期没有价格发言权的历史。

白银期货完善了贵金属期货交易，为国内白银相关企业提供了套期保值工具，使企业套保运行更加稳定；同时又使得白银期货与白银现货（T+D）之间的套利、黄金期货与白银期货之间的跨品种套利成为可能。

原油期货：长期以来，NYMEX原油期货价格成为国际原油定价的标准，我国对于国际原油商品的定价一直缺乏话语权，然而这与我国目前石油生产和消费量都占全球市场的较大份额的地位不相称，这使得原油期货的推出成为市场发展的需要，预计将于2012年底或2013年初推出。

目前，上海期货交易所在积极筹备原油期货，已做出的几个方案正向各方面征询意见和建议。此外，此次上海期货交易所拟推出的原油期货合约可能将采取以美元计价、人民币结算的方式进行交易，并将对部分境外投资者开放。尽管具体的合约标准还没有确定，但我们可以对原油期货合约的品质和交易热度加以期待。

第9章

农产品期货市场分析

第1节　2011年农产品期货市场行情回顾

1.1　2011年国际农产品期货市场回顾

2011年对于国际农产品期货市场可谓是跌宕起伏的一年，回顾2011年走势，农产品价格先涨后跌成为市场的主要特征，虽然各类农产品的价格走势不尽相同，但与2010年末相比期货价格都有不同程度的下行。

极端的天气状况、供给短缺以及2010年牛市余热是造成2011年上半年农产品价格上扬的三大主要因素。农产品期货与其他期货品种的一个显著不同就在于，气候变化是影响其价格变动的主要因素，因此天气因素是主导2011上半年农产品期货价格沉浮的主要因素。在2011年初农产品价格延续了2010年的牛市行情之后，随着第二季度美国玉米和小麦播种关键期的到来，市场开始逐渐呈现"天气市"的特点。紧接着7月中上旬在美国中西部地区上空盘踞数日的"热穹顶"给当地带来了罕见的高温闷热天气，对农作物的生长极为不利。在此情况下，美国农业部数次在月度供需报告中下调美国和全球粮食产量的预估值，市场担忧情绪的蔓延使国际粮价在高位盘踞不下。与此同时，西亚和北非部分国家加大粮食采购力度以应对国内通胀形势，国际市场不时出现的巨额订单助长了下半年的需求预期。到8月末，芝加哥大豆和玉米期价已创下2008年以来的最高水平，分别超过 14.6 美元/蒲式耳和 7.8 美元/蒲式耳。

从 2011 年第三季度开始，在欧债危机、多国主权信用评级遭遇下调、美债谈判僵局、地区动荡局势、新兴经济体经济增速放缓等诸多因素的轮番冲击下，市场对全球经济复苏信心不足。在这些因素的影响下，粮价随粮食需求的下滑而不断下挫。2011 年 8、9 月之交的收获季节成为了 2011 年玉米和大豆市场行情的分水岭——受上半年过于乐观的市场需求预期的影响，作物的最终产量明显高于市场预测，美国农业部在随后的报告中不得不上调作物产量和期末库存预估值。此外，受大量价格低廉的俄罗斯小麦进入市场的冲击，粮价终于在 2011 年 9 月份开始全线大跌。此后各大主力合约品种一直在不断再创新低——芝加哥期货交易所玉米价格从每蒲式耳 7.8 美元一路跌破 6 美元，大豆从每蒲式耳约 15 美元跌到 12 美元以下。小麦早已跌破年初水平并在每蒲式耳 6 美元附近徘徊。另外，棉花和白糖等农副产品价格的暴涨暴跌也超出了市场预期，引起了市场的高度关注。

1.2 2011 年国内农产品期货市场回顾

2011 年国内农产品期货市场在跌宕起伏的全球期货市场环境下没有能独善其身，国内农产品期货市场总体走势与国际市场一样，走出了先扬后抑的趋势。与此同时，我国农产品整体成交量和成交金额也随之下滑。根据中国期货业协会统计数据显示，2011 年全年农产品期货市场累计成交量为 46 842.25 万手，累计成交金额为 387 569.80 亿元，分别同比下降 38.9% 和 14.6% （见图 9 - 1）。

从国内宏观形势来看，通货膨胀贯穿于 2011 年一整年，虽然在 7 月份 CPI 见顶回落通胀有所缓解，但 CPI 仍然处于高位。另外，从 M1、M2 增速和贷款余额增速可以发现 2011 年的资金一直处于下降趋势。上半年我国农产品期货市场除了受到国际市场的影响因素外，国内的气候环境也直接影响到了其行情走势。据农业部数据显示，2011 年 2 月初我国山东、河北等北方 8 省的冬小麦受旱面积已经占到播种面积的四成以上，严重受灾面积达到 2 536 万亩。冬小麦主产区的持续干旱引发的粮价上涨预期已经出现，炒作“天气市”的特点逐渐显现。在 2011 年 2 月 9 日，郑州小麦和早籼稻期货价格强势上涨，强麦主力合约涨停并突破 3 000 高点。干旱现象因为 2011 年 2 中旬降雪和人工降水的共同作用下而有所

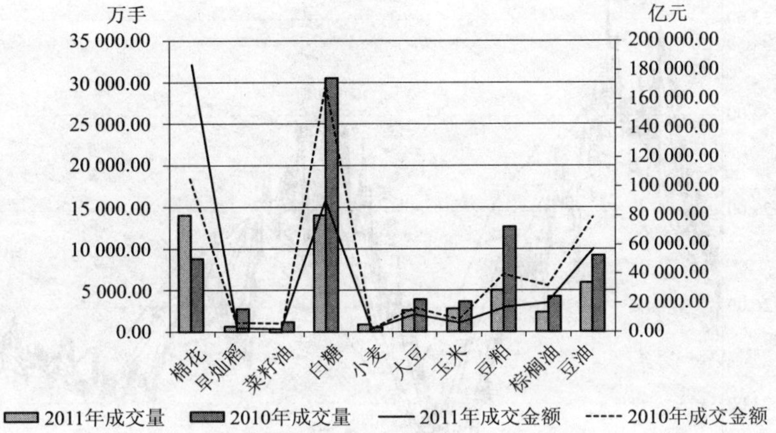

图9－1　农产品期货成交量成交额

资料来源：中国期货协会

缓解。继而2011年4月份以后，长江中下游地区降水严重偏少，江河来水不足，水位持续偏低，致使部分省份遭受不同程度旱灾，直到2011年6月中下旬，受到持续降雨影响，南方旱情才得到彻底缓解。截止到2011年7月末，我国粮食价格稳中有升，玉米价格大幅上涨。下半年我国农产品期货主要受全球市场环境因素的影响，各农产品期货同国际市场品种量价齐跌。

第2节　2011年主要农产品期货品种分析

2.1　白糖

2.1.1　宏观综述

国际方面，2011年全球糖价呈现两升两落的走势。国内方面，随着近年来我国食糖市场与国际市场关联性有所增强，2011年我国糖市和国际糖市走势基本一致（见图9－2，9－3，9－4）。

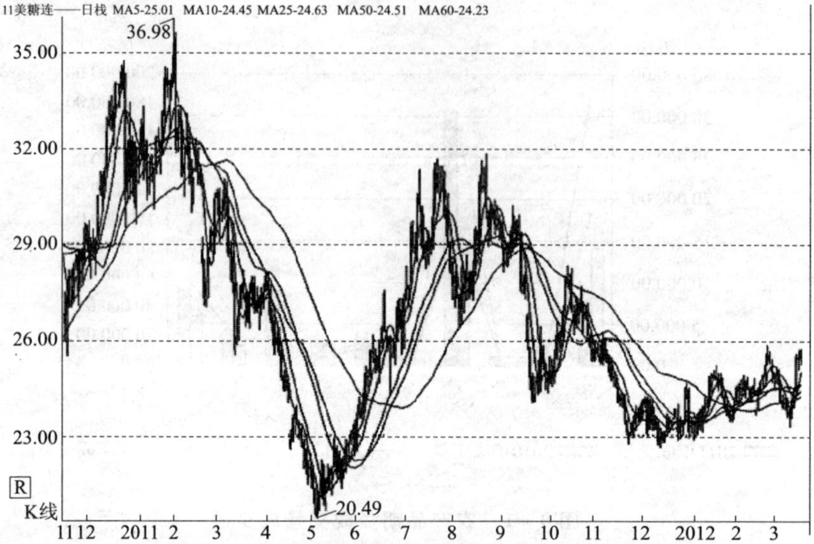

图 9-2 2011 年 ICE11#美糖连期货价格指数走势图

资料来源：富远行情

图 9-3 郑州白糖期货与现货价格走势对比图

数据来源：郑州商品交易所

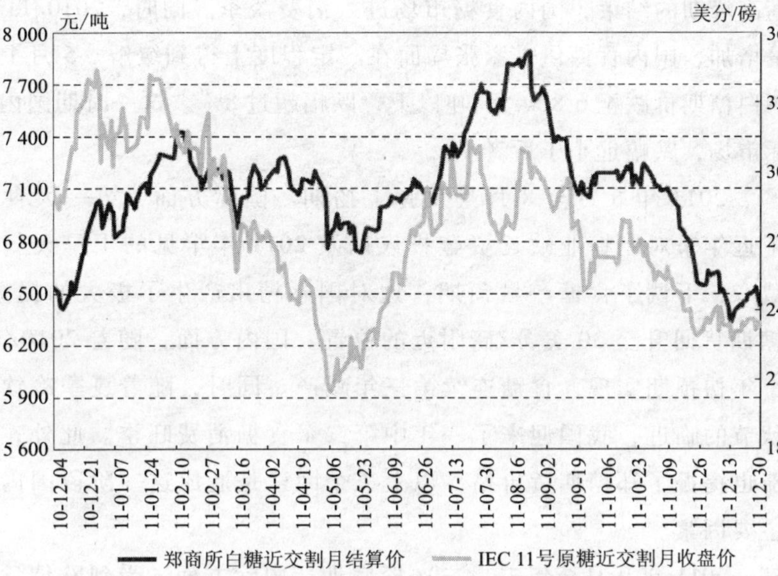

图 9-4 郑州白糖期货与 ICE 原糖期货价格走势对比图

数据来源：郑州商品交易所

"一升"：2011 年 1 月至 2 月上旬是震荡上扬期。国际方面，2011 年年初巴西、印度、泰国、美国等各食糖主要生产国纷纷遭遇恶劣天气，对糖料的种植生产造成极为不利影响，使国际糖价持续走高。在二月初，纽约洲际交易所 ICE 的 11#原糖期货近交割月合约收盘价突破 33 美分/磅的历史高位。国内方面，我国的食糖消费有明显的季节性特点，随着年初元旦和春节的食糖消费旺季的到来，现货期货价格相互提振，国内糖价快速上涨。郑州商品交易所白糖近交割月结算一度突破近 7 600 元/吨的历史高位。此外，在年初经历连续两个榨季减产后，国内食糖供给整体偏紧，市场预计 2010/11 榨季供给将严重不足也是造成年初白糖期货价格震荡上扬的主要因素。

"一降"：2011 年 2 月中旬至 5 月是震荡下行期。国际方面，受市场对全球食糖产量预期上调、日本地震、利比亚和中东局势动荡使经济下滑影响，国际糖价转而下行。2011 年 3、4 月份全球动荡的局势造成投资者恐慌，资金纷纷出逃避险，使全球各类金融市场纷纷大幅跳水，农产品期货市场也难逃一劫。在 2011 年 5 月初，ICE11#原糖期货一度跌至 20.4 美分/磅，跌幅逾 36%。国内方面，随着春节用糖高峰期的结束，国内食糖市场进入消费淡季。同时，2010/11 新榨季食糖上市量增加，国内食糖供需紧张局面在一定程度上得到缓解。5 月上旬郑州商品交易所白糖期价跌至 6 800 元/吨以下，跌幅超过 8%。这一时期国内糖价走势强于国际市场，跌幅远小于后者。

“二升”：2011 年 6 月至 8 月是反弹上扬期。国际方面，第一大食糖主产国巴西由于近年来对制糖业缺乏资金投入以及 2011 年罕见的干旱天气导致甘蔗大面积减产，下调了食糖产量预期，这对国际糖市产生了极大的提振作用，ICE11#原糖期货回升至 30 美分/磅附近的位置。国内方面，随着 2010/11 榨季落下帷幕，年初预期实现，食糖连续第三年减产。同时，随着夏季冷饮的消费旺季和中秋节的临近，我国迎来了一年中第二个食糖消费旺季。此外，外盘原糖期货大涨也提振了郑糖期货价格。以上三个因素是造成这一阶段国内白糖价格上涨的主要因素。

“二降”：2011 年 9 月至年末是二次探底期。国际方面，受到欧债危机的影响，市场恐慌情绪再次袭来，对国际糖价造成了不利的影响。在前期利好因素逐渐被市场消化的情况下，巴西、印度、泰国、欧盟的实际产糖量逐一浮出水面——2010/11 榨季国际原糖市场供给过剩。随后 ICE11#原糖期价一路下挫，下探到全年最低价格 22.62 美分/磅。国内方面，由于国内糖市和国际糖市的联动性比较强，受外盘原糖期货价格下降的影响很大。同时，随着在这一时期国家抛储力度的加大和 2011/12 榨季到来，国内食糖市场供应充足，现、期货糖价都出现了大幅回落。

2.1.2 供需面分析

全球供需情况

在食糖行业有“三年一循环”的规律，在经历了 2008、2009、2010 连续三年的产不供求后，2011 年衔接了减产周期与增产周期，迎来了产量过剩的一年，对于国际糖市是具有转折性的一年（见表 9-1）。

2011/12 年度全球白糖产量 16 848.2 万吨，同比增长 4.68%；进口量 4 877.7 万吨，同比下降 5.89%；出口量 5 570.4 万吨，同比增长 5.89%；消费量 16 200.2 万吨，同比增长 1.68%；期末库存 2 881.7 万吨，同比下降 1.53%；库存消费比 17.79%。

表 9－1　　　　全球白糖供需平衡表

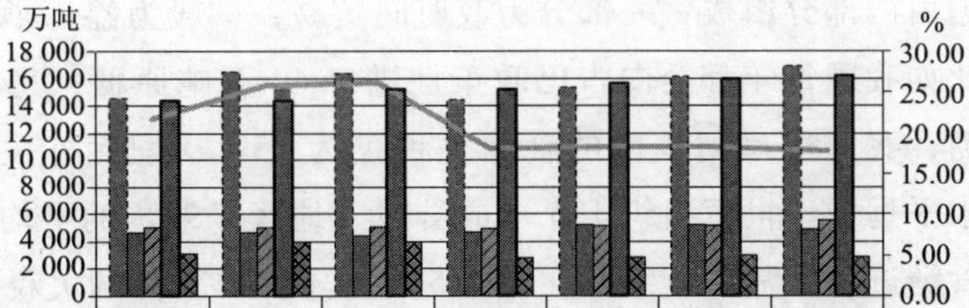

	2005/2006	2006/2007	2007/2008	2008/2009	2009/2010	2010/2011	2011/2012
产量	14 486	16 452.6	16 329.7	14 393.2	15 367.8	16 094.8	16 848.2
进口	4 606.2	4 563.4	4 438.4	4 728.7	5 236.5	5 182.8	4 877.7
出口	4 974.1	5 024.5	5 143.3	4 888	5 122.8	5 260.3	5 570.4
消费量	14 296.7	15 296.4	15 224.1	15 272.3	15 564.2	15 932.2	16 200.2
期末库存	3 106.4	3 935.2	3 977.6	2 794.6	2 841.3	2 926.4	2 881.7
库存消费比	21.73%	25.73%	26.13%	18.18%	18.26%	18.37%	17.79%

数据来源：美国农业部

2011 年在巴西、泰国、印度、俄罗斯等几个食糖主产国中，只有巴西由于干旱和结构性减产的因素下调了 2011/12 榨季蔗糖产量的预估值，其他重要产糖国家均出现了增产的局面。巴西作为原糖出口的龙头老大，其减产对国际糖价影响巨大。作为第二大食糖主产国的泰国，虽然在 2011 年遭受到了近五十年来最为严重的洪灾，但实际上其对甘蔗的种植影响有限。近些年来印度在白糖产量上迎头赶上，使其已经从之前的自给自足变成了白糖出口大国，虽然 2011 年 10 月份印度的甘蔗主产区也遭受了不利天气的影响，但由于上个榨季增产幅度较大，预计印度将在 2011/12 年度出口 400 万吨糖，这将会对国际糖市造成一定的冲击效应。

国内供需状况

我国的白糖生产具有很强的周期性，近十年来，食糖生产大致以 5 到 6 年为一个生产周期，基本上是 2 ~ 3 年连续增产，接下来的 2 ~ 3 年连续减产。由数据可以看出，1990—1995 年为一个周期：1990—1992 年连续增产，1993—1995 年连续减产；1996—2001 年为一个周期：1996—1999 年连续增产，2000—2001 年连续减产；2002—2007 年为一个周期：2002—2003 年连续增产，2004—2007 年连续减产；从 2008 年至今，我国白糖生产正在经历下一个生产周期，在经历了

2008—2010 年连续三年的减产后，2011 年白糖产量开始回升（见表 9－2）。我国的进口糖由两部分组成：一部分为政府间贸易，一般为签订了长期进口协议的进口糖，比如我国每年都会向古巴政策性进口 40 万吨原糖；另一部分是关税配额内进口糖，我国进口配额内的食糖关税仅为 15%，配额外关税也只有 50%，这一关税水平远低于世贸组织 135 个成员国（地区）97% 的平均关税水平。近年来，我国食糖进口配额一直维持在 194.5 万吨不变。较低的关税水平使得国际糖价常常低于国内糖价，从而引发大量进口糖涌入国内。在需求方面，近十年来，随着我国人民生活水平的日益提高，我国食糖消费量总体呈逐年平稳上升趋势。所以，2011/12 榨季我国巨大的产需缺口和国内外食糖价差是带动我国食糖进口的主要因素。

表 9－2　　　　中国白糖供需平衡表

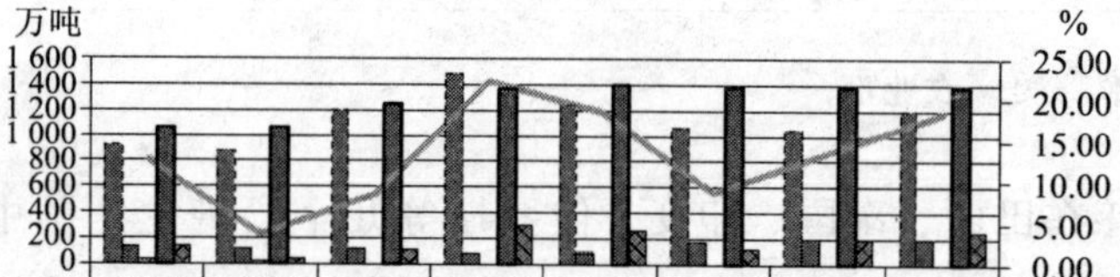

	2004/2005	2005/2006	2006/2007	2007/2008	2008/2009	2009/2010	2010/2011	2011/2012
产量	917	882	1 199	1 484	1 243	1 074	1 045	1 200
进口	122	111	131	78	107	177	195	200
出口	32	21	11	6	6	9	9	7.5
消费量	1 058	1 070	1 250	1 360	1 390	1 379	1 379	1 400
期末库存	139	40	109	305	259	122	185	257
库存消费比	12.75%	3.67%	8.64%	22.33%	18.55%	8.79%	13.60%	18.37%

数据来源：中国糖业协会

2.1.3　政策分析——有关国储

国家储备是起到传达国家宏观调控信息，通过收储抛储充当蓄水池的作用。2005 到 2011 年，国家储备合计放储 432.89 万吨，收储 159.99 万吨，两者相抵，净投放 272.9 万。从图 9－5 中可以看出，2010/11 榨季国家储备糖一共进行了 9 次国储拍卖，累计投放 187 万吨国储糖，投放次数和数量均是历史最高水平。这是由于我国在经历了连续三个榨季减产，食糖产不供求，国内糖价居高不下，投放国储成为弥补缺口、增加供给、使糖价回归理性水平的主要宏观调控手段，并且已初见成效。经历了8月份一个月连续两次的国储拍卖，亢奋的市场终于开始降温——2011年8月12日糖价冲高回落后开始下滑，截至12月14日，已下降1 025元/吨，累计回落13.1%。

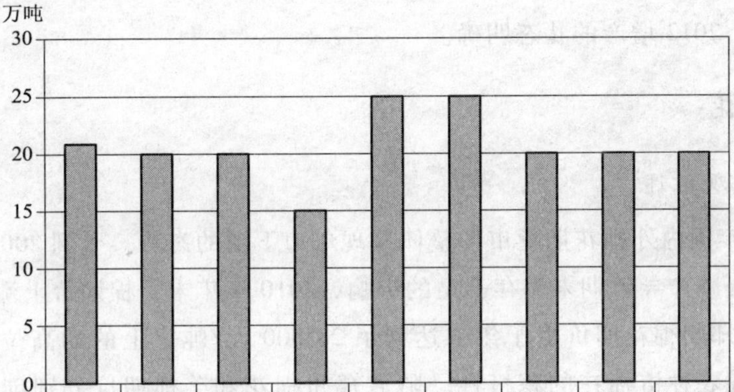

	2010-10-22	2010-11-22	2010-12-22	2011-2-28	2011-5-31	2011-7-6	2011-8-5	2011-8-22	2011-9-16
■ 抛储	21	20	20	15	25	25	20	20	20

图9－5　2010/11榨季我国白糖抛储情况

资料来源：中国糖业协会

2.1.4　后市展望

从国际方面看，2010/11榨季的产量过剩局面基本上决定了2011/12榨季供给过剩的形势。一些国际权威机构（包括国际糖业组织（ISO）、包含德国统计分析机构F. O. Licht、英国Czarnikow糖业公司）预测，2011/12榨季国际食糖供应将会供应过剩，过剩量在300至1 140万吨之间。在几个重要产糖国家方面，2011年巴西食糖产量显著下降，2011/12榨季也将食糖开榨推迟到四月底，其在2011/12榨季的产量如何还是未知数；印度、泰国、欧盟国家、俄罗斯食糖产量有望增加，但就目前全球市场而言糖市并不十分充裕。荷兰拉博（Rabobank）在2011年12月7日表示，尽管食糖供给有望过剩，但是全球食糖供给仍然偏紧。在未来12个月，预计国际原糖的平均价格将维持在22美分/磅。从国内方面看，当前的普遍预期是：2011/12榨季全国食糖产量将有望恢复到1 200万吨，同比增产14.83%。2012年2月24日召开的广西食糖会议明确了本榨季国家对于糖市的政策方向，政策的核心是稳定糖价，就是要保供稳价，保障农民利益，不造成价格的大起大落，2012 年 2 月份国务院已批准启动国家收储政策。截至 2 月底，已进行了两批收储，分别完成 16.3 万吨和 5.5 万吨，平均收储价格分别为 6 785.19 元/吨和 6 777 元/吨。从对国际和国内供需形势看，国际市场继续保持供需宽松的基调，国内结束 2008 至 2010 三年减产周期，经过 2011 年恢复性增产的一年，2012 增产的状态明确。

2.2 棉花

2.2.1 宏观综述

2011 年国内外棉花期货市场整体呈现单边下滑的态势。受到 2009/10 年度全球棉花大幅减产导致期末库存不足的影响，2010 年年末美棉期价上涨至 140 美分/磅之上，郑州棉花期价也于年末达到了 28 500 元/吨之上的的高位，棉价的暴涨提振了棉农种植棉花的积极性。随后郑州棉花和美棉期价分别创出了历史新高，2 月份郑州棉花期价达到 33 720 元/吨，美棉紧随其后在 3 月份冲到了 186 美分/磅附近的全年最高点。但接下来的几个月不管是国内外棉花的期价还是现价，纷纷走出了一波不可逆转的大幅下跌行情。截至 2011 年 8 月末，美棉期价从 186 美分/磅下跌到了 100 美分/磅的关口，郑州棉花期价从 33 720 元/吨的高点下降到了 21 500 元/吨一线。9 月份新一年度的棉花种植开始，国内的托市政策使郑州棉花价格不至于受到欧债危机太大的冲击，一直到年末郑州棉花期价都维持在 20 000 元/吨一线的位置，而这一阶段美棉价格走势弱于国内棉价，在 83 ~ 113 美分/磅的位置窄幅震荡（见图 9 - 6，9 - 7，9 - 8）。

2.2.2 供需面分析

全球供需情况

根据 USDA 统计数据显示，2011 年度全球棉花产量为 2 687.2 万吨，同比增加 7.06%，创下历史高点；棉花消费量是 2 424.3 万吨，同比减少 2.47%；期末库存 1 255.5 万吨，同比增加 26.75%，库存消费比较前一年度高出 12%；全球棉花进口量 795.7 万吨，同比增加 2.49%；出口量 796.1 万吨，同比增加 2.78%。

全球棉花价格自 2010/11 年度达到历史高点之后于 2011/12 年度开始大幅回落，棉农的收入因此受到影响。2011/12 年度农产品生产的成本也有所增加。根

图 9-6　2011 年美棉花连期货价格走势图

资料来源：富远行情

图 9-7　郑州棉花期货价格与中国棉花价格指数对比图

资料来源：郑州期货交易所

图 9－8 郑州棉花期货与 ICE 棉花期货价格走势对比图

资料来源：郑州期货交易所

据国际棉花咨询委员会 ICAC 预测 2012/13 年度棉价将会下跌，由此全球棉花播种面积将同比减少 8% 至 3 330 万公顷；棉花产量同比减少 6% 至 2 514 万吨；在经历了连续两个棉花消费量下降年度后，预计 2012 年消费量将增加至 2 502 万吨，同比增加 2.58%；期末库存 1 162 万吨，同比增加 1.04%，库存消费比基本持平为 46%；纺织消费增加以及棉花价格的下跌将促进全球棉花贸易量，预期出口将增加至 840 万吨，同比增长 9%；进口将增加至 357 万吨，同比增长 11%（见表 9－3）。

国内供需状况

中国棉花协会调查，预计 2011 年全国植棉面积 8 150 万亩，同比增加 5.8%；棉花总产量为 718.5 万吨，同比增加 8.19%；棉花消费量 901 万吨，同比减少 1%；进口量 326.6 万吨，同比增加 24.9%；期末库存 295 万吨，同比增加 16.6%，库存消费比 29.48%，与 2010 年度相比略有下降（见表 9－4）。

表 9－3　　　　　　　　　全球棉花供需平衡表

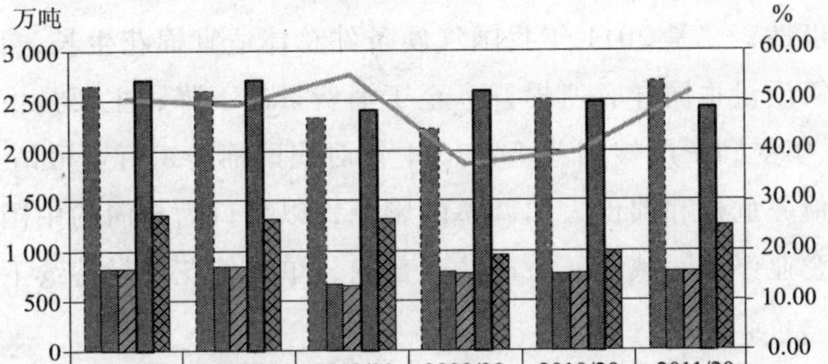

	2006/2007	2007/2008	2008/2009	2009/2010	2010/2011	2011/2012
产量	2 652.2	2 607.3	2 335.8	2 212.7	2 509.9	2 687.2
进口	828.3	856.1	663.5	791.4	776.4	796.1
出口	816	850.9	657.9	775	774.6	796.1
消费	2 695.7	2 691.6	2 401.9	2 591.2	2 485.8	2 424.3
期末库存	1 355.8	1 326.9	1 323.8	965.4	990.5	1 255.5
库存消费比	50.30%	49.30%	55.10%	37.30%	39.80%	51.80%

资料来源：美国农业部

表 9－4　　　　　　　　　中国棉花供需平衡表

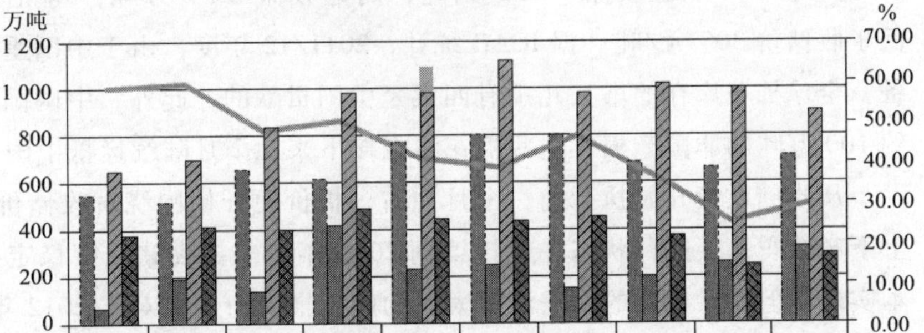

	2002/2003	2003/2004	2004/2005	2005/2006	2006/2007	2007/2008	2008/2009	2009/2010	2010/2011	2011/2012
产量	548.7	518.2	659.7	618.3	772.9	805.6	799.1	685.8	664.1	718.5
进口	68.08	192.3	139	419.9	230.5	251	152.3	196	261.3	326.6
消费量	651	696.7	838.3	979.8	1 089	1 121	979.8	1 018	1 002	901
期末库存	380.5	413.3	400.4	490.7	447.1	435.5	454.3	371	253	295
库存消费比	58.44	59.32	47.76	50.08	41.07	38.84	46.37	36.45	25.24	29.48

资料来源：中国棉花协会

2011年棉花增产的原因有两点：一是2010年籽棉价格大幅上涨，刺激棉农种植积极性；二是2011年我国气候条件总体适宜棉花生长，棉花长势好于去年，而且品级质量也同样有所提升。至于消费量的下降，主要是由于我国棉纺织行业在2011年受到了严峻的考验，2011年对我国棉纺织行业可谓是风雨交加的一年，受欧洲债务危机和棉价大幅调整的影响，以出口为导向的中国棉纺织遇到了重重阻力，企业停产、减产、限产情况普遍，单月棉花用量持续下滑。

2.2.3 政策分析

国家发改委于2011年3月30日发出通知，从2011年度开始实行棉花临时收储制度，并宣布标准皮棉到库价格19 800元/吨，敞开无限量收储。该通知称，2011年度棉花临时收储预案执行时间为2011年9月1日至2012年3月31日。执行本预案的棉花主产区为天津、河北、山西、江苏、安徽、江西、山东、河南、湖北、湖南、陕西、甘肃、新疆13省、市、自治区。实行不限量敞开收购会在一定程度上稳定市场情绪，对市场产生较强支撑。收储时间自2011年9月8日启动至至12月底，累计收储皮棉217.3万吨，约占总产725万吨的29.97%。其中新疆收储140.2万吨，内地收储77.1万吨，均价19 459元/吨，低于收储价305元/吨。据ICAC统计，2011/12年度，由于中国重建国家棉花储备，全球棉花库存的增长几乎有四成是中国贡献的。此外，中国国储棉还采购了约100万吨的非国产棉，这些棉花将在接下来几个月陆续运抵中国。

从收储政策开始执行前一个月左右，棉价便开始围绕着收储价19 800元/吨上下窄幅震荡，这种状态一直持续到2011年年末。收储政策稳定棉价的目的基本实现，但是对棉价的上涨没有太大的向上推动力量。对于2012年棉价的走势，需关注国家收储量及后续的投放。收储收紧了棉花的流动性，对期价形成了一定的支撑，但能否稳定2012年的棉花种植面积还要取决于政策的连续性。

2.2.4 后市展望

从各方面观点来看，2012年支持棉价多方空方的因素可谓势均力敌。多方因素有两方面：一方面，预期2012年全球棉花播种面积和总产量下降以及消费量增加；另一方面，我国的无限量收储政策对棉价有很强的支撑作用。空方因素也有两方面：首先主导因素是市场对宏观经济的担心，如果全球经济继续恶化将会重挫下游企业的需求和消费，国际棉价将会受到较大的压力，郑州棉花同时也会受到国际棉价联动性的影响。其次是2011/12年度棉花丰产，库存消费比较高，2012年对棉花的需求可能会相对弱势。

综上所述，我们对于2012年棉价的走势所持的态度是，空方因素可能会略为占优，全年整体走出震荡下行的态势。预计棉价的运行区间将在19 800～25 000元/吨这一区间。

2.3 大豆

2.3.1 宏观综述

大豆

2011年大豆期货市场分为两个阶段：第一阶段是从第一季度到第三季度，国际国内市场均表现出宽幅震荡的格局，美国CBOT大豆期价在1 260～1 461美分/蒲式耳区间震荡，我国DCE大豆期价在4 368～4 765元/吨之间展开震荡；第二阶段从第四季度开始持续到年末，受到欧债危机以及中国对美豆进口下降等宏观面利空因素的影响，CBOT大豆期价率先在8月末进入下跌通道，国内DCE大豆期价受到国际期价的联动性影响也在9月中旬开始急转直下。这一波下跌行情分别使CBOT大豆期价和DCE大豆期价一路下跌到1 170美分/蒲式耳和4 210元/吨。而后，国际与国内市场走势开始分化，CBOT大豆期价继续下跌探底，一度在11月底下探到1 115美分/蒲式耳一线；而国内市场相对来说走势平稳，在托市政策的支撑下止住了下跌的趋势，在低位窄幅震荡一直持续到第四季度结束（见图9-9、9-10）。

豆粕

2011年豆粕的走势也表现不佳，全年以震荡下行为主，CBOT豆粕与DCE豆粕期货价格走势基本一致。CBOT豆粕指数从年初开始到9月份一直处于震荡态势，其中最高点达到了386美元/短吨，最低点接近332美元/短吨。自2011年9月份希腊债务危机爆发以来，CBOT豆粕期货市场也开始出现单边下滑的走势，第四季度最低点跌到285美元/短吨之下。DCE豆粕指数波动较为被动，其受CBOT期价影响很大，与CBOT豆粕指数联动性较强。2011年2月份之前DCE豆粕期价处于上升态势，最高冲破3 540元/吨，达到全年的顶峰，之后便开始震荡下行，在3 250元/吨到3 400元/吨之间维持平稳震荡了5个月左右后，与CBOT豆粕同样自9月初开始出现单边下滑，在第四季度最低点下探到2 760元/吨附近（见图9-11，9-12）。

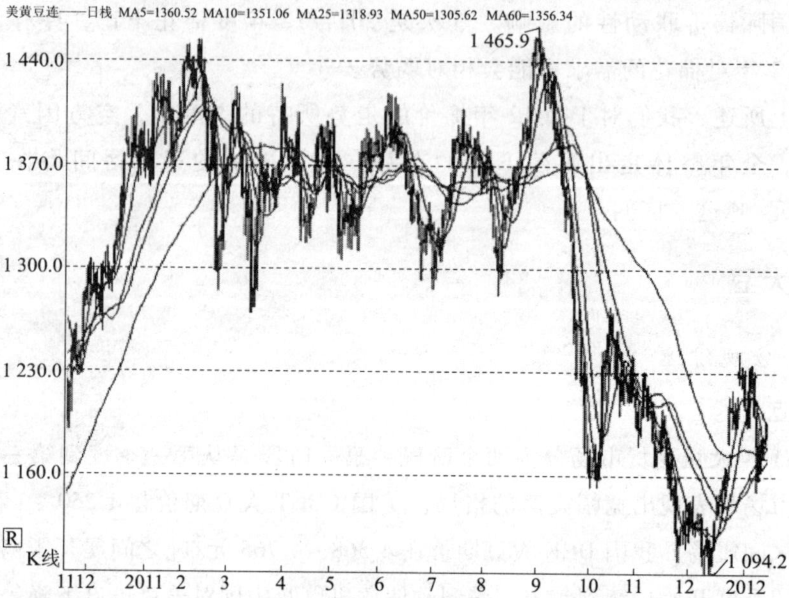

图 9－9　2011 年美黄豆连期货价格走势图

资料来源：富远行情

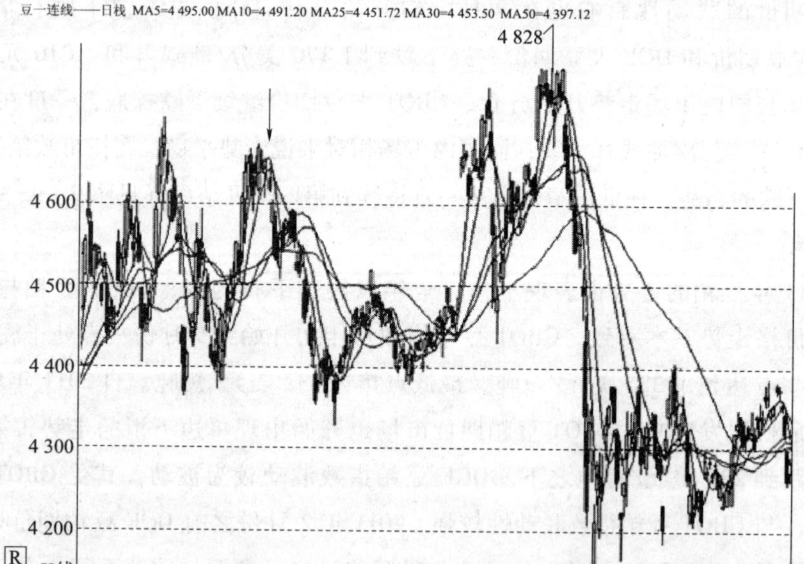

图 9－10　2011 年连豆一连续期货价格走势图

资料来源：富远行情

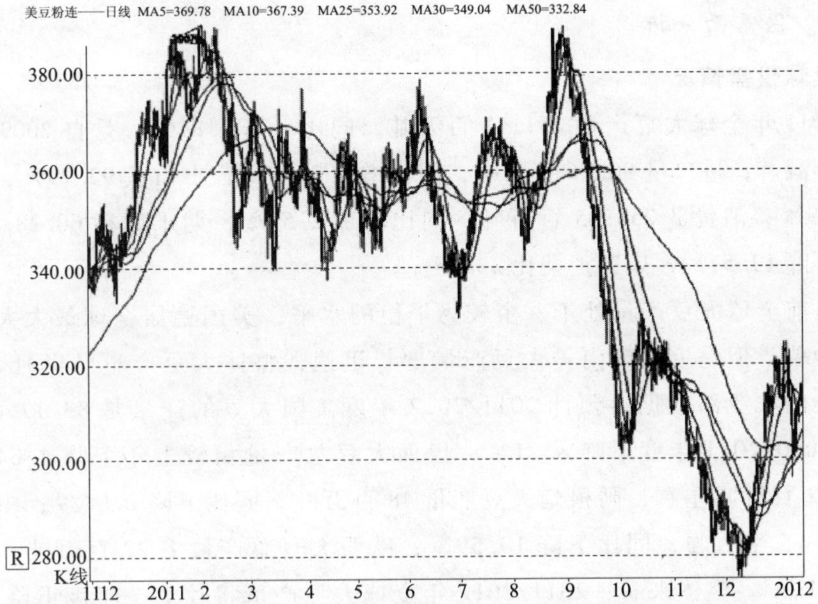

图 9－11　2011 年 CBOT 豆粕期货价格走势

资料来源：富远行情

图 9－12　2011 年 DCE 豆粕期货价格走势

资料来源：富远行情

2.3.2 供需面分析

全球供需情况

2011 年全球大豆产量 251.47 百万吨，同比下降 4.81%，是自 2009 年以来第二年减产；进口量 90.76 百万吨，同比增加 2.17%；出口量 92.79%，同比增加 0.89%；消费量 258.05 百万吨，同比增加 2.51%，期末库存 60.28 百万吨，同比下降 12.51%，库存消费比 23.36%。

目前全球大豆产量处于一个较为平稳的水平，美国稳居全球最大大豆生产国的地位，但是近年来南美大豆产量增长迅速，整体大豆产量已经赶超美国。根据美国农业部数据，预计 2011/2012 年度美国大豆的产量是 83.17 百万吨，相较 2010/2011 年度下降 8.21%；巴西大豆总产量相较上年下降 4.64%，产量在 72 百万吨左右；阿根廷大豆产量 48 百万吨，同比下降 2.04%；中国大豆产量 13.5 百万吨，同比下降 10.59%；欧盟大豆总产量 1.22 百万吨，同比增加 16.19%。整体来看，2011/2012 年全球大豆产量将较上一年度下降 4.81%（见表 9-5）。

表 9-5　全球大豆供需平衡表

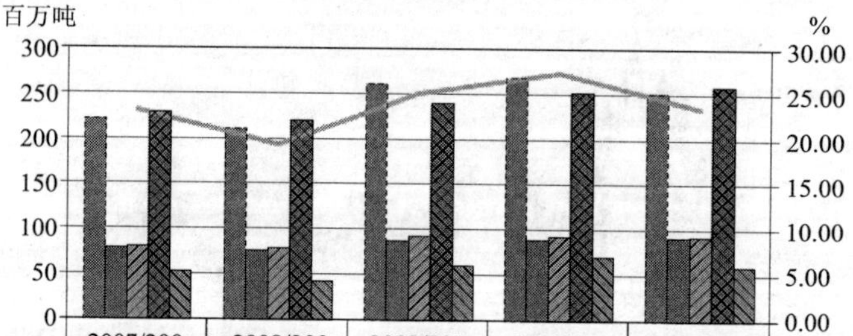

	2007/2008	2008/2009	2009/2010	2010/2011	2011/2012
产量	221.13	210.87	260.85	264.18	251.47
进口	78.16	75.97	86.83	88.83	90.76
出口	79.52	76.89	92.55	91.97	92.79
消费量	229.75	220.45	238.25	251.74	258.05
期末库存	52.91	42.41	59.6	68.9	60.28
库存消费比	23.03%	19.24%	25.02%	27.37%	23.36%

资料来源：美国农业部

美国作为全球最大大豆生产国的同时也是全球最大的大豆出口国，但随着南美大豆的产量迅速增长，步入2011/12年度开始，巴西已经赶超美国取代其成为世界第一大豆出口国。2011年宏观经济的不景气直接影响到了商品的需求状况，作为美豆最大进口国的中国对美豆的进口减少使得美国大豆出口下降，这对世界大豆价格产生了非常重大的影响（见表9－6）。

表9－6　　　　主要大豆生产国进出口情况

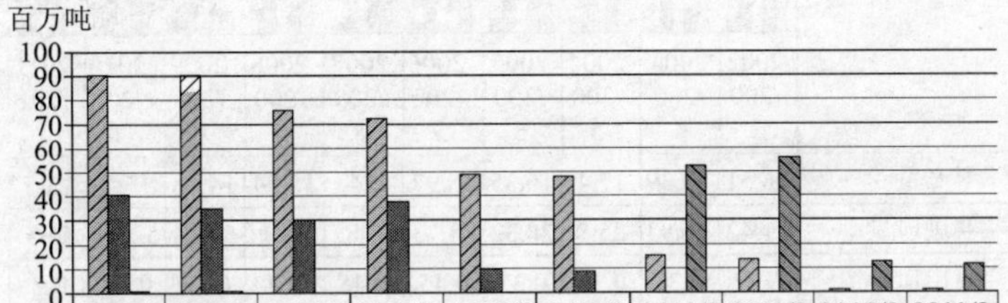

	美国		巴西		阿根廷		中国		欧盟	
	2010/2011	2011/2012	2010/2011	2011/2012	2010/2011	2011/2012	2010/2011	2011/2012	2010/2011	2011/2012
产量	90.61	83.17	75.5	72	49	48	15.1	13.5	1.05	1.22
出口	40.86	34.7	29.95	37.8	9.21	8.9	0.19	0.2	0.06	0.03
进口	0.39	0.41	0.04	0.04	0.01	0	52.34	55.5	12.47	11.5

资料来源：美国农业部

国内供需状况

2011年我国大豆总产量13.5百万吨，同比下降10.59%；进口量55.5百万吨，同比上升6.04%；出口量0.2百万吨，与去年基本持平；消费量70.6百万吨，同比增加7.05%；期末库存12.76百万吨，同比下降12.36%，库存消费比18.02%。

近年来，我国大豆生产持续下滑，其中一个主要原因是大豆的收购价格涨幅要远低于玉米小麦等国家重点保护作物价格的涨幅，这使国产大豆种植逐渐失去其优势，很大一部分农户种植大豆的积极性下降转而选择种植其他经济效益较高的农作物，国产大豆版图正在急剧萎缩。根据中华粮网供需平衡数据显示：2011年东北三省大豆播种面积同比减少6.81%，2012年预计同比减少6%左右。根据数据显示，我国的2010/11和2011/12国内大豆消费总量保持继续增长的趋势，可以看出这部分供需缺口是由具有价格优势的进口大豆弥补，我国对大豆的进口量呈逐年上升趋势（见表9－7）。

表 9－7　　　　　　　　　　中国大豆供需平衡表

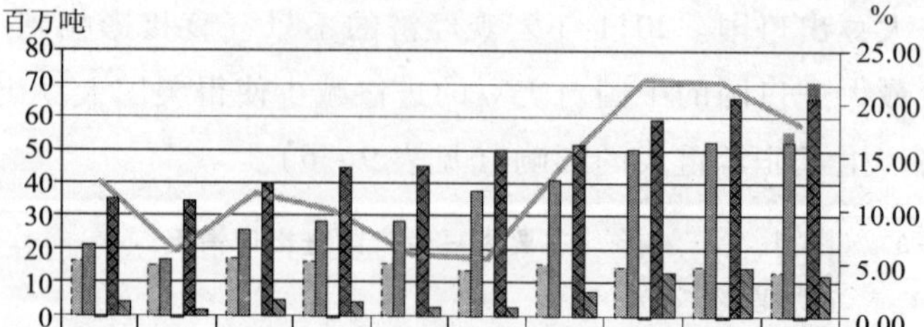

	2002/2003	2003/2004	2004/2005	2005/2006	2006/2007	2007/2008	2008/2009	2009/2010	2010/2011	2011/2012
产量	16.51	15.39	17.4	16.35	15.97	14	15.54	14.98	15.1	13.5
进口量	21.42	16.93	25.8	28.32	28.73	37.82	41.1	50.34	52.34	55.5
出口量	0.27	0.32	0.39	0.35	0.45	0.45	0.4	0.18	0.19	0.2
消费量	35.29	34.38	40.21	44.54	45.12	49.82	51.44	59.43	65.95	70.6
期末库存	4.47	2.1	4.7	4.47	2.7	2.75	7.56	13.26	14.56	12.76
库存消费比	12.57%	6.05%	11.58%	9.96%	5.80%	5.47%	14.58%	22.24%	22.01%	18.02%

资料来源：中国粮网

2.3.3　政策分析

我国从 2008 年开始实行大豆收储政策，2008 年到 2011 年收储价格分别为 1.8 元/斤、1.87 元/斤、1.9 元/斤、2 元/斤。近年来国家多次上调小麦等主粮的最低收购价格，但对大豆的收购价格调整不大。由于公布出来的最低收购价格与当时的现货价格基本持平，并且与种植农户的预估价格相比明显偏低，所以对现货成交并没有明显的促进作用，种植农户惜售观望情绪浓厚。期价方面，从前几年的历史走势来分析，大豆收储价格基本确立当年期价的底部区域，一旦期价大幅跌破收储价格，现货卖盘将会大量套利交割市场，缺乏有效的卖单将导致期价下行乏力。

2.3.4　后市展望

2011 年国际大豆期价震荡整理了三个季度后，从 9 月份开始到年底一路暴跌不止，但 2012 年初便开始强势反弹。对接下来一年中大豆价格的影响主要取决于三方：美国、中国、南美。支撑大豆价格反弹的主要因素，一方面，日前国际谷物理事会表示，2012/13 年度大豆产量预计降至 2.465 亿吨，较 2011/12 年度的产量下滑幅度达到 7.6%。产量下滑的主要原因是由于南美许多地区的干燥天气对作物的单产造成了负面影响，尤其是阿根廷北部、巴西南部以及巴拉圭。另一方面，预计新的一年对大豆的需求势头仍然强劲，其中“中国因素”最为关键。目前全国大豆消费约有三分之一在中国，而中国的大豆消费又有80%是进口的。近年来中国将进口重点向南美国家做了转移，但在今后几个月由于产量下降的影响，南美大豆出口可能会放缓。国际谷物理事会预计巴西和阿根廷2012/13年度大豆出口分别下调2.2%和17%，美国大豆出口预计上调3%左右。同时，国际谷物理事会称，对2012/13年度中国大豆进口预估较前次预估下调100万吨至5 600万吨，但是仍然较去年进口高出7%左右。

2.4　玉米

2.4.1　宏观综述

2011年CBOT玉米期价走势具有很强的戏剧性，表现为在600美分/蒲式耳至800美分/蒲式耳之间宽幅剧烈震荡。这期间分别在3月初、4月中下旬、6月上旬、8月末和11月上旬经历了5次明显的波峰；在3月中、7月初、10月初和12月中旬经历了4次明显的波谷，全年市场都处于供需基本面和宏观因素的激烈博弈中。虽然年中美盘玉米期价若干次起起落落，年终却回到了年初的起步价位（见图9－13）。

第一季度：延续了2010年度牛市的影响，以及受到月度USDA供需报告中意外调减美国2010/11大豆、玉米单产数据而导致年度产量及期末结转库存的继续下滑的刺激，成就了2011年度首个美盘期价波峰，此时美盘玉米期价达到了700美分/一线的高度。随即，USDA基线报告预估2011/12年度美国玉米种植面积增加，以及中东利比亚局势的动荡，日本特大地震等因素终结了此轮的上涨趋势，并且将价格打压到了600美分/蒲式耳一线。

第二季度：美盘期货价格出现先涨后跌的过山车行情——CBOT玉米指数合约最高上冲到757美分/蒲式耳，其后在天气利好及种植面积大幅度增加影响下，玉米期价迅速回落。截至2011年6月末期货收盘，CBOT玉米指数合约收于632.5美分/蒲式耳，较一季度期货收盘下跌5.9%。

第三季度：CBOT玉米期价走出了一个倒V型走势。7月USDA供需报告中年度库存大幅下降，8月USDA报告大幅调减美国玉米单产，农民惜售，高温天

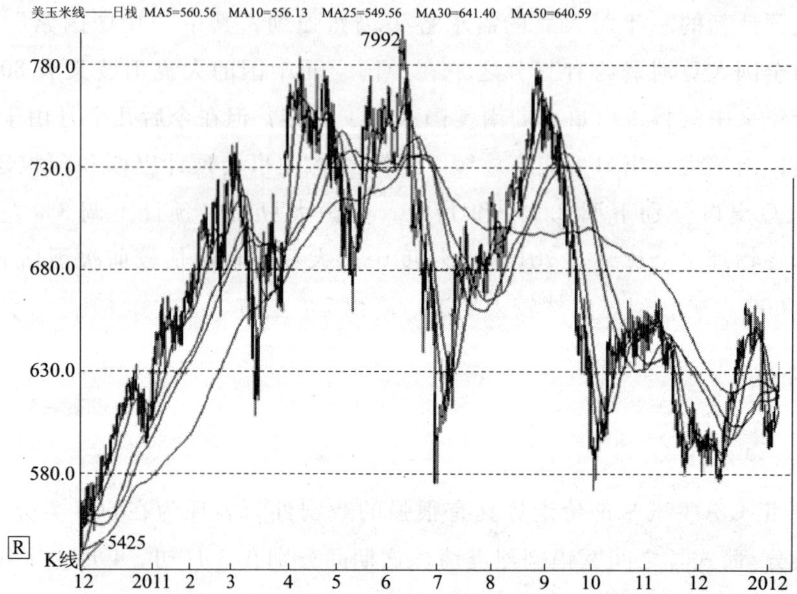

图 9-13　2011 年 CBOT 玉米期货价格走势

资料来源：富远行情

气支撑了本季度期价的向上攀升，并达到 780 美分/蒲式耳的年度最高位。随着 9 月份欧债危机的到来和美国自身经济状况不佳，市场信心严重受挫，在第三季度结束时 CBOT 玉米指数收于 599.2 美分/蒲式耳，环比下降 5.36%。

第四季度：2011 年最后一个季度 CBOT 玉米期价表现为一个波浪形态，多空双方利用天气因素、进出口数据等多种题材相互博弈，最终年末期价收于 630.6 美分/蒲式耳，较年初的 610 美分/蒲式耳仅仅上涨了 3% 左右。

相对于 CBOT 玉米期货走势而言，2011 年 DCE 玉米期价的走势就要平稳得多了。国内的玉米价格与国际价格的联动性不大，与 CBOT 玉米期价在全年一开始就宽幅波动不同，DCE 玉米期价在 2 月 15 日达到 2 432 元/吨的全年最高点后便开始持续小幅震荡下行。这是由于 2011 年初国内通胀压力较大，针对玉米市场国家先后若干次推出调控政策。与此同时，现货市场从年初的 2 000 元/吨一线一路攀升，在 9 月末达到 2 389 元/吨的全年最高点，并由此与期货价格同时进入下跌通道，最终在年末的时候 DCE 玉米期价收于 2 268 元/

吨，与年初价格基本持平；现价收于 2 200.3 元/吨，较年初价格上涨 11.49%（见图 9－14）。

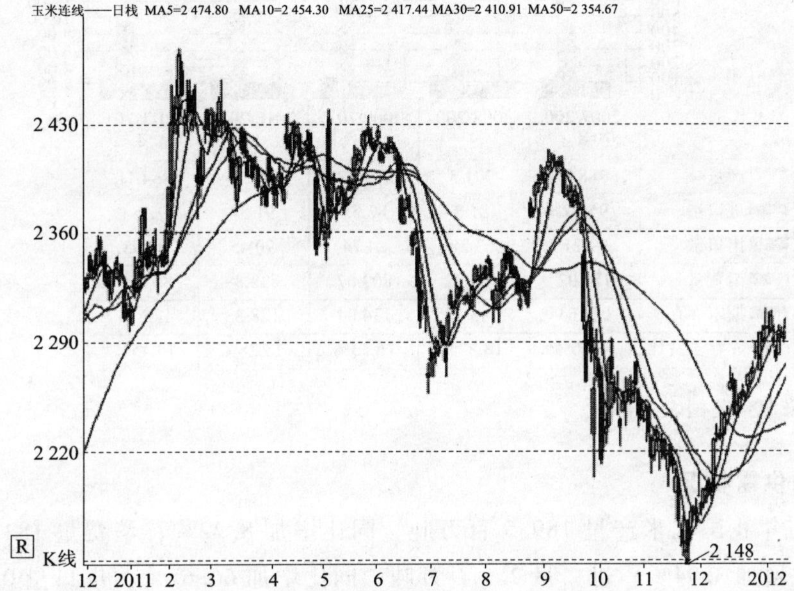

图 9－14　2011 年 DCE 玉米期货价格走势

资料来源：富远行情

2.4.2　供需面分析

全球供需情况

2011 年全球玉米产量 864.11 百万吨，同比增加 4.42%；消费量 867.59 百万吨，同比增加 2.93%；进口量 92.84 百万吨，同比增加 1.64%；出口量 94.93 百万吨，同比增加 4.95%；期末库存为 125.35 百万吨，同比下降 2.70%，库存消费比 14.45%。虽然 2011 年度全球玉米增产，但是最大玉米主产国美国却因为天气干旱而减产，中国、巴西和阿根廷的增产才使得全球的供应略微宽松。承接 2010 年度偏紧的期初库存压力和持续的消费增长需求，2011 年度的期末库存量仍然下跌，预计 2012 年度玉米的供给量仍然不能乐观（见表 9－8）。

表 9－8　　　　　　　全球玉米供需平衡表

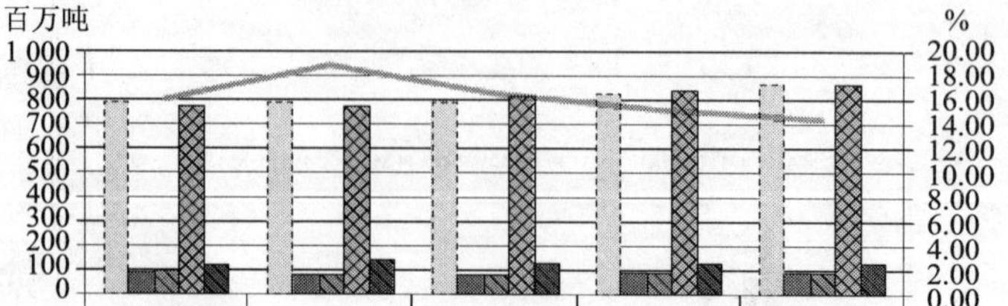

	2007/2008	2008/2009	2009/2010	2010/2011	2011/2012
产量	788.8	791.5	797.83	827.54	864.11
进口量	95.47	81.8	82.55	91.34	92.84
出口量	99.21	83.28	84.74	90.45	94.93
消费量	774.02	775.22	809.67	842.89	867.59
期末库存	124.64	145.88	134.04	128.83	125.35
库存消费比	16.10%	18.82%	16.55%	15.28%	14.45%

资料来源：美国农业部

国内供需状况

2011 年我国玉米产量 189.5 百万吨，同比增加 8.22%；消费量 184.5 百万吨，同比增加 3.94%；进口量 2.5 百万吨，同比增加 66.67%；出口量 0.1 百万吨，同比下降 16.67%；期末库存 40.76 百万吨，同比上升 8.58%，库存消费比 22.08%。

我国的玉米消费主要集中在饲料消费，工业消费两大领域：饲料消费占据了玉米总消费量的 60% 以上；工业消费占据总消费的 30% 左右。2011 年度我国玉米消费量比上一年度增长 7.39%，这其中饲料消费量增长了 4.6%，工业消费量增长了 5.7%，我国玉米进口量的大幅增长也是主要被这两方面消化掉的（见表 9－9）。

2.4.3　政策分析

2011 年我国各项玉米调控政策如下：

3 月，“两会”代表提议严格限定深加工企业玉米用量，国家在 4 省份投放 30 万吨芽麦，公开拍卖芽麦给饲料加工企业和养殖企业。

4 月，发改委提出要严肃处理玉米深加工违规企业，6 月底前收紧非储备企业玉米收购信贷资金。并且自 6 月 1 日起，国家将会限制 30 万吨以上玉米生产

表 9－9　　中国玉米供需平衡表

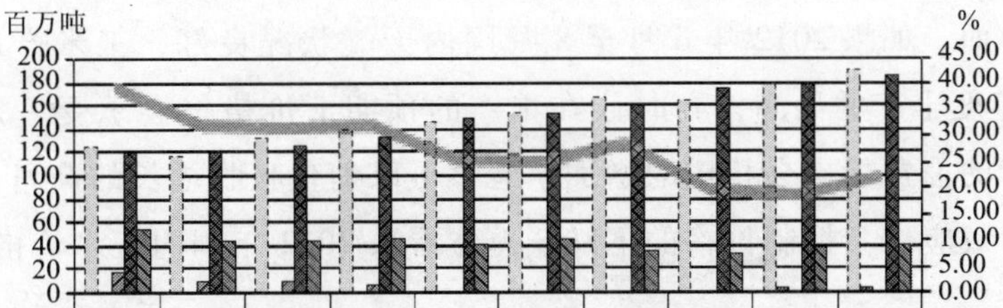

	2002/2003	2003/2004	2004/2005	2005/2006	2006/2007	2007/2008	2008/2009	2009/2010	2010/2011	2011/2012
产量	122.56	116.16	130.29	139.37	145.48	152.3	165.92	162	175.11	189.55
进口	0	0.01	0.02	0.06	0.02	0.04	0.05	1.3	1.5	2.5
出口	14.83	8.91	7.09	4.26	0.57	0.17	0.15	0.1	0.12	0.1
消费量	118.53	118.9	123.21	131.81	146.41	152.31	158.95	174.05	177.5	184.55
期末库存	52.45	40.82	40.84	44.2	38.95	45.26	34.36	32.86	37.54	40.76
库存消费比	39.33%	31.94%	31.35%	32.48%	25.84%	25.12%	28.44%	19.72%	18.50%	22.08%

资料来源：中国粮网

线的新建，并将会淘汰 10 万吨产能以下的玉米深加工项目，暂停玉米深加工企业收购玉米增值税抵扣政策等。政策本次调控使用结构意在保饲料限制深加工。

6 月，财政部、国家税务总局通知，自 7 月 15 日起将取消部分酒精、玉米淀粉等共计 406 个产品之前享受的 5% ~17% 不等的出口退税率。

9 月，政府轮换出库 365 万吨储备玉米，抑制玉米价格上涨。发改委公布 2012 年我国粮棉进口关税配额量，玉米配额依旧为 720 万吨。

10 月，《饲料工业“十二五”规划》出台，玉米获长期利好支撑。

11 月，全国部分省区市玉米购销工作座谈会，研究分析今年玉米产需、收购形势、价格走势及相关工作措施，安排部署玉米收购工作。

12 月，国家临时存储玉米收储工作启动。通知明确，国家临时存储玉米挂牌收购价格（国标三等质量标准）为：内蒙古、辽宁 1.00 元/斤，吉林 0.99 元/斤，黑龙江 0.98 元/斤，相邻等级之间差价按每市斤 0.02 元掌握；收购期限为 2011 年 12 月 14 日至 2012 年 4 月 30 日；收购入库的玉米为 2011 年国产新玉米，符合国标等内品质量标准。

2.4.4　后市展望

国际方面，从基本面看 2012 年欧债危机的发展趋势和宏观经济的好坏将直接影响玉米价格走势；从资金面和技术面来看，600 美分/蒲式耳一线是临界点。国内方面，如果 2012 年 6 月至 8 月国内天气状况良好，玉米产量很有可能继续 2011 年度丰产的局面，到时候在丰产的预期下价格将会承受一定的压力，但同时玉米的消费量也会相应的增加，应该可以消化吸收增长的产量，同时国家收储的托市效应也会抑制价格的下跌，总体看来 2012 年国内玉米价格压力不大。

2.5 油脂

2.5.1 油脂期货市场回顾

国际方面，2011 年 CBOT 豆油期货走势与大豆走势整体态势比较相似。2 月上旬 CBOT 豆油期价快速冲至 60 美分/磅之上的年度制高点，随后直到 9 月上旬一直在高位宽幅震荡。随着欧债危机的升级以及 USDA9 月份的供需报告调高美国大豆的单产和产量数据等诸多利空消息的爆出，CBOT 豆油期价一路暴跌探底到 50 美分/磅之下，10 月初价格有所回升但仍没能突破到 54 美分/磅之上，到 2011 年底一直持续在低位震荡（见图 9－15）。

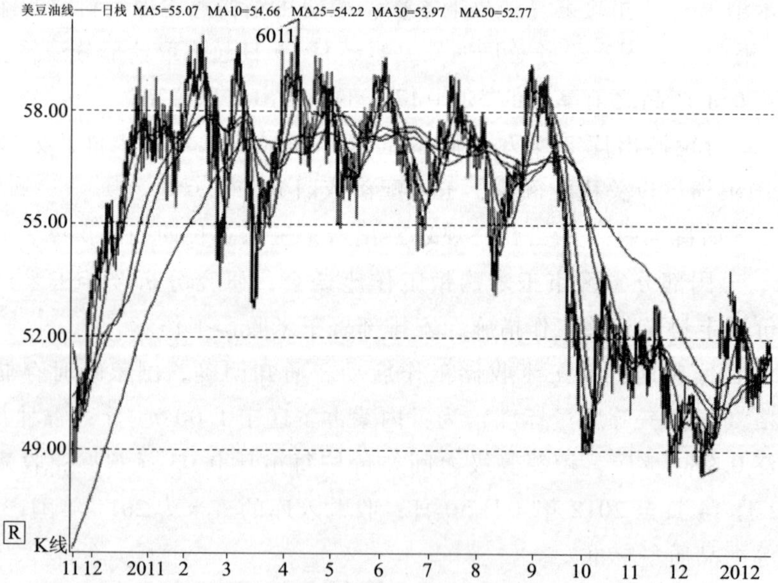

图 9－15 2011 年 CBOT 豆油期货价格走势

资料来源：富远行情

国内方面，2011 年国内植物油的整体运行可以分为强势整盘和下挫两个阶段：2011 年初到 9 月份为强势整盘阶段，DCE 豆油期价以及 CZCE 菜籽油期价均维持区间震荡；9 月份之后，市场在欧债危机升级与国际期价联动的影响下植物油价格跳水式下跌，在 11 月中旬时更是再度暴跌探底，价格低迷一直持续到年末。相比期货市场，国内豆油现货价格比较强势，在 2011 年全年的走势都一直在期价之上；国内菜籽油价格走势在前三个季度呈现窄幅波浪式形态，第四季度在期价市场跳水的对比下表现的相对平稳（见图 9－16，9－17）。

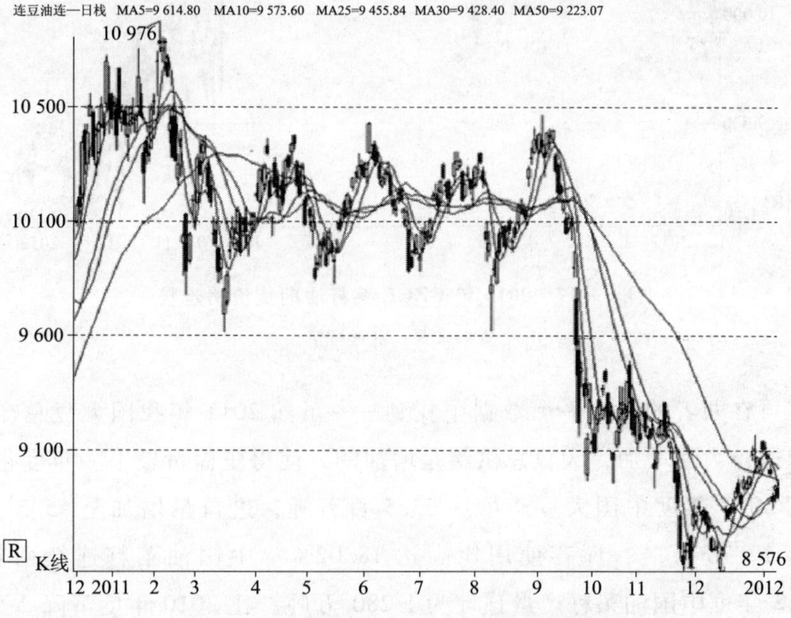

图 9－16　2011 年 DCE 豆油期货价格走势

资料来源：富远行情

在我国，豆油/菜籽油价格走势对比和豆油－菜籽油价差指数两者在 2011 年都呈现出了单边下降的态势。豆油/菜籽油价格走势对比从年初至 6 月中旬一直围绕着全年均值 1.03 上下徘徊，跌破均值线后便一路下行直至年末，最低点在 12 月中下旬为 0.92；豆油－菜籽油价差指数在 2011 年 8 月 7 日之前维持在（0，600）之间，之后直到年末一直处于 0 线之下，在（－820，0）之间运行。可以看出，我国 2011 年前半年豆油的走势强于菜籽油，但后半年菜籽油价格更为坚

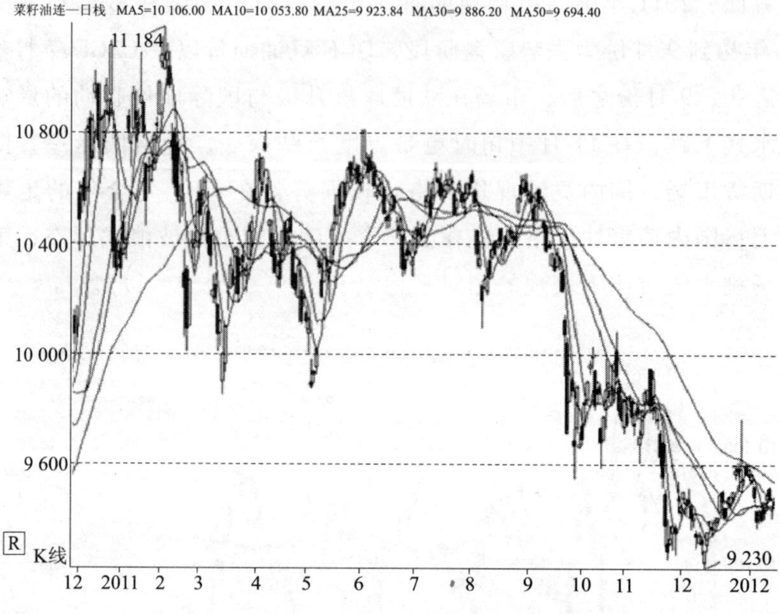

图 9-17 2011 年 CZCE 菜籽油期货价格走势

资料来源：富远行情

挺。原因可在两者的供需平衡数据中找到——虽然 2011 年我国大豆总产量有所下降，但进口大豆增加，大豆总供给是增加的，使得压榨量较上一年度也有所提高。2011/2012 年度中国大豆产量约 13.5 百万吨，进口量增加至 55.5 百万吨，期末库存 12.76 万吨，库存使用比高达 18.02%。中国油菜籽连续两年减产，2011/2012 年度中国油菜籽产量预计为 1 280 万吨，比 2010 年度下降 2.3%，期末库存 67.4 万吨，库存消费比由 2010 年度的 9.67% 下降至 4.67%。可以看出，与大豆相比，油菜籽供应仍然偏紧，从供给面分析菜籽油将会获得更有利的支撑（见图 9-18，9-19）。

2.5.2 供需面分析

全球供需情况

根据美国农业部统计，2011/12 年度全球植物油总产量 153.1 百万吨，同比增长 4.03%；进口量 60 百万吨，同比增长 5.41%；出口量 62.7 百万吨，同比增长 4.01%；消费量 150.76 百万吨，同比增长 4.25%；期末库存 12.32 百万吨，

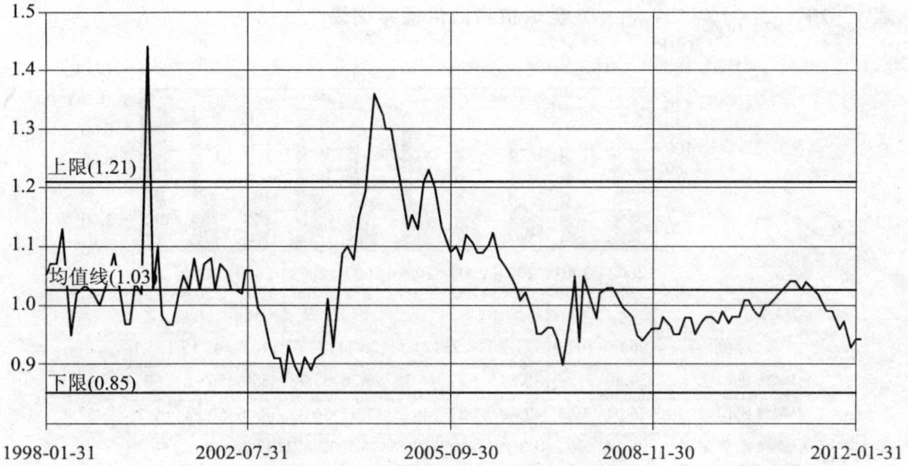

图 9－18　豆油/菜籽油价格走势对比

资料来源：中华粮网

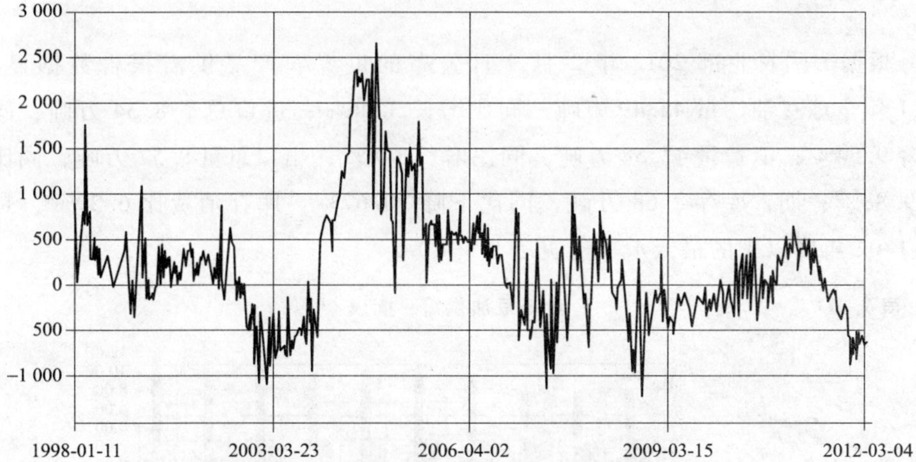

图 9－19　豆油－菜籽油价差走势对比

资料来源：中华粮网

同比减少 2.84%，库存消费比 8.17%，是自 2001/02 年度来的最低水平。从全球植物油供需状况的变化趋势来看，2011 年全球植物油产量保持持续平稳增长，但由于宏观经济的不景气对油脂需求造成的负面影响，全球对植物油需求的增速较之前几年有所下滑。其中，植物油的供给在植物油、油籽、油粕三者之中最为紧张，同时植物油的期价走势也强于后两者（见表 9－10）。

表 9－10　　全球植物油供需平衡表

	2002/2003	2003/2004	2004/2005	2005/2006	2006/2007	2007/2008	2008/2009	2009/2010	2010/2011	2011/2012
产量	96.09	102.9	111.7	118.93	121.81	128.71	133.68	140.6	147.17	153.1
进口量	34.89	37.68	40.84	44.37	46.75	50.26	53.78	55.46	56.92	60
出口量	36.04	39.3	42.88	47.81	49.2	53.97	56.02	58.06	60.28	62.7
消费量	95.14	100.7	108.19	114.66	119.44	125.13	129.71	137.78	144.62	150.76
期末库存	8.89	9.44	10.92	11.75	11.67	11.54	13.27	13.49	12.68	12.32
库存消费比	9.34%	9.37%	10.09%	10.25%	9.77%	9.22%	10.23%	9.79%	8.77%	8.17%

数据来源：美国农业部

根据美国农业部 2012 年 2 月 9 日公布的世界农产品供需报告数据显示，2011 年全球豆油产量 42.49 万吨，同比增长 3.06%；进口总量 8.34 万吨，同比下降 9.54%；消费量 42.58 万吨，同比增长 3.8%；出口总量 8.57 万吨，同比下降 9.88%；期末库存 2.68 万吨，同比下降 10.67%，库存消费比 6.29%，是自 2011/02 年度以来的最低水平（见表 9－11）。

表 9－11　　全球豆油供需平衡表

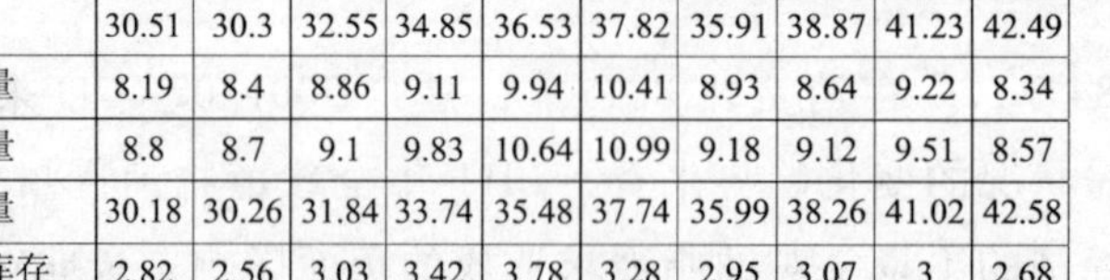

	2002/2003	2003/2004	2004/2005	2005/2006	2006/2007	2007/2008	2008/2009	2009/2010	2010/2011	2011/2011
产量	30.51	30.3	32.55	34.85	36.53	37.82	35.91	38.87	41.23	42.49
进口量	8.19	8.4	8.86	9.11	9.94	10.41	8.93	8.64	9.22	8.34
出口量	8.8	8.7	9.1	9.83	10.64	10.99	9.18	9.12	9.51	8.57
消费量	30.18	30.26	31.84	33.74	35.48	37.74	35.99	38.26	41.02	42.58
期末库存	2.82	2.56	3.03	3.42	3.78	3.28	2.95	3.07	3	2.68
库存消费比	9.34%	8.46%	9.52%	10.14%	0.56%	8.69%	8.20%	8.02%	7.31%	6.29%

资料来源：美国农业部

根据美国农业部数据统计，2011/12 年度全球菜籽油产量 23. 33 百万吨；进口量 3. 41 百万吨；出口量 3. 58 百万吨；消费量 23. 2 百万吨；期末库存 1. 03 百万吨，库存消费比 4. 44%，各项数据与上一年度基本持平。自 2010/11 年度以来菜籽油的消费量较之前大幅放缓，但是与大豆相比，菜籽油的供给面更为紧张，因此对于期货价格而言，菜籽油的走势更强（见表 9 – 12）。

表 9 – 12　　　　全球菜籽油供需平衡表

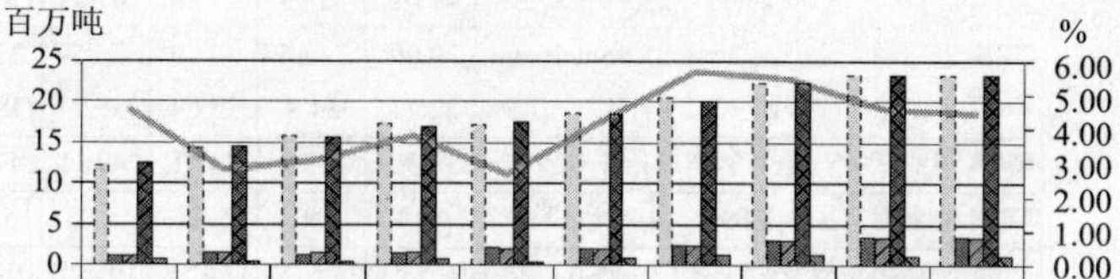

	2002/2003	2003/2004	2004/2005	2005/2006	2006/2007	2007/2008	2008/2009	2009/2010	2010/2011	2011/2011
产量	12.27	14.12	15.76	17.37	17.15	18.44	20.51	22.32	23.32	23.32
进口量	0.89	1.36	1.2	1.47	2.2	2.02	2.43	2.93	3.29	3.41
出口量	0.91	1.33	1.29	1.65	1.99	1.9	2.43	2.93	3.29	3.41
消费量	12.36	14.31	15.58	17.02	17.54	18.25	20.15	22.42	23.3	23.2
期末库存	0.56	0.4	0.48	0.65	0.47	0.77	1.14	1.23	1.07	1.03
库存消费比	4.53%	2.80%	3.08%	3.82%	2.68%	4.22%	5.66%	5.49%	4.59%	4.44%

资料来源：美国农业部

美国农业部统计数据显示，2011/12 年度全球棕榈油产量为 50. 57 百万吨，同比增长 5. 51%；进口量 37. 96 百万吨，同比增长 6. 66%；出口量 38. 81 百万吨，同比增长 5. 55%；消费量 49. 61 百万吨，同比增长 5. 31%；期末库存 5. 16 百万吨，同比增长 2. 18%，库存消费比 10. 4%，比 2010 年度略微下调。据统计调查，棕榈油是世界上增长最快的食用油，保持着每年 7. 8% 的增长率。棕榈油目前已经是世界上产量最大的植物油，在全球植物油的供需平衡中起着至关重要的作用（见表 9 – 13）。

国内供需情况

我国是豆油消费大国。在国际市场上棕榈油是第一大食用植物油品种，但在国内市场上，由于大豆进口的大幅增加以及我国居民的消费饮食习惯，豆油占据了国内第一大油脂品种的地位，而且在油脂品种中的比例正逐步提高。这表现在我国国内豆油消费近 10 年来持续高速增长，平均增长率保持在 10% 左右，与此

表 9－13　　全球棕榈油供需平衡表

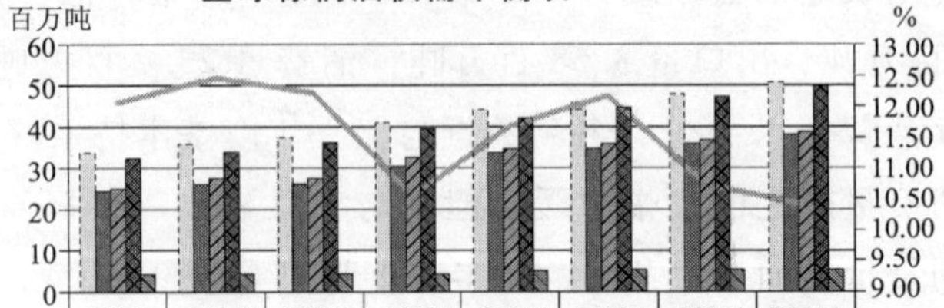

	2004/2005	2005/2006	2006/2007	2007/2008	2008/2009	2009/2010	2010/2011	2011/2012
产量	33.5	35.78	37.33	41.08	43.99	45.86	47.93	50.57
进口量	24.27	25.96	26.44	30.29	33.66	34.79	35.59	37.96
出口量	25.12	27.58	27.6	32.31	34.8	35.64	36.77	38.81
消费量	32.34	33.84	35.98	39.32	42.09	44.51	47.11	49.61
期末库存	3.89	4.21	4.39	4.14	4.91	5.41	5.05	5.16
库存消费比	12.03%	12.44%	12.20%	10.53%	11.67%	12.15%	10.72%	10.40%

资料来源：美国农业部

同时，我国豆油年产量逐年提升，豆油增长率增长迅速。2011 年我国豆油总产量 1 132. 6 万吨，同比增长 7. 14%；进口量 176 万吨，同比增长 33. 43%，恢复了自 2009/10 年度的下降趋势；出口量 11. 9 万吨，同比增长 101. 69%；消费量 1 321. 9 万吨，同比增长 8. 72%；期末库存 402. 5 万吨，同比下降 3. 19%；进口依存度为 13. 31%，较 2010 年度略有上升但仍处于低位；库存消费比 30. 45%，较 2010 年度下降约 4 个百分点（见表 9－14）。

表 9－14　　中国豆油供需平衡表

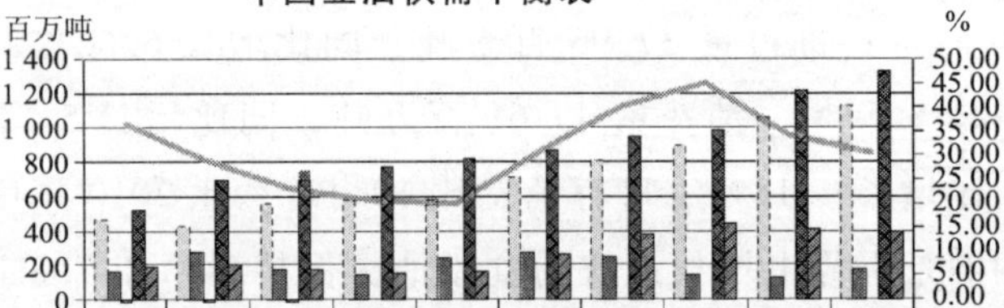

	2002/2003	2003/2004	2004/2005	2005/2006	2006/2007	2007/2008	2008/2009	2009/2010	2010/2011	2011/2012
产量	470.3	429.4	561	615.3	597.4	712.1	809.5	899.7	1 057	1 133
进口量	171.6	237.1	173.1	151.7	240.4	272.7	249.4	151.4	131.9	176
出口量	1.3	1.4	5	10.5	13.3	10.2	8.3	7.7	5.9	11.9
消费量	521.9	693	755	769.5	820	870	948.3	987.7	1 216	1 322
期末库存	190.4	198.5	172.6	159.6	164.1	268.7	379.3	442.7	415.8	402.5
库存消费比	36.48	28.64	22.86	20.74	20.01	30.89	40%	44.82	34.20	30.45

资料来源：美国农业部

2011年我国菜籽油产量375万吨，同比增长6.38%；进口64万吨，同比下降6.29%；出口0.1万吨，同比下降80%；消费量442.1，同比增长5.64%；期末库存191.6万吨，同比下降1.59%；进口依存度14.48%；库存消费比43.34%，较2010年度下降3.18%（见表9－15）。

表9－15　　　　　　中国菜籽油供需平衡表

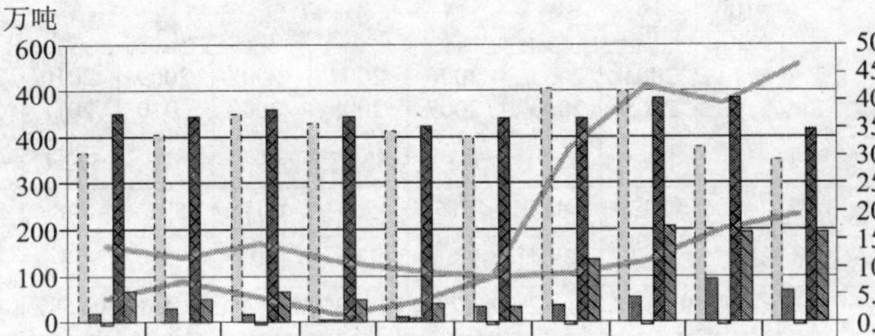

	2002/2003	2003/2004	2004/2005	2005/2006	2006/2007	2007/2008	2008/2009	2009/2010	2010/2011	2011/2012
产量	366	405	451.3	429.5	411.8	401.2	503.8	501	377.3	352.5
进口量	20	32.9	20.9	6.4	15.2	36	38.9	54.3	94.1	68.3
出口量	1	3	0.6	7.1	11.9	0.7	1	0.5	0.1	0.5
消费量	450	445	458	445	425	440	440	485.5	486.1	418.5
期末库存	61.7	51.6	65.2	49	39.1	35.6	137.3	207.1	192.4	194.7
进口依存度	4.44%	7.36%	4.56%	1.44%	3.58%	8.18%	8.84%	11.18%	16.92%	19.53%
库存消费比	13.71%	11.60%	14.24%	11.01%	9.20%	8.09%	31.20%	42.66%	39.58%	46.52%

资料来源：美国农业部

棕榈油是我国的第二大植物油消费品种，其价格走势如何不仅日益受到市场的关注，同时对豆油价格也会产生较大的影响。2011年我国棕榈油进口量560万吨，同比下降1.94%；消费量550.2万吨，同比增加0.38%；期末库存67.8万吨，同比增加16.89%；进口依存度为100.28%；库存消费比12.32%（见表9－16）。

2.5.3　政策分析

国内农产品收储从2008年开始已经延续了3年，收储价格逐年提高。首先就油菜籽收储价格的情况来看，在2008年下半年全球粮油价格暴跌的情况下，为保障农民利益，国家开始对油菜籽进行收购，确定2009油菜籽托市收购价格1.85～2.00元/斤，2010年1.95～2.00元/斤，2011年2.3元/斤。同期，大豆

表 9－16　　　　　中国棕榈油供需平衡表

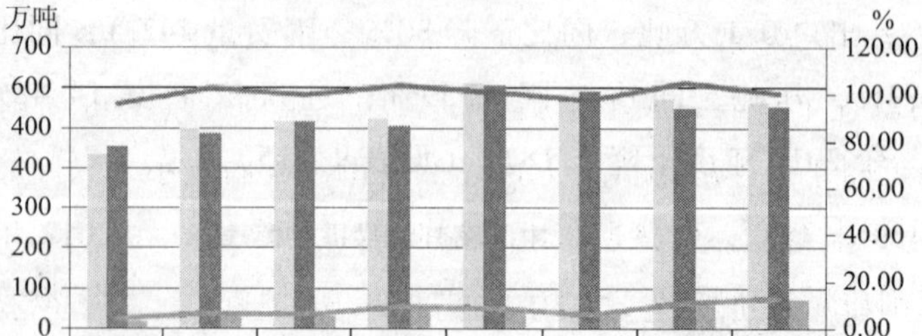

	2004/2005	2005/2006	2006/2007	2007/2008	2008/2009	2009/2010	2010/2011	2011/2012
进口	432.9	497.5	513.9	522.3	609.5	576	572.1	560
消费	451.5	486.2	515	505	605	591	548	550.2
期末库存	18.1	29.4	28.3	45.5	50	35	58	67.8
进口依存度	95.88%	102.32%	99.79%	103.43%	100.74%	97.46%	104.58%	100.28%
库存消费比	4.01%	6.05%	5.50%	9.01%	8.26%	5.92%	10.58%	12.32%

资料来源：美国农业部

收储价格为 2009 年 1.87 元/斤，2010 年 1.90 元/斤，2011 年 2.00 元/斤。2011 年收储价格公布之后，油菜籽的收购价格与农民心理价格基本符合，所以油菜籽的收购进展迅速。而大豆由于公布的收储价格与农民心理价格存在较大落差，与政策公布时的现货价格基本持平，所以对现货成交并没有明显的促进作用，农民惜售同时企业采购也是意愿清淡。

2.5.4　后市展望

综上所述，影响 2012 年油脂期价的主要因素仍然是宏观经济形势，对于我国国内市场而言，除了受到国际市场的联动效应，国家政策调控是主要的影响因素。油脂可能会在金属属性、商品属性和工业属性之间寻找均衡。宏观经济的不明朗可能会导致 2012 年前期油脂期价承压走低，但预计 2012 年度全球油脂的消费量将会继续增加，全球油脂供需结构有所趋紧，期价的下跌空间不大且有望在后期走势偏强。

第 3 节　2012 年农产品期货市场新品种展望

自 2008 年年初至今，我国筹备生猪期货上市已经进入第四个年头，但是由于我国期货交易在涉及活体交割方面尚无先例，而且相对于美国早先经验而言，在进行生猪期货交易时我国存在很多特殊问题，因此，尽管大连商品交易所早在2008年初就宣布基本完成了生猪期货合约、规则制度的市场调研和设计等准备工作，但近四年来生猪期货的上市仍然是雷声大雨点小，只闻其声不见其动。但从2011年年末至今，生猪期货上市的呼声日益高涨，在2012年初举行的生猪期货合约交割质量标准论证会上专家审定组论证通过了《生猪交割质量标准》和《生猪交割质量检测技术规程》，正式推出了我国第一个商品猪产业标准。业内人士表示，生猪期货的上市应当不存在悬念，因为生猪期货的上市不仅仅是新增一个交易品种的问题，更是意味着国内期货市场能否将在国际上已经成功交易的畜牧产品期货引进中国，从目前的市场形势来看，在2012年正式推出生猪期货品种指日可待。

3.1 推出原因

大连商品交易所总经理刘兴强指出，我国生猪行业在有效的价格信息预报机制和风险保护机制方面存在不足。从供给方面来看，猪肉属于中端产品，这种中端产品受到农产品的价格成本推动，而农产品本身的成本价格又受到种子、农肥、天气、土地成本、人工成本、国际市场的整体加权影响。农产品的价格波动会放大化地传导到养殖户的手中，养殖户不仅需要承担农产品的这种价格波动还要面对病疫，生猪养殖周期较长等诸多问题，因此生猪供给存在较大的不确定性。特别是在缺乏未来价格信号指导的情况下，生猪的养殖存在较大的盲目性，从而加大了生猪的价格波动，使广大猪农业户和养殖企业的风险暴露过大，一旦出现饲料成本上升、大范围疫病等情况，使养猪户的信心受到打击，生猪的供给就会出现大的问题而且在短期内无法恢复正常。因此，广大养猪农户、相关企业和整个生猪行业当前迫切需要市场能够提供价格预警信息和价格避险机制，使得生猪生产能够在一种比较稳定、有序的市场环境下健康发展。从需求方面来看，在CPI的整体构成中，猪肉是食品指数的重要组成部分。据统计，我国人均猪肉消费量已达到约40公斤/年，占肉类消费总量的三分之二，其消费需求呈刚性增长，猪肉的价格能否稳定与百姓的生活息息相关。控制好猪肉价格的频繁大幅波动，解决“猪贱伤农，肉贵伤民”的难题是推出生猪期货最根本的出发点。

3.2 面临的问题

如何交割

实质上，目前关于生猪期货上市的推出条件已经基本具备，最主要的问题是如何进行交割。据大连商品交易所介绍，现在其对生猪期货合约交割的初步思路是以养殖和屠宰场代库，这样可避免生猪的转运等环节，活猪交割问题就自然解决了。以养殖和屠宰场代库，就是由养殖和屠宰企业开出仓单，存栏成本很低。但在具体操作过程中是否可行以及会出现哪些问题还需进一步观察。

养殖规模问题

美国在1966年2月推出了生猪期货。由于在美国生猪实行标准化养殖，原料较为单一，品种同质化程度高，便于检验与鉴定，早在20世纪90年代中期美国70%生猪质量都能达到期货交割标准。目前我国生猪生产状况比较复杂，生猪养殖户具有数量多、规模小、养殖品种杂的特点，不利于生猪品质的检验和鉴定，而且由于生猪品种多且杂，标准期货合约的覆盖率与美国相比也会偏低。

参与者素质

还是由于我国生猪养殖不能形成规模化的原因，受到资金实力和文化程度影响，我国不少生猪养殖户还无力进入期货交易市场进行交易，若想让生猪期货上市后发挥其应有的作用还需一段时间对参与者进行投资教育使其接受并合理应用这一避险工具。并且，中国生猪价格一直是由生猪需求方决定，养殖者只能被动接受或者仅做小幅调整这一情况也亟待改善。

3.3 合约的设置

目前，大连商品交易所已初步制定出了标准生猪期货合约，在正式上市之前可能还会进一步的修改。大商所设定的生猪期货交割品是活体，体重在95~105千克之间；期货涨跌停板为4%，保证金比例为5%；合约交割月份为4、6、8、10、12月；交易单位：10吨/手；交易手续费：不超过6元/手。生猪期货的参与者主要是规模较小的养猪场、活猪贸易商和中小投资者。按照目前国内毛猪价格约为6 000元/吨左右计算，10吨/手的合约价值约为60 000元，保证金在3 000元左右，有利于个人投资者参与。

3.4 功能与影响

价格避险功能

刘兴强说，生猪期货能够为生猪市场提供未来1年到1年半时间内的价格预测信息，帮助生猪养殖户和屠宰、加工企业有效回避价格波动风险，锁定预期利润。对于养猪农民来说，如果有生猪期货，可以参考期货未来的价格，自己跟屠宰厂和生猪贸易商事先签订合同，订好价格，实现“先卖后养”，不管市场价格如何变化，都可以确保得到预期稳定的利润，这样一来养殖户就会比较放心大胆的去养猪。对于规模化养殖企业，可以按照生猪出栏进度，经过成本核算，在期货市场适时分期卖出，实现“先卖后养”，在生猪出栏前“边养边卖”，提前锁定销售价格，稳定养殖收益。屠宰企业则可以根据加工计划，在期货市场中分批购进生猪，保障原料稳定供给，提前锁定采购成本，实现屠宰线的正常运转，确保稳定收益。

宏观调控功能

一方面，由于生猪期货有价格发现的功能，政府可以参照这一价格趋势科学预测生猪市场供求关系变化，适时制定相应政策调整生猪生产储备结构布局，将国家宏观调控意图快速有效的传导到市场的各个层面。另一方面，通过对生猪期货交割品种的标准化规定，鼓励优良品种的推广，有利于推助我国生猪产业升级，淘汰规模不经济的生猪养殖户，调整大型养殖场的养殖结构。

国际影响

我国生猪现货市场规模巨大，年产量近5 000万吨，占世界总产量的50%以上，并且呈不断上升趋势。从长远来看，由于我国生猪市场具有如此巨大的容量，市场定价机制将随生猪期货的推出更加完善，从而为增强我国在国际生猪贸易中的话语权，甚至为形成全球生猪定价中心提供了推动力。

第10章

金属期货市场分析

第1节 2011年国际金属期货市场回顾

1.1 国际基本金属市场

2011年，伦敦金属交易所的基本金属价格均不同程度地表现出先扬后抑的走势，总体呈下跌走势。3个月铜的收盘价从年初的9 568美元/吨下跌到年末的7 557.25美元/吨，跌幅为21.02%；3个月铝的的收盘价从2011年1月4日的2 470美元/吨下跌到12月30日的2 017美元/吨，跌幅为18.34%；3个月锌的收盘价从2 445美元/吨下跌到年末的1 845美元/吨，跌幅为24.54%；3个月铅的收盘价从3 586.75美元/吨下跌到2 033.25美元/吨，跌幅为21.4%；3个月锡的收盘价26 500美元/吨下跌到年末的19 125美元/吨，跌幅为27.83%；3个月镍的收盘价从25 000美元/吨下跌到年末的18 620美元/吨，跌幅为25.52%（见图10-1）。

2011年基本金属之所以出现高开低走、先扬后抑的局面，有以下几方面的原因：首先，受欧元区债务危机影响，2011年全球经济仍然低迷，投资者对全球经济二次探底的担忧升温，金属价格大幅回落；其次，欧洲债务危机向银行体系的扩散，加剧了欧洲银行所面临的资本压力，银行为满足资本要求均不同程度地缩减了贸易融资业务，而正是这些融资促成大宗商品市场过去几年的繁荣发展；最后，由于基本金属都是以美元标价，2011年美元走势先贬后升的形势也助推了国际基本金属先扬后抑的态势。

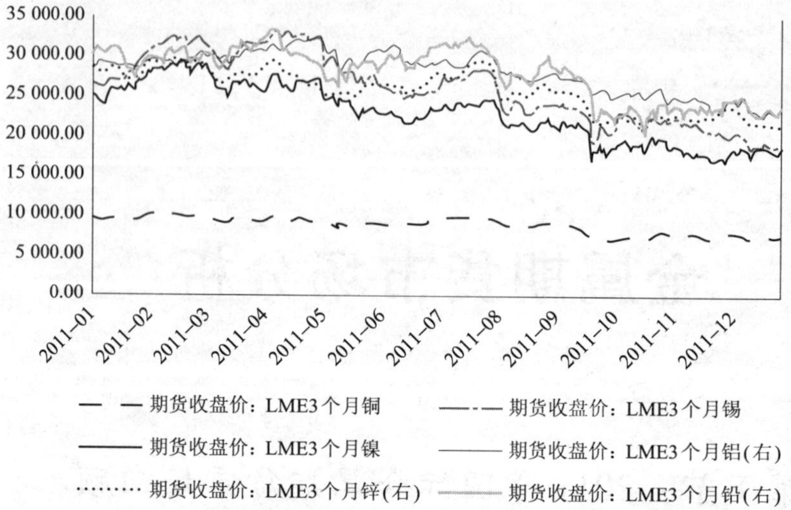

图 10－1　2011 年 LME3 个月铜、铝、锌、铅、锡、镍的收盘价走势

资料来源：Wind

从市场供需的角度看，2011 年国际金属呈现供过于求的局面，抑制了金属现货价格上涨，金属期货价格随之震荡下跌。根据国际铅锌小组（ILZSG）公布的铅锌月度供需数据，2011 年国际铅锌金属一直呈现供过于求的局面，2011 年 1 月金属铅供给过剩 0.13 万吨，2011 年 1－9 月供需差额总体呈增加态势，9 月份供需差额达到 17 万吨，随后有所下降，2011 年全年供给大于需求共 15.6 万吨；2011 年 1 月金属锌供给过剩 3.53 万吨，随后逐月增加，2011 年全年的供需差额为 35.3 万吨（见表 10－1）。

表 10－1　　2011 年 ILZSG 公布的金属铅和锌月度供需差额

月　份	供需差额（铅）	供需差额（锌）
2011 年 1 月	0.13	3.53
2011 年 2 月	0.59	1.99
2011 年 1～2 月	1.7	5.2
2011 年 1～3 月	2.4	11.1
2011 年 1～4 月	7.4	17.8
2011 年 1～5 月	7.3	21.4

续表

月　份	供需差额（铅）	供需差额（锌）
2011 年 1－6 月	10	22.3
2011 年 1－7 月	12.7	23.7
2011 年 1－8 月	15.3	26.3
2011 年 1－9 月	17	27.5
2011 年 1－10 月	15.9	30.8
2011 年 1－11 月	15.7	33.7
2011 年 1－12 月	15.6	35.3

资料来源：上海金属网

1.2　全球黄金期货市场

2011 年，全球黄金期货交易活跃。对全球 20 家衍生品交易所的黄金期货交易统计显示，2011 年全球黄金期货总计成交 1.98 亿千克，比 2010 年度增长 13.93%。其中，纽约商品交易所（COMEX）、印度多种商品交易所和东京工业品交易所是全球黄金期货市场成交量最大的前三家交易所，2011 年共成交 1.88 亿千克，约占全球交易总量的 95%。

2008 年 10 月以来，黄金现货价格一路攀升，伦敦现货黄金的价格从 2008 年 10 月 28 日的 730.5 美元/盎司一路上升到 2010 年 12 月 31 日的 1 410.25 美元/盎司。2011 年上半年，黄金现货价格延续之前的上升态势，在 2011 年 8 月 25 日达到最高价 1 877.5 美元/盎司；下半年，黄金现货价格出现震荡下跌的局面，在 2011 年 12 月 30 日达到 1 606.5 美元/盎司。黄金的价格走势与美元呈负相关关系，美联储第二轮量化宽松政策使美元在 2011 年上半年呈贬值态势，而下半年随着美国量化宽松政策的结束和欧元区债务危机的恶化，美元呈现走强态势，促使黄金价格先扬后抑。

总体来说，虽然 2011 年 9 月份之后国际金价下滑趋势明显，但 2011 年黄金现货价格涨幅达到 13.92%，仍然是全球投资回报最高的资产之一。

从图 10－2 可以看出，2011 年，黄金期货价格与黄金现货价格高度相关，涨跌趋势基本一致，可分为三个阶段。

图 10－2　2011 年纽约商品交易所黄金期货价格走势

资料来源：Wind

第一阶段，2011 年上半年。美国 2010 年 11 月推出的第二轮量化宽松政策的持续压力使美元呈贬值态势，纽约商品交易所黄金期货的价格从年初的 1 417 美元/盎司振荡上涨至 6 月 30 日的 1 502.2 美元/盎司，涨幅约为 6%。

第二阶段为 7 月至 9 月初，黄金期货价格迅速攀升，涨势迅猛，在 9 月 2 日达到了全年最高值 1 873.7 美元/盎司。欧洲主权债务危机的进一步恶化，是黄金期货价格屡创新高的原因之一，投资者避险情绪不断蔓延，将注意力转向具有较强避险功能的黄金投资，推高国际金价。另外，2011 年 8 月 5 日，标准普尔将美国主权信用评级由 AAA 下调至 AA+，引起全球对美国经济的负面预期，金价大幅上涨。

第三阶段，2011 年 9 月之后，黄金期货价格剧烈波动，呈现出振荡下跌的局面，在 2011 年 12 月 20 日跌至 1 561 美元/盎司，较最高价下跌 312.7 美元/盎司。2011 年下半年，欧洲债务危机的恶化使得欧元表现不如人意，根据彭博社制定的货币加权指数，欧元是在 2011 年是 10 种发达国家货币中表现最差的，全年贬值 2.1%。欧元对美元汇率下跌，使得美元表现相对较好，黄金价格相对下跌。此外，美国量化宽松政策在 6 月底到期，8 月初美国众议院表决通过提高联邦政府举债上限和削减财政赤字的法案，迈出了重归“量入为出”财政政策的第一步。投资者对美国经济的担忧有所缓解，认为美国经济正在缓慢前进，这对美元有正面影响，而对金价则有负面影响，美元走强，黄金价格承压下挫。

1.3　国际白银期货市场

2011年，全球白银期货交易活跃。对全球13家衍生品交易所的调查统计显示，2011年全球白银期货交易共41.5亿千克，比2010年度增加56.47%，白银正成为黄金之后的一个新的投资热点。

从历史数据来看，白银与黄金价格的走势趋同，黄金价格的变动往往会波及到白银的价格，同时白银的价格表现出比金价更剧烈的波动，因此具有一定的投资风险。从图10－3可以看出，2011年白银期货价格出现大幅震荡，表现出"二起二落"的走势：

2011年1月至4月末，纽约商品交易所的白银期货价格在年初延续2010年的上涨态势，涨势迅猛，在4月末达到48.42美元/盎司的高价，涨幅接近60%。这一阶段期银价格的迅猛涨势可归因于欧洲主权债务危机以及美国去年11月份推出的量化宽松政策的持续作用，使得投资者避险情绪高涨，白银投资成为很好的保值方式。

图10－3　2008—2011年纽约商品交易所白银期货价格走势

资料来源：Wind

2011年5月初，芝加哥商业期货交易所集团在一周之内三次上调白银期货保证金，以限制白银期货的过度投机。从2011年5月开始，期银价格在4月末达到历史高位之后大幅回调，2011年5月中旬降至33.6美元/盎司，半个月跌幅超过30%，之后呈现小幅波动直至6月末。期银保证金的调高限制了投资者使用杠杆的幅度，增加了投机者的交易成本，过度投机得到控制，使得银价大幅下跌。

7月至8月末，期银价格跟随黄金价格的迅猛涨势出现上涨行情，但未能超越银价在4月末的历史高位，在8月19日达到42.43美元/盎司。美国的第二轮量化宽松政策（QE2）在6月末结束，但市场对QE3预期强烈，加之8月份标准普尔下调美国主权信用评级，使得投资者对美国经济状况仍不乐观，黄金和白银的增值保值功能突显，白银期货价格随着金价的上涨也出现了年内的第二度上涨行情。

2011年9月初以后，期银价格大幅回落，在年底呈盘整状态，在年末回落至27.78美元/盎司。美国众议院表决通过提高联邦政府举债上限和削减财政赤字的法案，投资者对QE3的预期落空，美元走高，黄金价格下跌，期银价格也随之呈下跌态势。此外，芝加哥商业交易所集团于9月下旬再度上调白银期货保证金，助推了期银价格的跌势。

总体来看，2011年，COMEX白银期货价格下跌约10%。

1.4 国际钢材期货市场

2011年，全球粗钢产量为14.9万吨，较2010年度增长5.4%，增速明显回落。根据国际钢铁协会对64个国家和地区的统计，2011年全球粗钢月度产量波动较大，自4月份以后就呈现出逐月下降的趋势（见图10-4）。

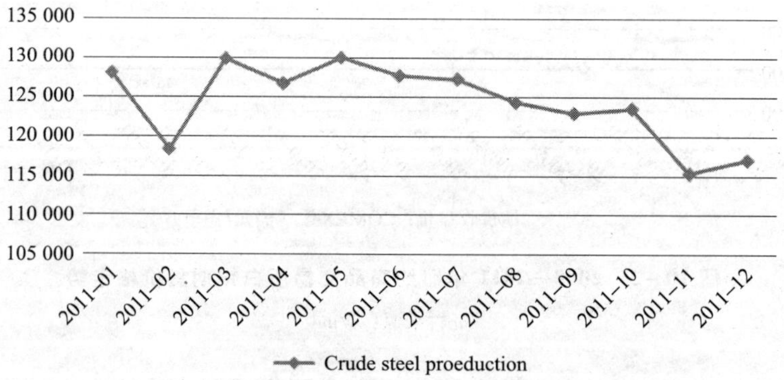

图10-4 2011年全球粗钢月度产量

资料来源：国际钢铁协会

2011年，国际钢材期货价格波动较大，呈现先扬后抑的局面。2011年1月至8月，伦敦金属交易所钢坯期货价格呈现振荡上升；8月以后，钢坯期货价格达到最大值后大幅下跌，12 月 30 日 3 个月钢坯期货价格为 550 美元/吨，15 个月钢坯期货价格为 580 美元/吨（见图 10－5）。

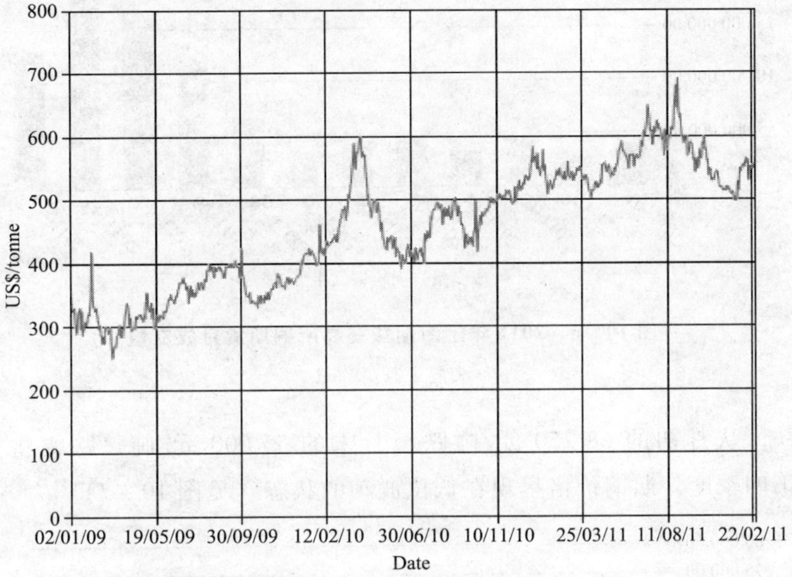

图 10－5　2009—2011 年 LME 钢坯期货价格走势

资料来源：LME

第 2 节　2011 年国内金属期货市场回顾

2.1　上海铜期货市场

2011 年，我国期铜市场交易活跃，上海期货交易所期铜成交量总计 97 922 260 手，占全部有色金属期货交易总量的 43.38%。2011 年前三季度，期铜交易量小幅波动；进入第四季度，期铜交易量大幅上升，11 月份的交易量最大，达到 23 315 400 手，占全年交易量的 23.8%（见图 10－6）。

2011 年，期铜价格波动较大，整体呈下跌趋势。根据上海期货交易所的收盘价，2011 年初至 9 月初，沪铜连续的价格持续在 65 000 至 75 000 元/吨之间的高位震荡；2011 年 9 月，欧洲债务危机升级，期铜作为高 β 值的期货，价格

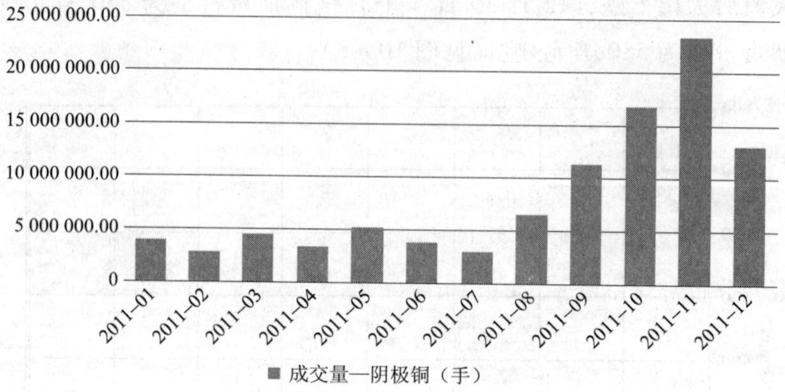

图 10－6　2011 年上海期货交易所铜期货月成交量

资料来源：Wind

大幅下跌，从月初的 68 250 元/吨跌至月末的 55 000 元/吨，跌幅将近 20%；2011 年第四季度，期铜价格呈现在低位波动的状态（见图 10－7）。

图 10－7　2011 年上海期货交易所铜期货价格走势

资料来源：Wind

期铜价格在 2011 年 1 月至 9 月初的持续波动，反映出投资者对宏观经济形势的不确定和对市场的观望情绪。2011 年 1 月至 6 月，央行连续 6 次上调存款准备金率，货币紧缩政策不断加码，意在缓解我国不容乐观的通胀压力。受紧缩信号影响，市场情绪受压，偏空气氛浓厚，对期铜价格的上涨造成压力。另外，投资者对需求不足的担忧同样限制了铜价的升幅。然而，铜价的表现同时受到自身基本面因素的影响，铜自身基本面良好，下跌意愿并不明显，市场表现坚挺。期铜价格在6、7月份跟随国际金属和大宗商品价格的回升有小幅上涨趋势。

2011年9月份，欧债危机和全球经济增长前景悲观的情绪笼罩全球市场，美联储声称美国经济面临严重风险。9月21日穆迪公司宣布下调美国银行、花旗银行和富国银行的债券评级，将债券评级展望定为负面。全球经济形势的恶化打压了投资者对未来经济增长的信心，铜价大幅下跌。国内方面，流动性紧缩政策没有放松迹象，资金面偏紧导致未来需求进一步降低，经济增长速度放缓。从基本面上来看，世界金属统计局（WBMS）的数据显示2011年1月至7月，全球铜市消费量为1 095万吨，供应剩余26.05万吨，2010年全年铜市消费量为1 909万吨，供应剩余7.6万吨。同期，中国铜市消费量下滑27.2万吨。铜市长期供过于求的局面，对铜价造成打压。

2011年10月至年底，沪铜价格在50 000至60 000元/吨的价位之间波动。此间，欧洲债务危机升级，穆迪公司宣布下调匈牙利主权债务评级，投资者对经济增长的信心受挫。另一方面，美国通过调整债务上限和削减财政赤字的方案，对美国经济利好，投资者对美国经济的担忧暂缓。国内方面，2011年12月5日央行年内首次下调存款准备金率，增加投资者对宽松政策的预期，资金面紧张的状态有所缓解，增加了投资者对市场回升的信心。同时，2011年12月铜材进口量50.89万吨，连续第7个月环比上升，供给的增加抑制铜价上升的空间。国际宏观经济的不确定性和国内利好与利空消息的相互影响，使得期铜价格在年底呈低位波动状态。

2.2 上海锌期货市场

2011年，我国期锌交易量为107 326 966手，占全部有色金属期货交易总量的47.54%，是当年我国有色金属期货中交易量最大的金属期货。第一季度，我国期锌交易量稳步增加；第二季度，交易量大幅回落，在低位波动；8月份，期锌交易量大幅增加，之后呈现逐月下降的态势（见图10-8）。

2011年，除了在6、7月份有小幅上涨趋势外，期锌价格一路振荡向下，在2011年12月30日收盘于14 750元/吨，比2010年12月31日的收盘价19 070元/吨的价格下跌22.65%。期锌价格下跌的原因，同样与全球经济的二次放缓以及欧元区债务危机的升级密切相关，全球流动性紧缩以及投资者的悲观情绪对商

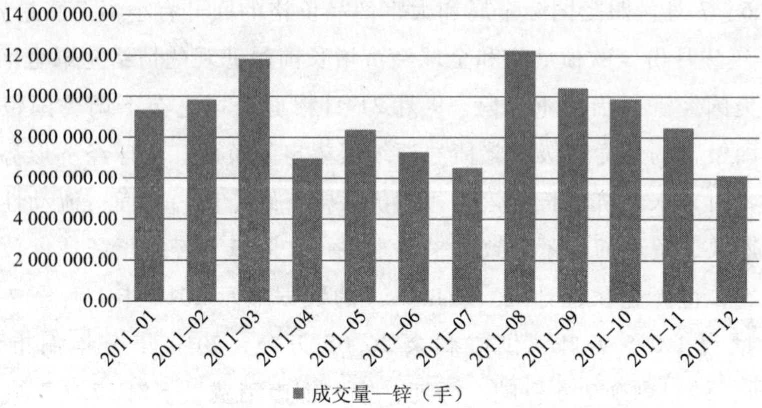

图 10-8　2011 年上海期货交易所锌期货月成交量

资料来源：Wind

品整体形成一定的打压（见图 10-9）。

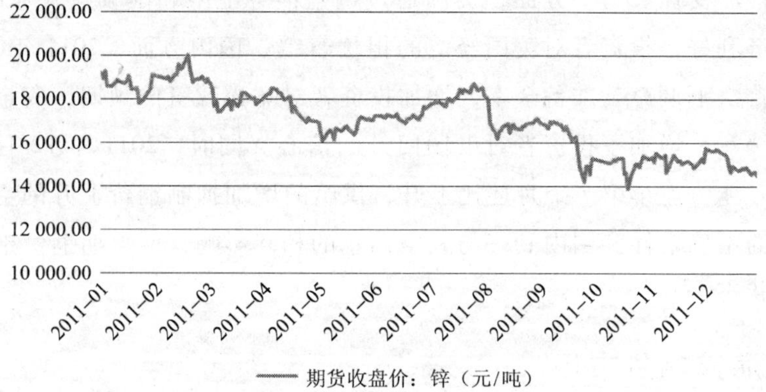

图 10-9　2011 年上海期货交易所锌期货价格走势

资料来源：Wind

2011 年在市场悲观的预期下，锌价表现出的持续萎靡。欧债危机的扩大，美国经济增长缺乏有力的方案和政策支持，拖累了全球经济和金属消费，投资者对全球经济形势不乐观，期锌价格在 2011 年跌势明显。国内精炼锌冶炼产能不断扩大，给本来就表现不佳的锌价造成打压。从需求方面来看，汽车、房地产等行业增速回落，消费需求疲软，供需两方面因素共同造就期锌价格的下滑。然而在 6、7 月份，随着锌价接近冶炼成本，投资者对生产商的减产预期强烈，期锌价格表现出明显的上涨行情。在此期间，国际黄金、白银、有色金属期货均出现不同程度的上涨行情，国内期锌价格也随着大宗商品价格的上涨而有所回升。

2.3　上海铝期货市场

2011 年，我国期铝成交量总计 19 907 836 手，占所有有色金属期货交易总量的 8.8%，比重较小。从月度数据来看，交易量主要集中在第三季度，其中 8 月份成交量显著突出，成交 6 249 628 手，占全年交易量的 31.39%（见图 10－10）。

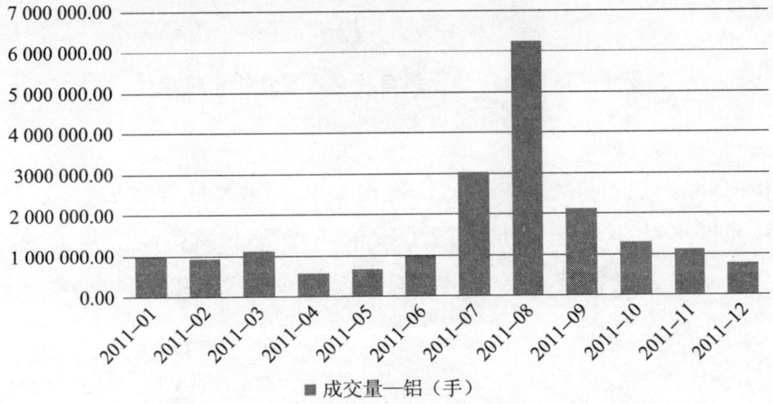

图 10－10　2011 年上海期货交易所铝期货月成交量

资料来源：Wind

期铝价格与现货金属铝价格存在长期均衡关系，具有很强的正相关性。市场供需变化调整铝价走势，金属铝期货价格进而跟随现货价进行调整。从现货铝的月度均价来看，2011 年 1 月至 5 月，现货市场维持平稳交易，现货铝价格呈小幅波动状态；从 5 月份至 8 月份，现货铝价格迎来了年内惟一一个大幅上涨行情，库存锐减，刚性需求强烈，电价上调进一步提高电解铝企业生产成本，多方因素推动铝价大涨；8 月份之后，现货消费转淡，供应过剩倾向显现，铝价出现大幅回落，价格下跌幅度超过上涨前价格见图 10－11。

期货市场上铝价的表现与现货价格呈现高度相关，涨跌趋势一致。2011 年上半年，我国期铝价格呈现小幅震荡；下半年，期铝出先扬后抑的走势，6、7 月份期铝价格大幅上涨，在 8 月 1 日达到最高价 18 560 元/吨后一路下跌，至 12 月 30 日收盘于 16 080 元/吨。6 月份电价的再次上调，保障性住房开建对铝材的

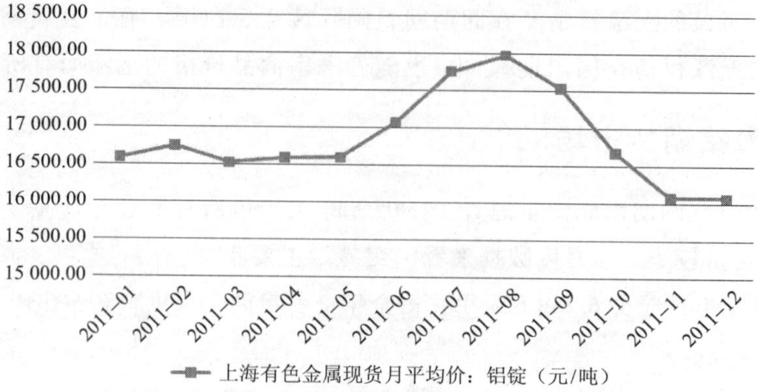

图 10－11　2011 年上海有色金属现货铝价格走势

资料来源：Wind

大量需求和由此导致的库存减少使期铝价格大涨；而 8 月份之后，经济中利空消息频现，欧元区形势不容乐观，美国主权信用评级下调，经济复苏缺乏有力措施，带来全球基本金属价格走低，上海有色金属现货交易的铝价持续下跌，我国期铝价格一路下跌（见图 10－12）。

图 10－12　2011 年上海期货交易所铝期货价格走势

资料来源：Wind

2.4　上海铅期货市场

伦敦金属交易所是全球最早进行铅期货交易的交易所，从 1952 年 10 月 1 日推出至今，已经历60年。中国的铅储量占全球资源总量的15%，仅次于澳大利亚，位居世界第二位。近年来，我国铅冶炼产能不断提高，铅产量逐年高速增加，2003年成为世界最大的精铅生产国。随着经济的快速发展，我国铅消费量近年来也呈高速增长态势，2004年超过美国成为世界上最大的铅消费国，铅的消费主要集中于汽车、通讯、电力、电动自行车等行业。

近年来，铅价格波动剧烈，我国作为全球最大的铅生产国和消费国，铅期货的缺位，使得国内相关企业面临价格大幅波动时缺少有效的避险工具。2011年3月24日，铅期货在上海期货交易所正式挂牌上市，丰富了我国现有的有色金属期货体系，满足了铅相关企业的迫切需要，可谓是众望所归。上市首日，铅期货7个合约挂盘基准价为18 350元/吨，保证金收取比例为合约价值的11%，交易手续费暂定为成交金额的万分之一，交割手续费为2元/吨。

2011年全年，我国铅期货成交量为586 560手，仅占有色金属期货交易总量的0.26%，交易规模较小。从月度数据来看，成交量大体呈逐月下降的态势，期铅交易并不活跃（见图10－13）。

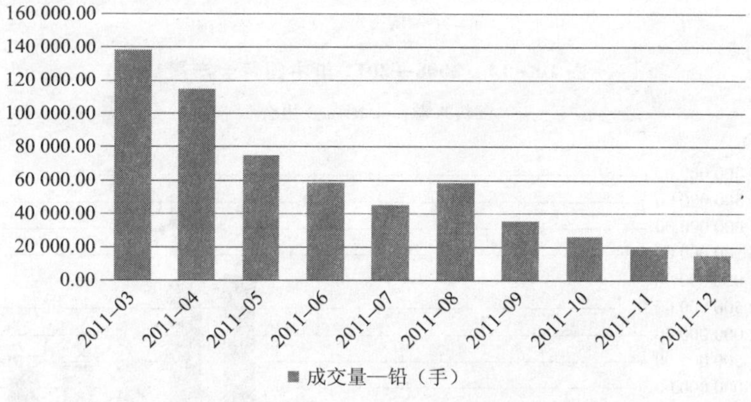

图10－13　2011年上海期货交易所铅期货月成交量

资料来源：Wind

2.5　国内黄金期货市场

2011年，我国黄金产量达到360.957吨，比2010年度增长5.89%，连续五年位居世界黄金产量首位（见图10－14）。黄金产量的增加，为黄金现货、期货交易的繁荣提供支持。2011 年，我国上海黄金交易所各类黄金产品成交量共 7 438.463 吨，同比增长 23.03%；成交额共 24 772.168 亿元，同比增长 53.45%。上海期货交易所黄金期货成交量为 1 444.352 万手，同比增长 112.59%；成交额共 50 976.079 亿元，同比增长 178.68%。从月度数据来看，2011 年 1 月至 6 月黄金期货交易量在低位波动，8 月份交易量大幅上升，8、9 月份的黄金交易最为活跃，10 月至 12 月交易量在 150 万手左右波动（见图 10－15）。

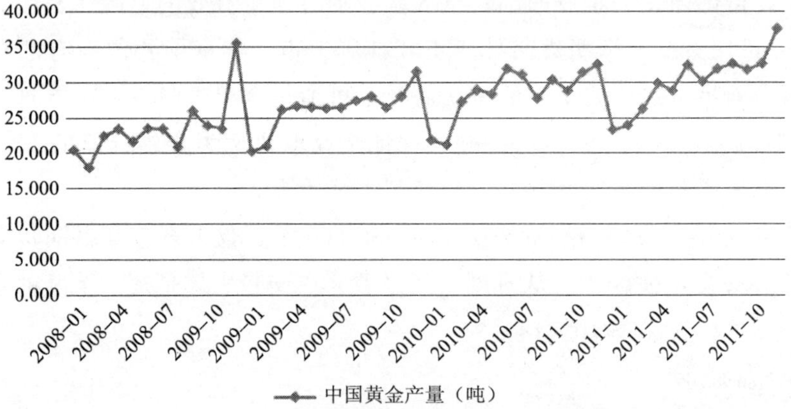

图 10－14　2008—2011 年中国黄金产量

资料来源：中国黄金协会

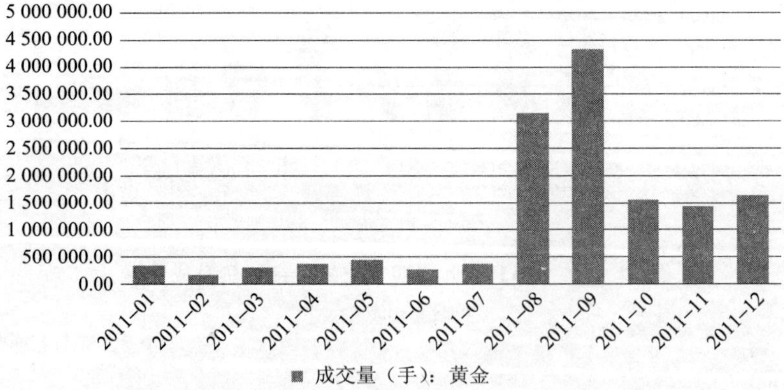

图 10－15　2011 年上海期货交易所黄金期货交易量

资料来源：Wind

2011 年，受国际黄金价格影响，我国黄金期货价格同样呈现出先扬后抑的态势。2011 年 1 月至 9 月，我国黄金期货价格一路上涨，不断刷新历史高位。9 月 6 日，伦敦黄金现货价格达到历史最高价 1 920.38 美元/盎司，此日我国上海期货交易所黄金期货也达到历史最高价 395.25 元/克。2011 年 9 月至 12 月，我国黄金期货价格达到历史最高位之后振荡下跌，12 月 30 日收盘于 321.7 元/克（见图 10－16）。

图 10－16　2011 年上海期货交易所黄金期货价格走势

资料来源：Wind

2.6　国内钢材期货市场

2011 年，我国粗钢产量为 68 326.5 万吨，同比增长 9.03%，占全球 64 个国家和地区粗钢总产量的 45.85%。从月度数据来看，从 2011 年 5 月份开始，我国粗钢产量逐月下降，第四季度下降幅度加快，11 月份降至全年最低值 4 988.3 万吨，12 月份有小幅回升（见图 10－17）。

2011 年，我国螺纹钢期货成交量 16 376.96 万手，3 月份、8 月份和 9 月份的交易较为活跃（见图 10－18）。

2011 年，我国螺纹钢期货价格小幅波动，下半年呈明显下跌态势。2011 年初，螺纹钢期货价格有小幅上涨，随后在 2 月份出现下跌行情；3 月至 7 月，我国粗钢供应压力较大，同时投资者看好保障性住房建设给钢材市场带来的推动作用，螺纹钢期货价格震荡上涨，7 月 14 日达到历史最高值 5 450 元/吨；从 8 月初开始，欧洲债务危机恶化，市场恐慌情绪导致大宗商品价格纷纷下跌，我国螺

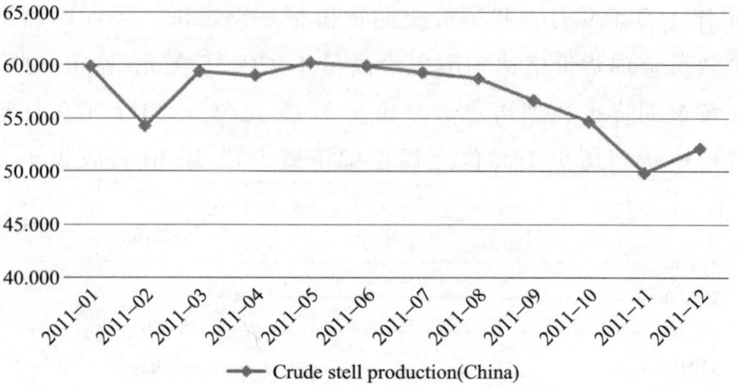

图 10－17　2011 年我国粗钢产量

资料来源：国际钢铁协会

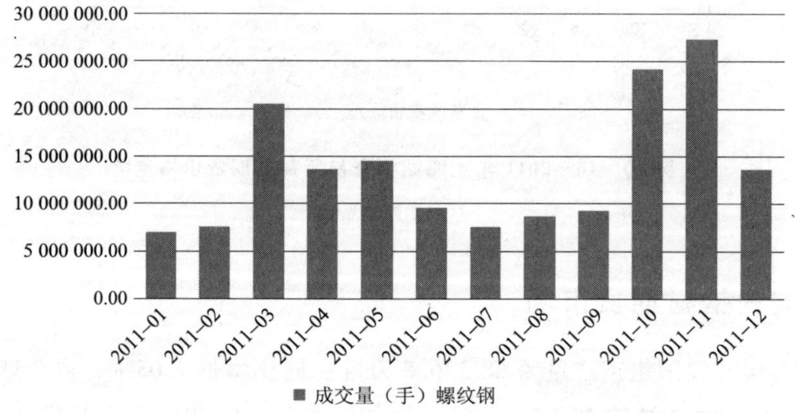

图 10－18　2011 年我国螺纹钢期货成交量

资料来源：Wind

纹钢期货价格也一路下跌，10 月 20 日跌至全年最低值 4 029 元/吨；2011 年底，螺纹钢期货价格有所反弹，但反弹幅度不大，12 月 30 日收盘于 4 331 元/吨（见图 10－19）。

2011 年，我国线材期货共成交 6 484 手，年初和年底交易量较大。2011 年，我国线材期货年度均价为 4 678.1 元/吨，月度平均价格除 2 月份和 11 月份有小幅上涨以外，其余月份均处于下跌形势。2011 年 1 月份的月度均价为 4 774 元/吨，12 月的月度均价为 4 315 元/吨，跌幅 9.62%（见图 10－20，10－21）。

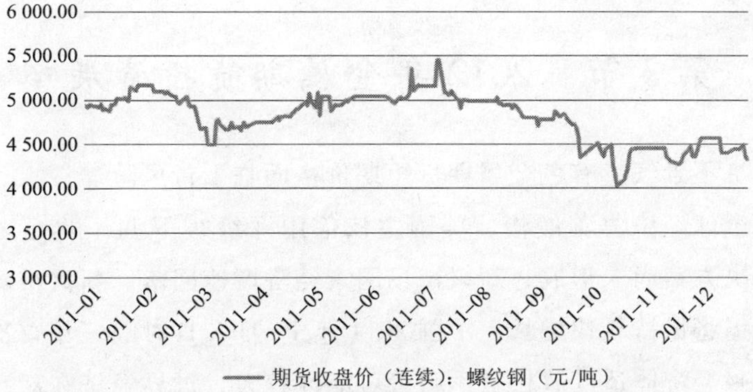

图 10－19　2011 年我国螺纹钢期货价格走势

资料来源：Wind

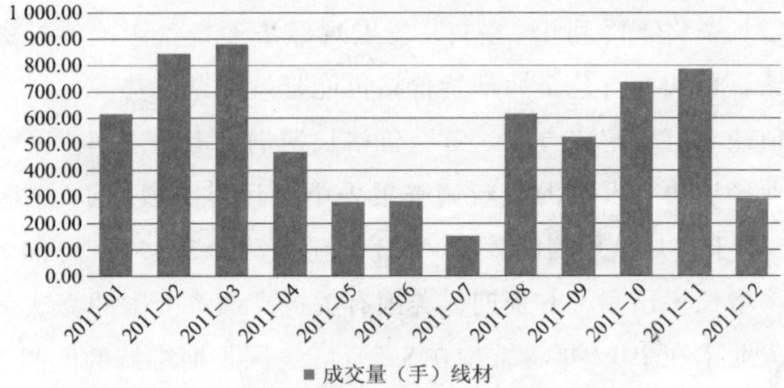

图 10－20　2011 年我国线材期货成交量

资料来源：Wind

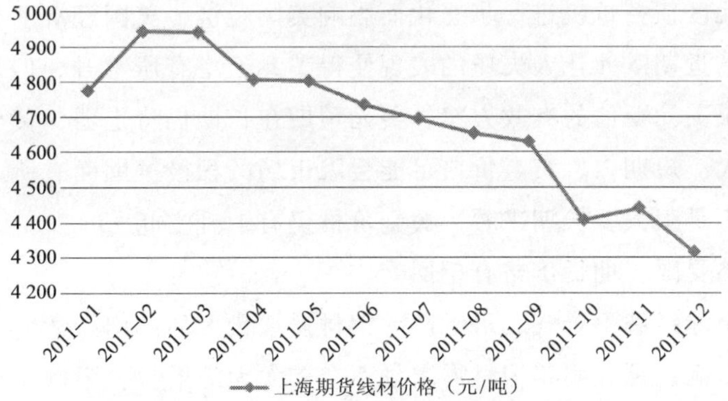

图 10－21　2011 年我国线材期货价格走势

资料来源：Wind

第3节 2012年金属期货投资展望

宏观经济不景气，有色金属期货短期价格面临下行风险。

当前，全球经济复苏缓慢，美国主权信用评级被下调，欧元区债务危机恶化，有效解决方案尚未形成，新兴市场国家经济增速回落。新兴市场国家经济增速放缓，但仍将保持较快增长，中国2011年12月5日时隔三年首次下调存款准备金率，新兴经济体适度放松货币政策可能性较大，世界经济在新兴市场国家的带动下可能维持低速增长。但是，如果欧洲债务危机持续恶化，影响西班牙、法国等核心经济体，全球经济增长速度面临质疑。国际货币基金组织预测，2012年世界经济增长率将下降到4%左右。受宏观经济不景气影响，投资者对大宗商品持悲观情绪，短期内有色金属期货价格可能延续下跌态势。

美元贬值缺乏有效解决方案，黄金价格长期仍有上升空间。

全美企业经济协会发布的最新调查报告中预计，美国2011年国内生产总值增长1.7%，低于5月份预测的2.8%和3月份预测的3.3%。约54%的受访者下调了美国经济增长率预测，并预期，美国有关提高债务上限的立法无法削减长期预算赤字，失业率在2012年将维持在8.5%。美国长期维持的低利率反映出量化宽松的政策倾向，美联储仍有推出再一次量化宽松政策的可能性，通货膨胀风险仍然存在。同时失业率居高不下，房地产部门低迷，使得美国经济复苏基础不牢，如果欧元区债务危机进一步恶化而影响美国经济，美国经济下行的风险则更会增大。虽然近期欧元让人失望的表现使得美元汇率有所上升，但长期来看，美国并没有解决美元贬值的有效方案，美元预期在长期仍将走弱，黄金的保值增值潜力仍然巨大。短期内，黄金价格可能会因市场的积极援助而有所下降，但预计下降幅度并不是很大，长期来看，黄金价格仍有上升空间。

钢材供给受限，期货价格有望回升。

当前，全球经济不景气，房地产等钢材需求量大的部门持续低迷，受世界经济增速放缓影响，预计明年钢材需求量不会有太大的增长，限制了钢材期货价格的上涨空间。供给方面，全球粗钢产量在2011年呈逐月下降的趋势，世界主要产钢国纷纷制定了减产计划，加之能源价格上涨的影响，未来一段时间全球粗钢产量仍将继续下降趋势，有利于钢材期货价格的上涨。由于产钢能源和原材料的价格处于高位，钢材价格不会有太大的下跌空间，预计明年钢材价格有极大的上涨可能性。2011 年末，伦敦金属交易所的钢坯期货价格已经出现止跌回升的态势但幅度不大，预计明年钢材期货价格仍有上涨空间。

第 4 部分

期货投资策略方法
专题研究

第 11 章

基于沪深 300 股指期货的投资组合保险策略

1952 年，Markowitz 在《证券投资组合选择》一文中首次提出了均值方差理论。根据该理论，股票市场风险可以分为两类：系统性风险和非系统性风险，其中非系统性风险可以通过资产组合的分散化进行规避。然而投资分散化对系统性风险就无能为力，因此，人们纷纷寻求规避系统性风险的途径，一些提供投资组合保险业务的保险公司也随之应运而生。

传统的投资组合保险策略往往是动态控制风险资产的头寸，从而在牺牲了部分向上收益代价的前提下，使得风险控制在了可承受范围内。这是传统投资组合保险策略的核心思想，但同时这也部分反映出了传统投资组合保险策略的不足之处：第一，市场上涨时，收益有限。为了保证风险的一定，风险资产的头寸是受到控制的，因而相比于不进行风险头寸管理的投资者，在市场上涨的行情下，传统投资组合保险丧失了一部分上涨的获利，因而收益相对有限。第二，市场下跌时，传统投资组合保险策略仍然无法完全规避损失。传统组合保险策略的风险资产只是单向市场，只要风险资产有正头寸，市场下跌时依然会面临亏损。因此，组合保险策略只能在投资组合层面上最大化控制损失，而无法完全避免市场下跌时的损失。所以，传统投资组合保险策略局限性很大。

基于期权复制的组合保险为投资者风险管理开创了一种新的模式，也得到了广泛的运用。然而在实践中，由于该策略涉及比较复杂的期权定价模型，对于投资者而言运用该策略并不容易。而且，根据期权定价模型，这种组合保险策略的绩效在很大程度依赖于投资者对于无风险利率以及风险资产波动率的估计，如果投资者对这些参数估计有所偏差，保险的效果很可能大打折扣。基于此，两位学者 Black 和 Jones 在 1987 年《简化组合保险策略》一文中提出了设定简单参数的固定比率投资组合保险策略，即 CPPI 策略。相比于基于期权复制的组合保险，在该策略中参数都是投资者基于自身的风险偏好设定的，因而不再需要根据复杂的定价公式估计参数，因而大大简化了投资者的决策过程。在此基础上，1988 年 Estep 和 Kritzman 又提出了时间不变性投资组合保险策略（TIPP），进一步发展了投资组合保险策略理论。

2010 年 4 月 16 日，中国金融期货交易所推出了沪深 300 股指期货产品，这被视为是我国金融改革的重要里程碑之一。股指期货作为金融衍生产品，具有一项重要的特性：空头交易。股指期货的推出，不但完善了市场做空机制，而且还提供了一种有效规避市场系统性风险的方法，大大提高了市场的有效性。同时，股指期货的推出也大大丰富了市场投资者的投资策略，当然也包括了组合保险策略。

盛三化、陈湘鹏（2007）研究了股指期货在运用于动态资产组合保险策略时所应具备的条件：即股指市场表现不能弱于大盘；而且股指与市场组合几个要高度相关。

杨秋水（2008）利用国外成熟的资本市场数据，通过蒙特卡洛模拟，研究了股指期货价格的行为方式，指出将股指期货引入到投资组合保险策略中将产生的问题，以及应该采取何种措施应对。她得出，在空头市场和盘整市场中投资组合保险策略的收益率明显高于指数的收益率，并且 TIPP 策略优于 CIPP 策略。

石磊（2008）也研究了股指期货在动态投资组合保险策略中的应用。他通过实证研究以股指期货作为风险资产的 CPPI 策略绩效，发现在组合保险策略中引入股指期货后在一定程度上确实提高了投资收益率，明显减少了交易成本，而资产的波动性却没有发生太大的变化。

周春梅，孙万贵（2011）将股指期货和上证 ETF50 指数作为风险资产，通过实证检验，比较分析了基于两者的组合保险策略即 CPPI 和 TIPP，共四种策略的绩效，得出以下结论：第一，在包括了多头，空头和盘整的整个市场期间，四种策略都能实现既定的保本目标，而且，CPPI 股指期货策略的最终收益最高。

第二，不同市场行情下，不同策略表现各有优劣，其中，多头市场中 CPPI 股指期货绩效最好，空头市场中则 TIPP－ETF 策略最好。盘整市场中，TIPP 类策略优于 CPPI 策略。第三，无论 CPPI 策略还是 TIPP 策略，股指期货的加入都极大的减少了交易费用，并改变了策略的收益曲线。

股指期货既可以用于 CPPI 策略或 TIPP 策略中，也可以用于基于期权的投资组合保险（OBPI）策略中。姜兆娣（2010）就利用股指期货动态复制了看跌期权，并通过选取美国股市基金的数据进行了实证研究，表明了基于股指期货的 OBPI 策略能够达到较好的保本增值的目的。

第 1 节　股指期货的空头交易及市场趋势预判

传统的投资组合保险策略中，风险资产是作为多头持有。市场上涨时，风险资产价值上升，从而投资获益；市场下降时，风险资产价值下跌，投资受损。而保险策略在投资组合中通过风险资产头寸的动态调整，从而控制了风险，起到了保险的作用。类似的，基于沪深 300 股指期货的投资组合保险策略也将通过对股指期货的风险头寸进行动态调整，稳定风险。所不同的是，在新策略中，风险资产头寸既有可能是多头，又有可能是空头，即根据市场趋势，在市场看涨的情况下持有股指期货的多头，而在市场看跌情况下持有股指期货的空头。与此同时，风险资产头寸的大小则根据保险策略进行动态调整，从而控制投资风险。这便是基于沪深 300 股指期货投资保险策略的基本思想。

传统的投资组合保险策略不需要对未来市场走势进行预判。因为根据传统策略，如果市场上升，投资者能够获得收益；即使市场下降，损失也有限，策略能够保本。然而，与传统的投资组合保险策略不同，基于股指期货的投资组合保险策略需要对未来的市场趋势做出正确的判断，这也是该策略能否成功的重点和难点。需要指出的是，这种对市场趋势的预判不要求精确到每一个波段的涨跌，而在于在中长期对整体市场走向的把握。基于股指期货的投资组合保险策略赚取的是市场宏观趋势，而非短期波段。因此，无论涨跌，只要宏观趋势能够预判正确，这一策略便能保证盈利。

如果能够保证趋势预判的准确，这种既能做多，又能做空的基于股指期货的投资组合保险策略将极大提高收益绩效。传统的策略在市场下行时只能保证损失的有限，而新策略则能够通过做空，在市场下行时赚取大量收益。此外，卖空还能够增加资本金，从而能将更多的资金投入于无风险资产，获取更多的无风险收益。因此，空头交易的引入能够将传统的投资组合保险策略提升到了一个全新的层次。

那么如何预测行情走势呢？市场上有众多的技术指标用以预测趋势。在本策略中我们将借用一种常见的技术指标——黄金交割线与死亡交割线的原理进行趋势预判。其操作方法如下：选取过去 N 个连续的交易日作为比较窗口，计算这些交易日内的日平均结算指数，再将当日平均结算指数与当前交易日的结算指数进行比较。若当前结算指数大于过去 N 个交易日的平均结算指数，则判定市场趋势正在上涨，未来价格将上升；若当前结算指数低于过去 N 个交易日的平均结算指数，则判定市场趋势在下跌，未来价格下降。每过一个交易日，剔除最早的历史交易数据，加入最新的交易数据，重新进行平均指数的计算和比较，如此循环往复。这种趋势判断的方法简单而有效。当市场触底反弹，指数上涨时，随着比较窗口的移动，当前指数迟早会大于历史平均指数，这反过来又预示着市场上涨。而一旦市场反转，开始下跌时，随着比较窗口的移动，当前指数必然会小于历史平均价格，这又反过来预示着市场的下跌。

需要说明的是，上述市场预测方法有两个不足：第一，预测具有滞后性。由于比较参数是每日移动的平均结算指数，当市场开始反转时，平均指数因为惯性不会有较大的改变，因而无法立即判断出市场的反转。只有当市场走了一段行情后，趋势才能通过指标显现。第二，预测对于震荡行情无效。一种可能的情况是市场处于震荡期，指数忽上忽下，波动频繁而幅度较小。在这种市场环境下，上述预测方法难以有效判断市场。由于滞后性，很有可能指标刚判断趋势上涨，真实市场却已由涨转跌了。因此，震荡行情可能会导致投资失策，并引起过多的无谓交易，提高交易成本。因此，对于比较窗口的长度 N 的选取非常重要。N 较大，则能够有效避免短期震荡带来的市场趋势的误判，提高预判的精度，但同时预判的滞后性也较大；N 较小，则能够减少预判的滞后性，但趋势预判的准确度也可能较低。所以，N 在理论上具有一个最优值，而这也是本文在实证研究部分的重点之一。

尽管预测方法有所不足，但在理论上并不影响投资策略的成效。预测的滞后性只是延误了最佳的投资时机，减少了部分收益；同时，市场震荡期波动导致的预判失策，进而造成的损失可以通过动态的保险策略进行控制，从而最小化风险。而这也正是保险策略所应有的价值体现。因此，虽然滞后性可能导致收益的非最大最优，市场震荡可能导致部分损失，但只要新策略能够抓住大的宏观趋势，赚取中长期市场涨跌的引起的价差，该策略就能保证最终的盈利。

第2节　股指期货的杠杠性及投资乘数的设定

除了空头交易，股指期货的另一特性——杠杠性也将极大的提高新策略的投资绩效。首先，投资相同的风险资产价值，高杠杆率产品能够大量节省所需要的资金成本，从而将更多的资金投资于无风险资产，获取无风险利润。假设1 000万总额的资金额中，股指期货的杠杠率为10，要撬动300万的风险资产额度，只需要投资30万的资金，而剩余的970万投资于无风险资产。这比起直接投资300万于风险资产，而只剩700万投资于无风险资产而言要多了近270万。更重要的，当市场趋势判断正确的情况下，高杠杠也能带来巨大收益：在10倍杠杆率条件下，1 000万的资本金额最多可以投资1亿的风险资产，比原有资产额多了近九千万，这意味着通过杠杆率能够放大10倍的收益。

一方面，高杠杠性带来了高收益率的可能，与此同时，也带来了高损失率的可能。投资组合保险策略的核心在于损失有限，能够保本。基于这种保险思想，新策略中也将适当降低股指期货的杠杆率，以减少风险。在传统的投资组合保险策略中，风险资产的投资额度 = M ×（总资产—要保额度），投资乘数一般大于1，因而能够起到放大风险资产额度的作用。而在新策略中，由于股指期货本身杠杠性的存在，风险资产的投资额度 =（总资产—要保额度）×M×杠杆率。实际投资金额 = 风险资产投资额度/杠杆率 =（总资产—要保额度）×M。为了降低投资杠杆，新策略中投资乘数一般拟定为小于1。假设资本金1 000万，杠杆率为10，投资乘数为0.3，要保额度为900万。根据上述，风险资产的投资额度应该为300万，实际投资额度为30万，则实际杠杆率则为3（10×0.3），大大减少了风险。当然，投资乘数是一个外生参数，可以依据投资者个人的风险偏好设定。

第3节　基于股指期货的投资组合保险策略

基于以上思想，本文在传统的固定比例投资组合保险策略（CPPI）的基础上，构建了基于股指期货的投资组合保险策略。其数学模型可以描述为：

$$E = f(M,L,N,A,F) = Z \times \min(M \times L \times (A - F), L \times A) \tag{1}$$

$$Z = \begin{cases} +1, & \dfrac{\sum_{i=1}^{N} X_i}{N} < X_0 \\ -1, & \dfrac{\sum_{i=1}^{N} X_i}{N} \geq X_0 \end{cases} \tag{2}$$

其中，E 表示风险资产投资额度，即每期应持有的股指期货的价值；A 代表总资金额度；F 代表要保额度；M 代表投资乘数，此策略中一般小于1；L 代表股指期货的杠杠率，沪深300股指期货的最低保证金为12%，因此 L 一般取值为8；Z 代表风险头寸的方向，$Z=1$ 表示持有股指期货多头，$Z=-1$ 表示持有股指期货空头；X_i 代表前第i个交易日结算指数，因此，X_1 表示前一交易日结算指数；X_0 表示当前交易日的结算指数；N 代表比较窗口的长度，采用过去 N 个交易数据进行计算比较；当过去 N 个交易日的平均结算指数小于当前交易日结算指数时，判定市场趋势看涨，则 $Z=1$，应持有风险资产多头；当过去 N 个交易日的平均结算指数大等于当前交易日结算指数时，判定市场趋势看跌，则 $Z=-1$，应持有风险资产空头。

值得注意的是，在资金不能自由借贷的情况下，风险资产投资额度最多为总资产乘以杠杆率，因此 E 应该为 $M \times L \times (A-F)$ 与 $L \times A$ 两者间的较小值。

根据以上模型，投资者的投资策略如下：

（1）投资者根据自身的风险偏好以及投资经验，选定投资乘数 M，比较窗口

长度 N，要保额度 F 等参数。

（2）根据式4.1.2计算过去 N 个交易日的平均结算指数，并与当前结算指数相比较。判定市场趋势，确定头寸方向。

（3）根据式4.1.1，带入已知参数，计算得出应持有的股指期货头寸价值 E。同时确定实际的风险投资额 $\frac{E}{L}$，并将剩余的资金额 $\left(A-\frac{E}{L}\right)$ 投资于无风险资产，获取无风险报酬。若 $E=A\times L$，则投资于无风险资产的头寸为0。

（4）下一交易日，重新计算过去 N 个交易日的平均结算指数，并与新的当前结算指数比较。根据不同的比较结果，采取不同的调整策略。① 若当前比较所获的 Z 值与上一交易日一致，判定当前市场趋势与之前维持不变，则不改变原有风险头寸方向。此时又分为两种情况：第一，当资产总值大于风险资产头寸应有的保证金时，不改变风险资产与无风险资产的投资配比，继续持有原有头寸；第二，当资产总值小于风险资产价值应交的保证金时（即发生了爆仓），则根据现有资金量情况以及交易所对保证金规定，将多余仓位强行平仓，风险资产头寸最多等于总资产价值乘以杠杆率。② 若当前比较所获得的 Z 值与上一交易日不同，判定市场趋势已经发生反转，则将原有股指期货头寸平仓。同时，计算当前资产总额 A，再次根据式4.1.1，重新构建股指期货头寸价值 E，并将剩余的资金额投资于无风险资产。

（5）在随后的每一个交易日，不断重复步骤4，直至投资期结束。

值得说明的是，在该策略中，股指期货作为风险资产，其头寸的调整或者说风险的控制并非是每日的或者是定期的，而是在市场趋势出现反转迹象时才进行原有头寸的平仓并新建仓位。这与传统组合保险策略具有很大的不同。之所以如此设计是基于以下两个基本原因：

首先，从风险控制的角度来看，以股指期货作为风险资产的头寸无需定期调整。具体来讲有以下四点：第一，股指期货本身有每日清算制度，当风险过大，保证金难以为继时，交易所会强制平仓。因此股指期货本身就有风险控制机制。第二，传统的组合保险策略定期调整是因为其风险管理完全是被动的，其风险头寸的调整完全是在之前投资结果出来以后的进行的：当总资产价值上升，加大风险资产投资；当资产价值下降，则减少风险资产的投资。因此，传统投资组合保险策略需要时时定期调整头寸，以保证风险一定。与之不同，新策略中的风险管理与投资决策是同步的，并且是主动的，对未来市场趋势的预判具有一定的准确性，在此基础上做出的投资决策相对而言是比较科学的，这本身也减少了一定的风险。第三，一般的风险资产需要时时警惕市场下跌带来的资产价值缩水，而在本策略中市场下跌却能够通过股指期货的做空获取收益，因此以股指期货作为风险资产不用担心由于不定期调整头寸而存在市场突然下跌的风险。第四，该策略如此设计的结果是风险资产的空头与多头交替持有。在判定市场上涨时持有多头，直到判定市场反转，才多头平仓，持有空头，又直至下一个市场反转判定的到来。因此，从理论上，在该策略几乎不存在由于市场突然反转而带来的巨大损失。这也是该策略所特有的风险保障。

其次，从投资收益的角度来看，这也是获取收益的需要。该策略赚取的是市场上升下跌过程中所带来的价差。而价差的形成本就是一个过程。如果在这一过程中由于小幅的波动而过多的进行头寸调整，结果很有可能是减少了原来应有的收益，并增加了投资费用，得不偿失。因此，投资过程中适当的保持风险头寸不变，直至市场反转迹象的出现是理性的。

第4节　实证研究

本部分将通过 Matlab 软件编程，对之前设计的基于沪深300股指期货投资组合保险策略进行实证分析，以考察策略在不同的投资乘数 M，不同的比较窗口长度 N，不同的要保额度 F 等参数影响下的绩效表现，进而归纳总结出适合于我国股指期货市场的最优策略参数。

4.1　实证假设

（1）股指期货的买卖头寸可以无限细分，也没有头寸限额规定。即投资者能够买卖任意头寸的股指期货合约，没有头寸限制。

（2）除了总资产不足以满足保证金要求而发生强制平仓以外，股指期货合约不存在到期强制交割问题。即投资者在投资期间内能够无限期持有股指期货合约，直至主动平仓。

（3）股指期货交割指数为每日结算指数，不考虑交易日一天内指数的波动。

（4）存在融资融券限制，即投资者只能够用自有资金投资，不能向外部随意借贷。

（5）无风险资产逐日计息，且不存在交易限制。

（6）考虑交易成本。

4.2　实证数据

本文实证数据选自2010年4月16日以来至2011年10月10日近370个交易日的沪深300结算指数。

由图11－1可见，所选数据区间内，在前50个交易日内，指数趋势下跌。而在第50至140个交易日内，指数呈上升趋势。而在150至250个交易日内，指数程上下震荡趋势。随后，指数一路下行，呈下跌趋势。因此从长期看，所选数据中，既有上涨区间，又有下跌区间，还有震荡区间，因而在实证中能够比较综合反映出策略在复杂多变市场环境下的投资绩效。而且，所选的数据也都是自股指期货开通来最近的历史交易数据，实证结果能够真实的反映出策略的投资绩效。

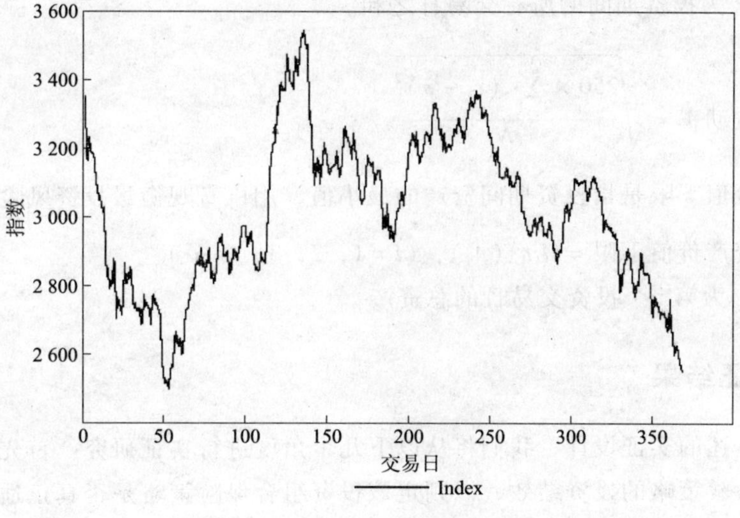

图11－1　沪深300指数走势图

4.3　实证设计

（1）期初资产为1 000万。

（2）投资交易风险资产为沪深 300 股指期货。股指期货的最低保证金为 12%，则投资杠杠率约为 8.33，实证中取杠杠率 $L=8$ 作为投资杠杆率。中国金融期货交易所收取的交易费用为万分之 0.5，则假设沪深 300 股指期货交易成本为万分之 1.5。

（3）无风险资产不做具体规定，可以为银行定期存款，也可以为国债。不考虑无风险资产的交易费用。根据近期银行存款利率以及国债利率情况，假设无风险资产年收益率为 3.5%。

（4）投资乘数 M，比较窗口长度 N，要保额度 F 等外生参数不做具体限定。实证中将通过控制单一变量，比较分析不同参数下投资绩效的优劣，以确定上述参数的最优值。

（5）根据策略的设计，头寸的调整于判定市场趋势发生反转时进行。

（6）投资策略的绩效考察指标包括投资年收益率、波动率以及资产价值下限。

$$年收益率=\frac{期末组合价值-期初组合价值}{期初组合价值}\times\frac{250}{N}$$

此处 N 为投资期间的所有交易日之和。

$$波动率=\sqrt{\frac{250\times\sum_{i=1}^{N}(r_i-\bar{r})^2}{N}}$$

资产价值下限是指投资期间资产的最小值，用以直观衡量投资风险。

资产价值下限 $=Min(A_i)$，$(i=1, 2, 3, \cdots\cdots)$

A_i 为第 i 个投资交易日的总资产。

4.4 实证结果

根据上述的实证设计，我们将从以下几个角度进行实证研究。首先，我们将从整体上考察策略的投资绩效，以判定该投资组合保险策略是否真正适用于我国市场。其次，若策略在整体上有效，则进一步考察绩效的影响因素，研究不同投资参数对最终绩效的影响，以求得到最优的投资参数，提高投资绩效。

4.4.1 总体实证研究

假定投资乘数 M 为 0.2（实际投资陈数为 $0.2\times8=1.6$），比较窗口长度 N

为30，要保额度为900万，则由Matlab计算可得，投资期间内（实证数据共369天，由于需要进行30天指数均化，故实际投资期间共339天，以下类似）年收益率6.80%，波动率为4.32%。

由图11－2可见，在整个投资期间，总资产规模在震荡中逐渐上升，是带有正漂移率的随机漫步。从期初的1 000万到期末的1 090万，总收益率达9%。从整体上看，我们认为，基于沪深300股指期货投资保险策略是有效的。

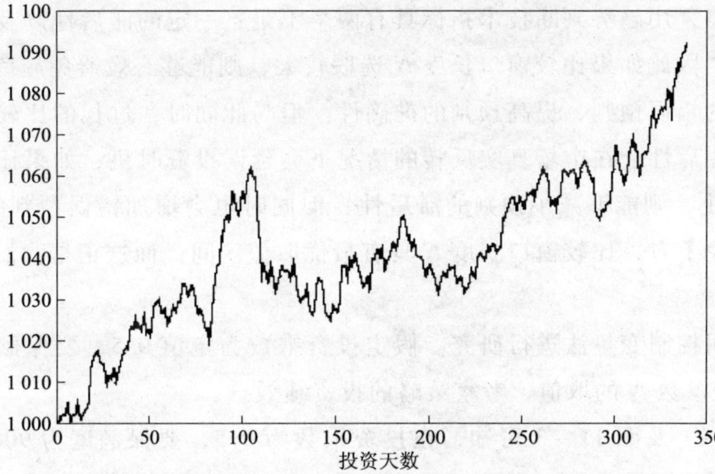

图11－2　投资策略总体绩效研究

首先，从收益率方面看，年收益率6.8%，总收益率9%并不算高。但这是因为此次实证模拟的参数设定相对保守。其中，投资乘数仅为0.2（实际投资乘数为1.6），要保额度较高，为900万，因而总体上在险价值较低，仅为（1.6×(1 000－900)）160万。低风险意味着低收益，因此相对而言收益不高。其次，从整体上看，总资产规模从未跌破期初资产1 000万，远比要保额度900万高。从保本的角度看，新策略比传统保险策略更进了一步。最后，沪深300指数在投资期间有涨有跌，起伏不定，而资产规模同样也是有涨有跌，但涨势高于跌势，因而资产规模总体上是逐步增长的。这意味着从长远看，投资策略是盈利的。

因此，由实证结果表明，基于沪深300股指期货的投资组合保险策略能够起到较好的风险控制效果，在保本的基础上，能够获取远远高于无风险收益率的收益，因此该策略是有效的，是对传统投资组合保险策略的巨大改进。

4.4.2 比较窗口长度 N 对投资绩效的影响研究

基于沪深300股指期货的投资组合保险策略需要对未来市场走势进行预判，而预判是通过比较当前结算指数与比较窗口内的日结算平均指数确定的。因此，比较窗口的长度 N 的选取对于市场趋势的正确预判很重要，进而在很大程度上影响了策略的投资绩效。

由于策略采用趋势判断技术指标具有两个不足：一定的滞后性以及在震荡市场中的无效，因此如果比较窗口长度 N 选取较大，则能够有效避免震荡市场中短期波动带来的错误预判，提高预判的准确性。但与此同时，过长的比较窗口也将增加预判的滞后性，在市场真实反转的情况下会延误投资时机；如果比较窗口长度 N 选取较小，则能够减小预判的滞后性，但同时也会增加错误预判的可能性。因此，从理论上看，比较窗口长度 N 具有最优取值区间，而这正是我们在实证中需要探究的。

我们采用控制变量法进行研究。假定投资乘数为定值0.5，要保额度为定值900万，改变参数 N 的取值，考察策略的投资绩效。

由表11－1及图11－3可知，在投资乘数为0.5，要保额度为900情况下，总体趋势上看，随着比较窗口长度 N 值的增大，投资策略年收益率首先呈上升趋势，在 N 值等于40左右投资收益率达到最大，而后又逐渐下降。其中，当 $31 \leq N \leq 45$ 时，收益率处于较高区间。因此可以大致判断，该区间为 N 值的最优取值区间。在该区间内取 N 值，能够使策略发挥最大功效。另一方面，策略投资收益波动率比较稳定，一般在8%至12%区间内，其值不大随着 N 值的不同而发生较大波动。

表11－1　　比较窗口长度 N 与投资绩效

N	11	15	20	25	30	35	40	45	50	55	60
收益率	1.94%	0.37%	13.34%	10.03%	10.88%	16.00%	18.11%	16.47%	9.99%	3.71%	1.53%
波动率	9.08%	6.46%	10.28%	10.67%	11.14%	11.33%	12.14%	11.68%	8.43%	7.10%	6.54%
最小值	964.42	945.2	977.33	1 000	999.72	987.47	994.45	1 000	967.75	969.54	958.88

此外，比较窗口长度 N 的选取对投资组合在投资期间内的资产价值下限影响

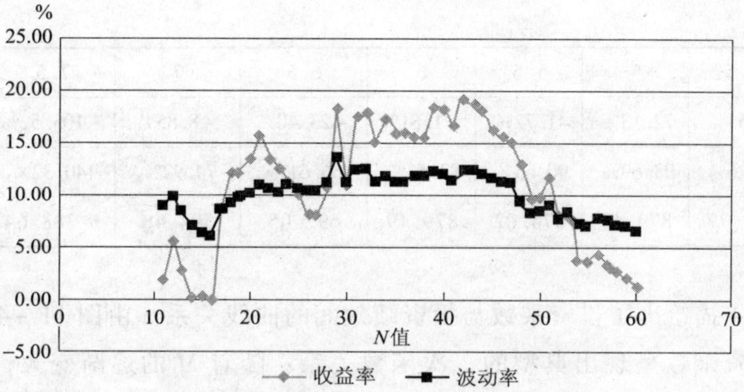

图 11－3　比较窗口长度 N 与投资绩效

不大。N 值为 16 时，投资组合资产价值最低为 944 万，而 N 值为 25 时，投资组合资产价值最低为 1 000 万，两者相差不过 56 万，波动幅度不大。

4.4.3　投资乘数 M 对投资绩效的影响研究

在杠杆率以及要保额度一定的情况下，投资乘数 M 决定了投资组合中在险资产，即股指期货的价值大小。M 越大，投资组合中所持有的股指期货价值越大；M 越小，投资组合中股指期货的价值也越小。从理论上看，随着 M 的增大，在险价值由小变大，投资收益率会逐渐上升。而当在险价值超出一定范围，在每日清算制度下，投资组合承受的风险过大，资产价值有可能不能满足保证金要求而发生强制平仓的风险，从而导致投资收益又逐渐减小。因此，在理论上，投资乘数 M 也存在一个最优的取值区间，这是本节实证的研究目的。

同样的采用单一控制变量法。假设比较窗口长度为 N 为定值 40，要保额度为定值 900 万，我们通过改变投资乘数 M 的大小来考察策略的投资绩效（见表 11－2）。值得一提的是，在 8 倍杠杆条件下，原有的资产 1 000 万在理论上最多可以持有 8 000 万的股指期货风险头寸。因此，$0 < M < 10$。

表 11－2　　投资乘数与投资绩效

M 值	0.5	1	1.5	2	2.5	3	3.5	4
收益率	18.11%	38.25%	59.97%	77.68%	98.94%	122.72%	113.23%	103.43%
波动率	12.14%	27.54%	44.52%	61.27%	76.22%	85.87%	89.60%	91.71%
最小值	994.45	988.50	982.54	976.58	969.46	945.98	922.17	903.10

续表

M 值	4.5	5	5.5	6	6.5	7	7.5	8
收益率	88.53%	72.13%	41.72%	-1.81%	-23.40%	-8.85%	-105.52%	-131.05%
波动率	92.26%	93.69%	90.65%	83.51%	66.61%	74.92%	140.32%	247.00%
最小值	889.77	879.48	875.02	879.19	692.05	594.48	-388.64	-724.68

图 11-4 描绘出了投资乘数与投资绩效间的曲线关系。由图 11-4 可见，投资绩效与投资乘数呈现出典型的二次函数关系：随着 *M* 的逐渐变大，投资收益率先上升后下降。当 *M* 取值在 3 附近时，投资年收益率达到最大，高达 122.72%。随着 *M* 值的进一步加大，高杠杠率带来的高风险性逐步显现，投资收益率由增到减，开始逐步下降。在投资乘数 *M* 为 6 附近时，投资甚至出现亏损。与此同时，随着 *M* 值的逐渐增大，投资收益的波动率也呈现出先增后减的趋势。当 *M* 值为 5 时，投资波动率曲线达到驻点。随后，波动率也逐渐下降，但下降趋势比收益率缓慢。其中，当 *M* 值为 4.4 附近时投资波动率开始超过了收益率。

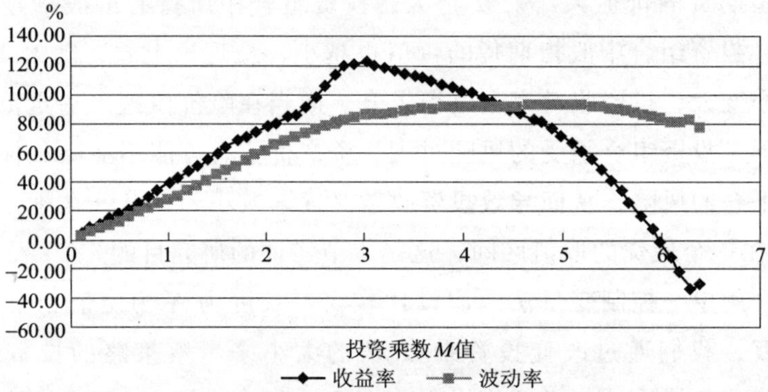

图 11-4　投资乘数与投资绩效

随着投资乘数的增大，投资组合的风险也逐渐加大。这不单体现在波动率的上升，也体现在投资组合在投资期间内的由于波动而引起资产价值的下限。随着投资乘数的增大，波动率的增加，资产价值在投资期间的下限也不断下降。如图 11-5 所示，当投资乘数 *M* 值超过 6 时，投资组合资产价值下限急剧下降，甚至跌破了要保额度 900 万，其风险可见一斑。

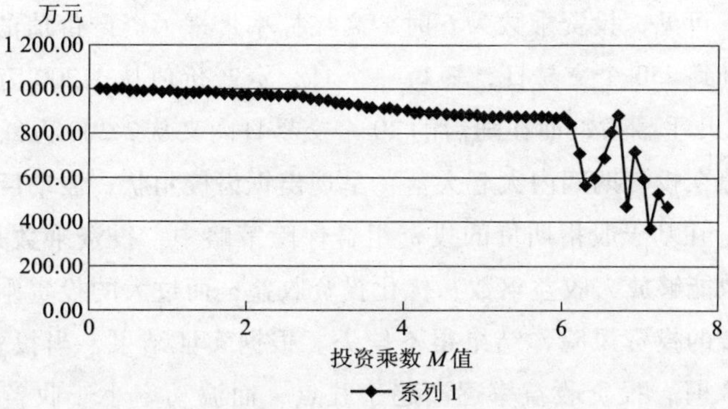

图 11－5　资产价值下限

需要注意的是，当投资乘数过大时，投资可能出现亏损。如 M 值为 6 时，即股指期货持有头寸高达 4 800［6×8×(1 000－900)］万时，投资收益率在投资整体期间内为－1.81%。造成投资亏损的原因可能是由于过大的杠杠率引起的放大效应。在高杠杆率条件下，正确的投资决策有可能带来巨大的资产增值，但细微的投资决策失误也会被成倍的放大，在段时间内造成巨大损失，这也是高杠杆率造成的大波动率的原因。图 11－6 是 M 值为 6 时投资组合资产总额在投资期间的价值曲线：

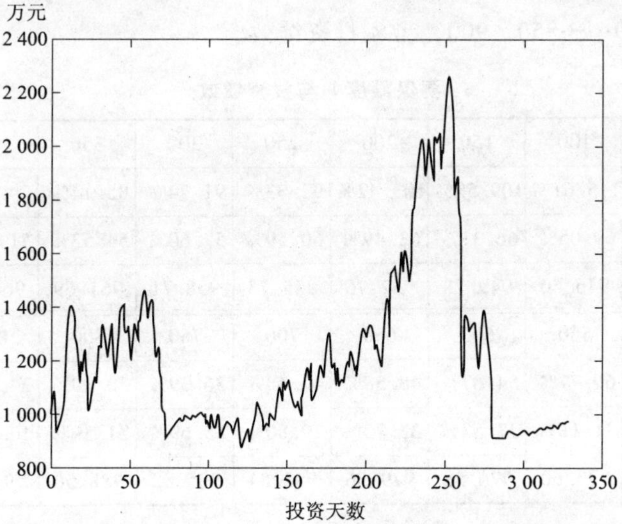

图 11－6　M 值为 6 时的投资组合价值曲线

由图 11－6 可见，投资乘数为 6 时，高杠杠率带来了资产价值的巨幅波动：从第 220 个交易日到 250 个交易日，短短一个月，资产价值从 1 200 万附近攀升到最高点 2 200 万，几乎翻番；而在随后的 30 个交易日内又从 2 200 万跌落回 1 200 万。而整个资产价值在投资期间内大起大落，呈现出锯齿棱角状，波动巨大。

综上分析，在基于股指期货的投资组合保险策略中，投资乘数是一把双刃剑。适当的投资乘数能够放大收益倍数，优化投资收益；而过大的投资乘数则可能使投资组合承受过多的投资风险，结果得不偿失。根据实证结果，当投资乘数 M 值大于 2.5 而小于 3 时，投资收益率逐渐趋于驻点，而波动率小于收益率，因而该区间可认为是适合于基于我国沪深 300 股指期货投资组合保险策略的投资乘数的最优取值空间。

4.4.4　要保额度 F 对投资绩效的影响研究

与投资乘数 M 一样，要保额度 F 同样决定了投资组合中风险资产的价值头寸。F 值越大，则投资组合中缓冲额度（$A-F$）越小，即投资基数越小，因而投资组合中持有的风险资产价值头寸也就越小。相反的，F 值越小，投资组合中缓冲额度（$A-F$）越大，即投资基数越大，因而投资组合中持有的风险资产价值头寸也就越大（见表 11－3）。

采用控制变量法，假设比较窗口长度 N 为 40，投资乘数 M 为 0.5，分别取 F 为 50、100、150……850、900，考察投资绩效。

表 11－3　　要保额度 F 与投资绩效

F 值	50	100	150	200	250	300	350	400	450
收益率	121.70%	115.61%	109.52%	103.42%	97.33%	91.24%	85.14%	79.05%	72.95%
波动率	71.72%	69.05%	66.31%	63.49%	60.59%	57.60%	54.53%	51.36%	48.08%
最低值	943.82	946.80	949.78	952.75	955.73	958.71	961.69	964.67	967.65
F 值	500	550	600	650	700	750	800	850	900
收益率	66.86%	60.77%	54.67%	48.58%	42.48%	36.39%	30.30%	24.20%	18.11%
波动率	44.69%	41.18%	37.53%	33.75%	29.80%	25.69%	21.39%	16.88%	12.14%
最低值	970.63	973.60	976.58	979.56	982.54	985.52	988.50	991.47	994.45

由图 11－7 可见，策略的投资绩效与要保额度呈现出明显的反比线性关系。

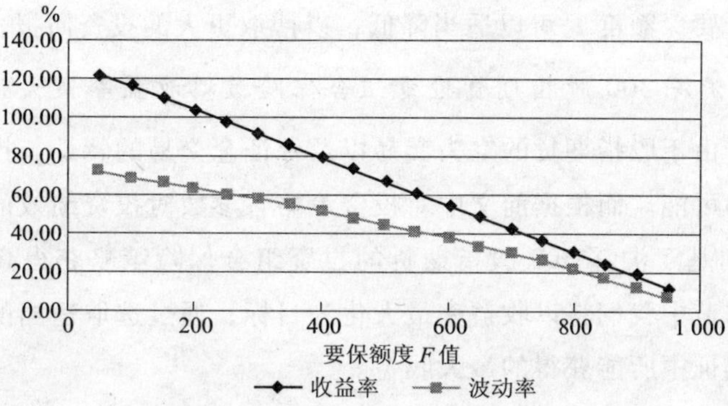

图 11－7　要保额度 F 与投资绩效

要保额度越低，投资年收益率越高。当要保额度 F 为 50 万时，投资年收益率高达 120%。与此同时，投资波动率也随着要保额度 F 的增大而变小，而且波动率始终小于收益率。

另一方面，要保额度 F 的变化并不会引起资产下限额的巨大变动。如图 11－8 所示，F 值为 50 万时，资产价值下限最低值为 943 万；F 值为 950 万时，资产价值下限最高值为 997.43 万。最低值与最高值相差不过 50 万，可见要保额度变化对投资组合的风险影响有限。

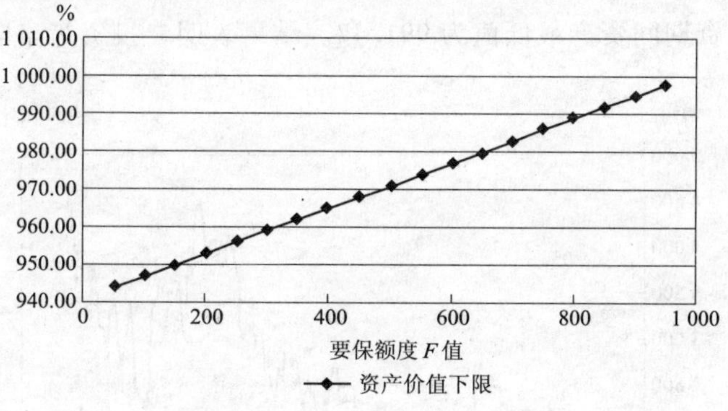

图 11－8　资产价值下限与 F 值

要保额度 F 与投资乘数 M 两个参数的大小都能够影响到投资最终的收益率。但相对于投资乘数 M，要保额度 F 的变化一方面不会导致波动率巨幅上升以至于超过收益率，另一方面也不会过多的影响资产价值下限。因此就增加投资策略的收益率而言，要保额度 F 是比投资乘数 M 更优的控制参数。根据实证结果，在实际操作中，要保额度 F 可以适当降低，以博取更大的投资回报。

4.4.5　基于沪深 300 股指期货投资组合保险策略收益率最大化研究

理论上，由于股指期货的空头交易以及保证金交易的特性，投资策略具有获取高额收益的可能。而根据前文中对投资策略各参数对投资绩效的影响研究，我们也能够看到基于沪深 300 股指期货的投资组合保险策略获得高收益的巨大潜质。因此，本节中我们将以收益率最大化为目标，通过选取适当的投资参数，探究该策略在实证中所能获得的最大收益。

由前面对比较窗口长度 N 的研究，N 值的最优取值区间为 31 至 45。实际上，根据实证结果，当其他参数不变，N 值为 42 时，投资收益率最大。因此，N 值为 42 是最佳的市场趋势预判参数。

投资乘数 M 与要保额度 F 都对风险资产投资额度起到了决定作用。传统的投资组合保险策略中，正是通过这两个参数的保守设定来减少风险资产头寸，进而降低投资组合风险。在此，为了获取最大收益，我们却应该尽量放大风险资产投资头寸，即满仓投资。事实上，在杠杆率为 8 的情况下，风险投资头寸最大为 $8 \times A$，A 为总资产。因此，设定投资乘数 M 为 1，要保额度 F 为 0。

实证结果如图 11－9 所示：投资年收益率高达 290.8%，投资波动率 124.43%，投资期间资产最低值为 991.47。结果表明，投资策略取得了相当理想的回报。

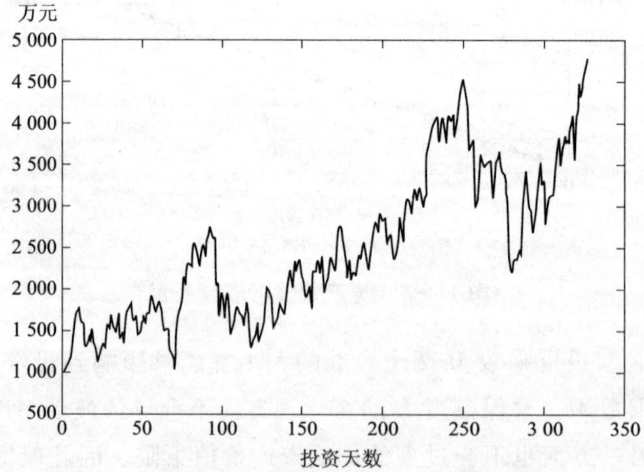

图 11－9　基于股指期货投资组合保险策略收益率最大化

值得一提的是，尽管在实证中已经考虑了交易成本以及保证金额度等市场要求，但上述实证结果仍然是在实证假设条件下，在一个相对完美无摩擦的市场中得以实现的。因此，上述实证结果过于理想化，在实际市场中难以实现。并且，上述实证结果只表明投资策略具有获取高额收益的可能性，并不代表在所有市场环境下都能获取高收益。另外，满仓情况下可能导致无法满足追加保证金的要求而被强制平仓，因此，在实际市场中并不推荐如此高风险操作。

第5节　投资策略总结及研究展望

5.1　投资策略总结

基于股指期货的投资组合保险策略其实是在传统投资组合保险策略的基础上引入了股指期货作为风险投资资产，是传统的投资策略在新兴的金融衍生工具上的应用和创新。因此，新策略中结合了两者的优势：利用卖空性以及杠杆性等特点，投资股指期货能够获得比传统金融资产更高的收益率；而利用传统投资组合保险策略思想，通过风险资产的动态调整，又提供了能够控制投资风险的合理方法。不止于此，利用股指期货既能做多又能做空，新策略更是能够根据不同市场环境做出不同投资决策：预判市场看涨时自动做多股指期货；预判市场看跌时做空股指期货；而且风险头寸也能够根据市场变化自动调整。因此，本文提出的基于股指期货的投资组合保险策略实际上是一种程序化交易策略，一种可以基于计算机程序能够自动判定和下单的交易策略。由于是程序化交易策略，投资者不需要时时盯市，只需要在期初根据自身的风险偏好和投资预期设定相应的投资参数，这是新策略的最大特点。

由实证结果可知，在合理的参数取值区间内，相对于其承担的风险和波动率，基于该策略的投资收益率相对可观，这是对传统的投资组合保险策略一大改进。但不可否认的是，在追求高收益的情况下，新策略依然会体现其高风险的一面。投资者依然需要在投资收益和投资风险中根据自身的风险偏好进行取舍权衡。建议投资者在实际投资中，可以根据实际市场环境，在市场趋势明朗的情况下，在合理区间内，可以选择加大投资乘数 ，较少要保额度 ；而在市场趋势不明确，上下波动较大时，选择较小的投资乘数 以及较大的要保额度。

5.2 研究展望

本文在传统投资组合保险策略基础上，提出了基于沪深300股指期货的投资组合保险策略。并且通过市场数据的实际检验，验证了该策略在市场中的有效性。不过，由于作者研究水平和研究时间的限制，本文仍然有许多值得改进和深入探讨之处，主要包括以下几点：

(1) 基于股指期货的投资组合保险策略成功的关键点在于对未来市场的预判。但本书所提出的技术指标具有很大不足，尤其是该指标在市场震荡期失效，可能导致错误的投资决策。而且，本文的判定方法具有一定滞后性，这在很大程度上延误了最佳投资时机。因此，如何改善预判指标的不足，避免预判错误，进一步提高市场趋势预判准确性，是值得深入研究的。

(2) 在风险头寸调整方面，新策略中是在预判市场出现反转时才进行，具有一定的被动性和局限性。在未来的研究中，可以进一步细致化。比如，在总资产价值上升时，在头寸方向不变情况下，可以进一步放大头寸，以求获取更大收益；而在总资产价值下跌时，可以在头寸方向不变的情况下，适当减少头寸，以求减少损失；又或者设定预期目标，根据是否达到目标而进行头寸的微调，从而进一步改进投资绩效。

(3) 本文的实证部分采用的是我国沪深300股指期货开始交易以来的最新的交易数据。但由于股指期货上市交易时日有限，因此实证数据不足400个，无法在更长的时期内证明投资策略的有效性。今后可以在实证数据更加丰富后再次进行实证研究，以观测投资策略在长期的业绩表现，或者采用蒙特卡洛模拟进行进一步的实证研究。

参考文献

[1] Markowitz. Portfolio Selection [J]. Journal of Finance, 1952 -3 (7).

[2] Black and Scholes. The Pricing of Option and Corporate Liabilities [J]. Journal of Political Economy, 1973 -5 (81).

[3] Black F. and R. Jones. Simplifying Portfolio Insurance [J]. Journal of Portfolio Management, 1987 -3 (14).

[4] Estep T. and Kritzman Mark. TIPP: Insurance without Complexity [J]. Journal of Portfolio Management 1988 -2.

[5] Leland, H., Rubinstein, M., The Evolution of Potfolio Insurance [A]. D. L. Luskin, ed. Portfolio Insurance: A Guide to Dynamic Hedging [C], Wiley, 1976.

[6] 盛三化，陈湘鹏. 应用动态资产组合保险策略的一个重要问题——股指期货品种的选择 [J]. 广西轻工业，2007，(11).

[7] 杨秋水. 股指期货价格行为及投资组合策略实证研究 [D]. 浙江：浙江工商大学，2008.

[8] 石磊. 股指期货在动态投资组合保险策略中的应用 [J]. 科学技术与工程，2008，(24)：6562 -6564.

[9] 周春梅. 基于股指期货的投资组合保险策略研究 [D]. 西安：西北大学，2011.

[10] 姜兆娣. 股指期货组合保险策略的实证研究 [J]. 现代商业，2010，(23)：22 -23.

第 12 章

我国金融期货新品种——国债期货

当今时期是金融创新的黄金时期，金融创新通过降低交易成本、完善市场来帮助价格更好的反应市场供求关系，提高资产配置效率。金融期货是 20 世纪 70 年代出现在国际金融舞台上的衍生产品，并在出现后迅速成为最具代表性的金融创新工具。金融期货包括外汇期货、股指期货和利率期货。国债期货就是利率期货的一种，它以国债为标的，可以用来作为应对利率波动的避险和套保工具，并对利率的价格发现过程和金融市场的完善有重要作用。

由于国债期货重要的作用，世界各国在近三十年来纷纷引入国债期货交易，并且各国金融期货交易所出现交叉交易（以一国国债为标的的国债期货在另一国期货市场交易，例如在新加坡交易的日本国债期货）、全球化交易的趋势（例如 GLOBEX 系统）。同样，我国国债期货的推出势在必行。我国在 20 世纪 90 年代曾进行过国债期货交易试点，但由于当时的市场环境还不适应、监管体系还不完善，这次试点以夭折告终。近二十年来，我国的金融环境发生了深刻变化，金融创新的基础已经具备；同时，随着国内外经济变化，我国利率市场从 2007 年至今波动剧烈，详情见表 12－1 和图 12－1。

表 12-1　一年期存贷款基准利率调整①

数据调整时间	一年期存款基准利率			一年期贷款基准利率		
	调整前	调整后	调整幅度	调整前	调整后	调整幅度
2011 年 7 月	3.50%	3.75%	0.25%	6.56%	6.81%	0.25%
2011 年 6 月	3.25%	3.50%	0.25%	6.31%	6.56%	0.25%
2011 年 4 月	3.00%	3.25%	0.25%	6.06%	6.31%	0.25%
2011 年 2 月	2.75%	3.00%	0.25%	5.81%	6.06%	0.25%
2010 年 12 月	2.50%	2.75%	0.25%	5.56%	5.81%	0.25%
2010 年 10 月	2.25%	2.50%	0.25%	5.31%	5.56%	0.25%
2008 年 12 月	2.52%	2.25%	-0.27%	5.58%	5.31%	-0.27%
2008 年 11 月	3.60%	2.52%	-1.08%	6.66%	5.58%	-1.08%
2008 年 10 月	3.87%	3.60%	-0.27%	6.93%	6.66%	-0.27%
2008 年 10 月	4.14%	3.87%	-0.27%	7.20%	6.93%	-0.27%
2008 年 9 月	4.14%	4.14%	0.00%	7.47%	7.20%	-0.27%
2007 年 12 月	3.87%	4.14%	0.27%	7.29%	7.47%	0.18%
2007 年 9 月	3.60%	3.87%	0.27%	7.02%	7.29%	0.27%
2007 年 8 月	3.33%	3.60%	0.27%	6.84%	7.02%	0.18%
2007 年 7 月	3.06%	3.33%	0.27%	6.57%	6.84%	0.27%
2007 年 5 月	2.79%	3.06%	0.27%	6.39%	6.57%	0.18%
2007 年 3 月	2.52%	2.79%	0.27%	6.12%	6.39%	0.27%

如此高频率的利率调整给我国金融市场带来巨大影响，我国商业银行等金融机构在贷款业务和国债投资方面不得不承受较大的利率风险，随着风险不断积累，金融体系的系统性风险会越来越大。为了引导市场健康发展，有效规避风险，加强金融机构对利率风险的管理，我国建设利率期货市场的必要性越来越大。

① 数据来源：中国人民银行。

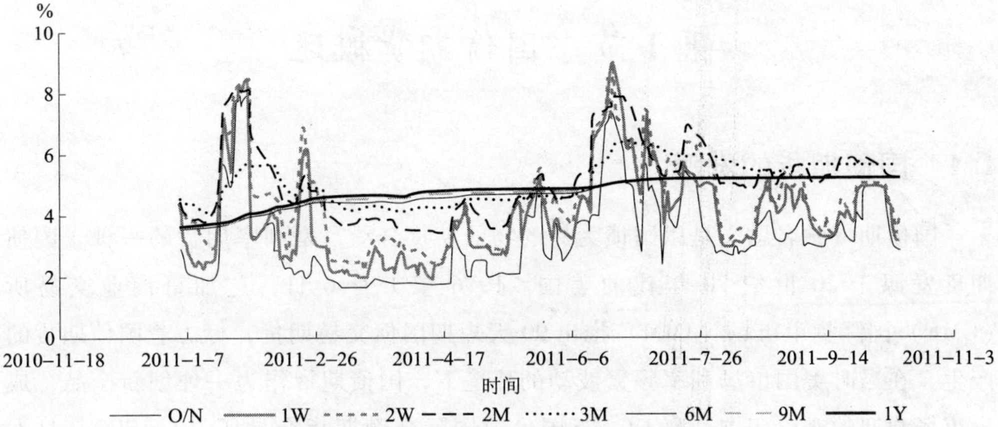

图 12－1　上海银行间同业拆借利率图①

因此在现在讨论推出国债期货交易正是恰当的时机。建立一个稳定的、有活力的国债期货市场对我国金融体制改革和金融市场的进一步建立和完善都有着十分重要的意义。

关于利率期货的研究，国外研究主要从两个角度对利率期货进行研究。它们分别是：产品特征途径和合约设计途径②，其中前者主要分析期货合约交易的基础产品，通过这些产品研究期货合约的内在特性，例如便于储藏性、价格波动性等；后者主要研究期货合约细则方面的创新，例如保证金制度、涨跌停板等。国内由于曾经于1992年进行过利率期货试点交易，并于1995年因恶性市场操纵行为而终止试点，所以国内学者主要把研究重点放在开展利率期货市场的可行性和必要性，其中鲍建平和杨建明（2004）③ 的研究具有代表性。

---

① 数据来源：上海同业拆借利率 http：//www. shibor. org.

② Black，D. G.（1986）Success and Failure of Futures Contracts：Theory and Empirical Evidence. Monograph 1986－1（New York：Salomon Brothers Center for the Study of Financial Institutions）.

③ 鲍建平，杨建明．利率期货交易对债券现货市场价格发现的影响分析．金融研究，2004（2）.

第1节 国债期货概述

1.1 国债期货的发源

国债期货顾名思义是以国债为标的物的期货合约，是利率期货的一种。国债期货发源于20世纪70年代的美国。1976年1月6日，芝加哥商业交易所（CME）国际货币市场（IMM）推出90天短期国债交易期货，标志着国债期货的产生。在当时美国市场利率频繁波动的环境下，国债期货作为一种创新产品，成为市场欢迎的避险工具。随后，英国伦敦国际金融期货交易所（LIFFE）、日本东京证券交易所（TSE）、法国国际金融期货交易所（MATIF）、德国期货交易所（DBT）等分别推出不同币种、不同期限的国债期货，国债期货的交易快速发展起来。

推动国债期货的发展的根本原因是80年代以来利率自由化的趋势。随着各国政府纷纷放松对利率的管制，金融产品的价格完全由市场决定，金融市场上的交易者面临着越来越大的利率风险，这使得国债期货作为一种利率风险保值工具得到广泛的应用。同时金融业竞争的加剧和金融市场全球化的发展进一步促进了这种产品的快速发展。

1.2 国债期货的功能

作为以利率为核心标的物的金融衍生工具，国债期货主要有以下几种功能：

1. 套利

即利用国债现货市场和期货市场价格差异，在两个市场反向交易同时平仓以获取利润的功能。这种套利行为主观上将给交易者带来用零成本或极小的成本获得收益的机会，避免单边持仓带来的风险，客观上使得现货和期货市场的国债价格趋同，从而为套期保值提供基础。

2. 套期保值

即交易者利用国债现货市场和期货市场的同向交易来固定成本或规避价格风险的功能。基于现货和期货市场的国债价格趋同这一假设，交易者在购入和卖出国债的同时可以购入和卖出相同期限和币种的国债期货，使得在到期日两者盈亏相抵。这一做法通常为目标是降低风险的投资者所使用，比如国债承销商可以通过卖出国债期货合约来避免利率上升、国债期货价格下降的风险，从而锁定最低卖出价格，保持现金流和收益成本的稳定性；一些需要控制总体风险的投资者如社保基金、养老金等可以通过买入国债期货合约来避免即将购入的国债上涨带来的亏损风险；金融机构可以通过卖出国债期货合约管理利率敏感性缺口。

3. 投机

即交易者通过预测价格的变动方向，接受价格变化风险，并希望通过交易来获得价格变化带来的收益。投机者单纯投资于期货市场，不涉及现货市场的操作，在价格向着预期方向发展时（对买入期货合约来说是期货价格上涨，对卖出期货合约来说是期货价格下降）获得高额的收益，这是因为此时不存在现货市场方向损益的抵补。但同时如果价格发展与预期方向相反，则投资者将蒙受巨额的损失。投机者是国债期货市场上的重要力量，投机者的参与为套保者提供足够的交易对手方，使得市场能够顺利运行，同时有助于形成合理的市场价格。但过度的投机将影响健康的市场交易秩序，妨碍市场的正常运行。

1.3　国债期货的交易和交易过程中存在的风险

国债期货交易在交易所内进行，因此根据交易所的不同，国债期货的交易规则也不尽相同，但总体的交易流程如下：

（1）在交易所开立会员账户，交纳保证金并获得交易资格；

（2）客户向经纪人下达交易指令，经纪人将有效指令提交给交易指令中心并转给场内经纪人；

（3）场内经纪人进行计算机竞价和交易；

（4）结算并向交易所和客户报告交易结果和价格。

作为一种衍生金融工具，国债期货虽然是作为一种避险工具产生的，但其交易本身也会带来新的风险。根据《新巴塞尔协议》的分类标准，国债期货的风险主要有信用风险、市场风险和操作风险等。

信用风险，即期货合约的交易对手方无力履行合约的风险。由于国债期货是场内交易，交易的对手方是交易所，因此单个会员违约的风险被分散化了，这使得国债期货的信用风险要小于一些场外交易的衍生工具。但由于交易金额一般较大，风险敞口大，所以监测和控制信用风险还是十分有必要的。

市场风险，即期货合约价值发生对交易者不利的变化的风险。国债期货合约作为一种杠杆交易的衍生产品，其价值受到市场价格波动的影响很大，一旦市场向对交易者不利的行情发展，交易者将承受理论上无限的损失。严重的市场风险还将导致对手方难以或不愿履约的信用风险、经纪商无法清算的结算风险，进而威胁整个期货市场的安全运行。完全消除市场风险是不可能的，因为只有价格的波动才能吸引套期保值者和投机者进入市场进行交易，没有市场风险的市场也就没有存在的必要了。防控市场风险的恶化是对国债期货的监管者的巨大挑战，我国 1995 年的国债期货“3.27”事件就是这方面的反面例证。

操作风险，即由于从业人员、操作系统、监管体系等的不完善造成的业务错误或停止的风险。由于国债期货涉及的技术细节多、操作难度大，因此操作风险必须放在一个重要的位置上进行监管。

第 2 节　世界主要市场国债期货交易情况

2.1　成熟市场的国债交易特征

国债期货以国债为标的物，因此国债市场的发展和运行状况对于国债期货市场有重要的影响。国债市场分为发行市场（一级市场）、流通市场（二级市场）和回购市场。世界主要成熟金融市场都建设了相对完善的国债市场作为政府调控经济和平衡财政收支的重要工具。下面分别就成熟市场中这三种国债交易市场的特征进行总结，这对评价和指导我国的国债市场具有重要意义。

2.1.1　发行市场

发行市场是国债发行者与承购者之间的市场，是国债市场的基础部分。美国国债市场是世界上规模最大、发展最成熟、国债品种最丰富、流动性最高的国债市场，其发行市场由几十家有着良好实力和从业信誉的证券交易商组成，债券的发行采取招标拍卖的方式，由美联储作为财政部的代表向有资格的投标人进行招标，并根据收益率由低到高来确定中标人。其中甲级证券交易商中标额占国债拍卖额的大部分，单个投标人中标额不得超过当次发行总额的35%，从而防止市场操纵。债券种类系列化、合理化，包括贴现国债和附息国债；正常国债发行时间固定，认购效果好。

从期限品种上看，美国的国债品种包括国库券、中期国债、长期国债及通胀指数债券 TIPS，截至 2011 年 12 月 31 日的市场结构见表 12－2。

表 12－2　　美国国债市场结构（截至 2011 年 12 月 31 日）

国债品种	类型	期　限	未偿付金额（亿美元）	市场占比
国库券	贴现债券	13 周（3 个月）、26 周（6 个月）、52 周（1 年）、各种到期期限的现金管理	15 205	15.31%
中期国债	息票债券	2 年、3 年、4 年、5 年、10 年	66 051	66.53%
长期国债	息票债券	30 年	10 641	10.72%
通胀指数债券	息票债券	10 年、30 年	7 388	7.44%

资料来源：U. S. Department of the Treasury

充足的国债现货发行量为期货市场提供了活跃的交易品种，2000 年以来美国债现货发行稳步上升。2008 年受金融危机影响，美国实行量化宽松政策，国债发行量大幅度增加。之后持续的发行使得国债现货市场保持着较高的市场规模（见图 12－2）。

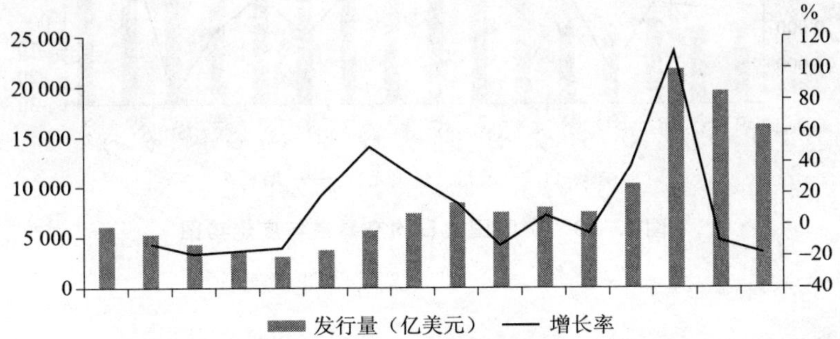

图 12－2　美国国债发行量走势图

资料来源：U. S. Department of the treasury

其他成熟的国债市场包括英国、日本、德国等（见表12－3）。这些市场的共同特点是债券种类多，结构完整，流动性好。在发行方式上，除美国采用的拍卖方式之外，还有日本和英国等采用的招标方式，德国采用的承购包销等。

表12－3　世界各国国债市场（截至2011年12月31日）

国　家	国债总量	占GDP比重
美国	9.93万亿美元	100%
日本	1 024万亿日元	196%
德国	1.8万亿欧元	80%
法国	1.65万亿欧元	85%
英国	1.10万亿英镑	73%

资料来源：各国财政部网站

2.1.2　流通市场

流通市场又称交易市场，是国债在交易者之间流通的市场。流通市场的良好运行能够确保足够的资金来源，从而成为国债发行的重要保证。美国被公认拥有全球最具流动性的交易市场，以场外交易为主，多为大额批发交易，也有小投资者通过经纪商参与。从交易额来看，2005年以来（2009年除外）平均每天的成交额都在5 000亿美元以上，流动非常活跃（见图12－3）。

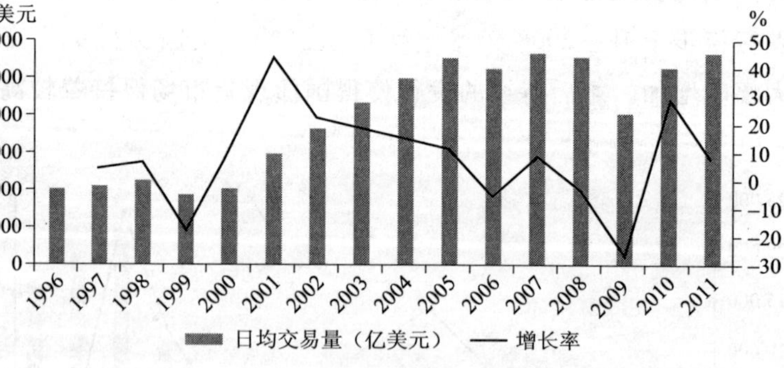

图12－3　美国国债日均交易量年度走势图

资料来源：U.S. Department of the Treasury

2.1.3　回购市场

国债回购是以国债为抵押物的短期融资行为，完善的回购市场有助于发挥自有资本的杠杆作用，增强市场的稳定性和流动性，有利于一级市场的发展，并通过反映市场上资金的供求对利率市场化有所助益。美国、日本等国的国债回购市场基本成熟，是国债市场的有机组成部分，并成为政府实施货币政策的重要场所。与这些国家均采用一级自营商制度进行公开市场操作，不同的是德国在回购市场采取的是与信用机构进行交易，同样取得了很好的效果。

2.2　世界各国国债期货交易发展

由于国债期货在规避利率风险、价格发现、促进现货市场发展等方面的作用，这一衍生工具迅速成为了各国金融发展的重点。经过多年发展，截至2010年底，全球26个国家和地区的28个期货交易所推出了国债或政府公债期货产品。世界主要国债期货交易市场交易数据见表12－4和表12－5。

可以看出，世界国债期货市场显示出强劲的生命力和快速的发展势头。除了美国和欧洲等成熟的金融市场，一些亚洲和拉丁美洲国家或地区也推出了国债期货，以推动本国金融市场的完善，这其中不乏一些发展中国家。由此可见，发展国债期货是大势所趋，是世界各国公认的重要金融发展举措。

表12－4　世界主要国债期货交易市场交易数据（短期国债期货）

地区	交易所	交易量（万手）		名义合约价值（亿美元）		未平仓合约量（万手）	
		2010	2009	2010	2009	2010	2009
美国	芝加哥商业交易所集团（CME Group）	51 136	43 809	5 121 020	4 390 018	718	641
欧洲	欧洲期货交易所（Eurex）	26.80	40.32	3 498	5 234	5.29	5.74
欧洲	纽约－泛欧交易所（NYSE Liffe）	36 872	30 188	4 215 661	3 351 353	467	582
巴西	圣保罗证券期货交易所（BM&FBOVESPA）	31 522	17 019	161 937	78 812	1 458	840
墨西哥	墨西哥衍生品交易所（MexDer）	3 001	4 242	2 363	3 102	2 390	3 130

续表

地区	交易所	交易量（万手）		名义合约价值（亿美元）		未平仓合约量（万手）	
		2010	2009	2010	2009	2010	2009
加拿大	蒙特利尔（Montréal Exchange）	1 369	766	132 326	67 524	29	30
澳大利亚	澳大利亚证券交易所（Australian Securities Exchange）	2 388	1 788	303 846	172 414	89	98
中国香港	香港交易所（Hong Kong Exchanges）	0. 106 9	0. 277 7	7	20	0. 026 7	0. 010 3
世界总额	—	128 124	99 287	9 941 087	8 068 933	5 302	5 450

资料来源：http：//www. world-exchanges. org/

表 12－5　世界主要国债期货交易市场交易数据（中长期国债期货）

地区	交易所	交易量（万手）		名义合约价值（亿美元）		未平仓合约量（万手）	
		2010	2009	2010	2009	2010	2009
美国	芝加哥商业交易所集团（CME Group）	59 849	41 153	1 289 577	967 053	444	406
欧洲	欧洲期货交易所（Eurex）	50 935	41 371	806 919	632 407	534	571
欧洲	纽约－泛欧交易所（NYSE Liffe ）	2 983	2 485	46 282	37 059	27	25
巴西	圣保罗证券期货交易所（BM&FBOVESPA）	1. 56	2. 97	17. 83	31. 49	0. 262 4	0. 042 7

续表

地区	交易所	交易量（万手）		名义合约价值（亿美元）		未平仓合约量（万手）	
		2010	2009	2010	2009	2010	2009
墨西哥	墨西哥衍生品交易所（MexDer）	478	318	483	306	28.3	12.5
加拿大	蒙特利尔（Montréal Exchange）	640	532	6 188	4 686	15.6	13.1
澳大利亚	澳大利亚证券交易所（Australian Securities Exchange）	4 712	3 387	43 224	26 616	72.6	68.3
韩国	韩国交易所（Korea Exchanges）	2 707	2 005	25 989	17 400	33.6	14.0
世界总额	—	125 126	93 955	2 348 382	1 785 725	1 293	1 255

资料来源：http：//www.world-exchanges.org/

2.3　美国国债期货交易市场

如前文所述，美国是国债期货的发源地，同时又有着结构完善、交易量大、流动性好的国债现货市场作为支撑，因此美国的国债期货市场已成为全球最活跃、最成熟的国债期货交易市场。自1976年1月6日芝加哥商业交易所（CME）的国际货币市场（IMM）首次推出90天短期国库券期货合约以来，其他交易所纷纷效仿推出针对不同国债现货类型的期货产品，并逐步形成了由芝加哥商品交易所（CBOT）、芝加哥商业交易所（CME）、纽约商品交易所（COMEX）、纽约期货交易所（NYFE）等组成的金融期货交易市场，形成了芝加哥商业交易所以短期国库券期货为主、芝加哥商品交易所以中长期国债期货为主的分工格局。

美国国债期货市场目前主要交易品种有10年期国债期货、2年期国债期货、5年期国债期货，新近又发行（OTR）10年期国债期货、新近发行（OTR）5年期国债期货、超长期国债期货和长期国债期货等。2011 年日均交易量最大的是 10 年期国债期货合约，日均交易量达 91. 34 万份，同比增长 7. 97% ，日持仓量达 116. 84 万份，年度成交金额达 28. 7 万亿美元；交易活跃排第二的是 5 年期国债期货合约，日均交易量达 42. 15 万份，日均持仓量为 81. 07 万份，年交易额达 12. 82 万亿美元；交易最不活跃的是超长期国债期货合约，日均交易量为 4. 09 万份，但同比增长率最高。

2000 年以前，美国国债期货成交量、持仓量和成交金额增长缓慢。2000 年以来随着国债现货市场蓬勃发展，国债发行量、交易量持续上升，国债存量占 GDP 比例持续增加，期货市场迎来了良好的发展时机。与此同时，金融市场的进一步完善吸引了众多的投资者参与到国债期货投资中来。虽然 2008 年的金融危机对国债期货交易量有大的打击，然而近两年交易迅速回升。图 12 - 4 以交易量最大的美国 10 年期国债期货的日均成交量和持仓量为例展示了这一趋势，其他交易品种趋势与此相似，在此不一一列出。

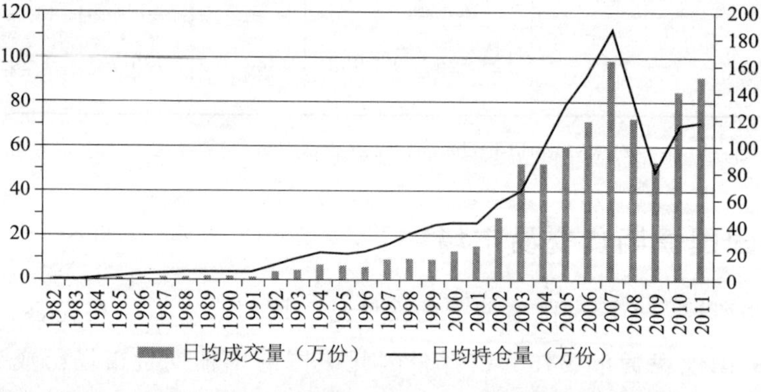

图 12 - 4　美国 10 年期国债期货的日均成交量和持仓量走势图

资料来源：www. cmegroup. com

从代表性交易品种来说，CME - IMM 是全球最成熟的短期利率期货市场，流动性极好，其交易的 90 天短期国库券期货是世界上交易量最大的短期国库券期货合约，同时也被其他国家作为短期利率期货市场的定价基准和其他品种利率衍生产品的标准套保工具。为了实现国债期货的全天交易，CME 于 1987 年与路透社合作创立 GLOBEX 网络电子交易系统，自此期货交易得以 24 小时运行，大大提高了流动性，成本也得到降低。

中长期国债期货作为资本市场中长期利率避险和套保工具，是最重要的国债期货品种。1977 年 8 月第一支长期国债期货在 CBOT 上市。2001 年之后，10 年期国债期货品种取代 30 年期国债期货成为 CBOT 成交量最大的品种，也是全球利率期货市场最活跃的交易品种之一。其交易单位是面值为 10 万美元的 10 年期美国国债（U. S. Treasury Note），可交割证券包括从交割月份的第一天算起，剩余期限在 6. 5 到 10 年的美国国债，发票价格等于期货结算价格与转换因子的乘积加上应计利息（Accrued Interest）。转换因子是按面值 1 美元、收益率 6% 计算的可交割证券的价格。CBOT 长期国债的标的证券为标准化的虚拟债券，实际交割中，可交割债券可以在符合条件的国债中选择，这种设计方法也成为全球国债期货合约设计的标准。

表 12 – 6 展示了美国国债期货市场主要品种的标准交易合约。

表 12 – 6　　　　美国国债期货市场主要品种交易合约对比

期货品种	90 天短期国库券期货	2 年期国债期货	5 年期国债期货	10 年期国债期货	长期国债期货
合约标的	到期面值为 10 万美元的 3 个月国库券	面值 20 万美元的 2 年期国债	面值 10 万美元的 5 年期国债	面值 10 万美元的 10 年期国债	面值 20 万美元的 20 年期国债
报价方式	100 – 年化期货收益率	指数点，以 1/32 为最小报价单位			
最小价格变动	1/100 百分点 即 25 美元	1/128 百分点 即 15. 625 美元	1/128 百分点 即 7. 812 5 美元	1/64 百分点 即 15. 625 美元	1/32 百分点 即 31. 25 美元
合约月份	3、6、9、12 月				
交易时间	美国中部时间 7：20a. m. – 2：00p. m. GLOBEX Sun. 17：00 – Fri. 16：00	公开竞价 7：20a. m. – 2. 00p. m. project A 2：30p. m. – 4. 30p. m. ，5：20p. m. – 8：05p. m. ，10：30p. m. – 6a. m.			

续表

交割方式	实物交割				
可交割债券	国库券	剩余期限不多于2年不少于1年9个月，且初始期限不多于5年3个月	剩余期限不多于5年3个月不少于4年2个月，且初始期限不多于5年3个月	剩余期限不多于10年不少于6年6个月	从交割月算起期限至少15年的可赎回或不可赎回债券
最后交易时间	交割月第三个星期三 12：01p. m.	交割月最后一个工作日 12：01p. m.	交割月最后一个工作日前第7个工作日 12：01p. m.		
最后交割时间	交割月第三个星期三	最后交易日后第三个工作日	交割月最后一个工作日		

资料来源：www. cmegroup. com

美国国债期货市场的监管是典型的“三级管理体制”，政府监管机构、行业协会组织和期货交易所自我监管三者结合。监管强调政府干预，同时兼有期货市场自制，保障国债期货交易能依法有序地高效运作。联邦期货交易委员会是管理期货市场的最高权力机构，有独立的决策权，负责管理、监督和指导期货交易所和行业组织的各项活动，拥有行政处罚和追究民事、刑事责任的权力。为了更有效地进行分项管理，控制风险，美国期货交易委员会还设立了不同职能的30多个部门。行业协会组织以行业自治和自我管理的方式行使职权，职能主要是传达政策法规至各交易所，并为国家监管机关提供各交易所的运行和市场交易情况。期货交易所有自我监管的义务，包括期货交易种类、数量、品种及价格水平，保证期货交易在透明、公开竞争条件下进行，对违章违法活动的交易会员进行行政处罚及刑事申诉，通过仲裁方式协调解决交易活动中出现的纠纷（见图12－5）。

立法方面，美国就国债期货交易制定了完善的法规条例，由国家期货交易管理法规和期货交易规则（条例）两部分组成，互为补充，以不同的方式作用于国债期货交易。

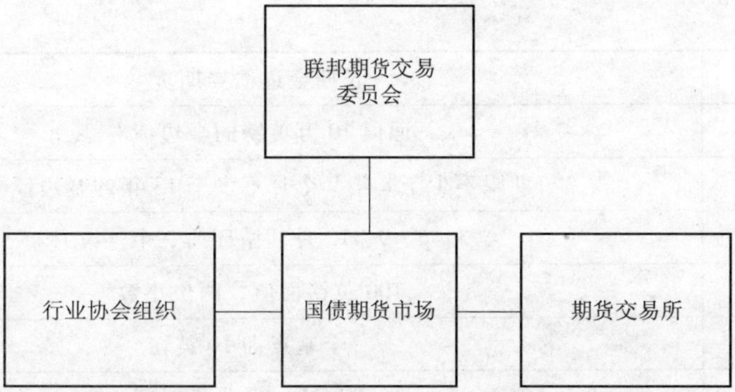

图 12－5　美国国债期货市场的监管

2.4　欧洲国债期货交易市场

2.4.1　英国的国债期货交易

英国国债期货于1982年在伦敦国际金融期货交易所（LIFFE）问世，在该交易所上市的品种不仅限于本国国债期货合约，还包括美、日、德和意大利等国的国债期货合约。在英国，结算公司独立于期货交易所，而美国、日本等国期货交易所都设有自己的结算部门。独立的结算所在履约担保、控制和承担结算风险方面独立于交易所之外，相对于由交易所独自承担风险而言，其风险比较分散。

英国政府早在17世纪开始发行政府公债，以国家税收作为支付本金和利息的保证。由于公债信誉度高，且当时英国政府债券带金黄色的边，被称为“金边债券（Gilt）”，后“金边债券”泛指所有中央政府发行的国债。1997年5月，设定基准利率的职责从英国财政部转移至英格兰银行（Bank of England）。1998年4月份开始，英国国债管理办公室（UK Debt Management Office）取代了英格兰银行，代表英国财政部发行金边债券。近年来，金边债券发行量均保持高位。2010至2011财年，英国发行金边债券1 664亿英镑，预计2011至2012财年的发行量将达到1 789亿英镑（见表12－7）。

表 12－7　　LIFFE长期金边债券（Long－Gilt）期货标准合约

合约名称	长期金边债券期货
合约标的	剩余期限10年的名义金边债券，票面利率6%

续表

合约名称	长期金边债券期货
交易单位	面值10万英镑的金边债券
可交割债券	期限不少于8年9个月不多于13年的金边债券
合约月份	3、6、9、12月，循环前三个连续月
报价方式	100英镑面值，两位小数
最小价格变动	一个基点即10英镑
交易时间	8:00－18:00伦敦时间
最后交易日	交割月最后一个工作日前第二个工作日
最后交割日	交割月最后一个工作日

资料来源：www. liffe. com

除LIFFE之外，短、中、长期英国金边债券期货合约（Gilt futures contract）也是泛欧交易所的旗舰产品，日均成交量超过130 000手，其中短期金边债券期货合约2011年成交量同比增加19%，2011年5月25日当天的成交量达到创纪录的14 130手。

英国国债期货市场采取和美国一样的“三级管理”体系，即政府监管、行业自我监管、交易所自我监管相结合的监管体系。但与美国强调政府干预和严格立法不同的是，英国监管以“自我监管”为主，除了必要的国家立法外，英国期货市场的管理完全靠期货交易所及行业协会等组织机构以及政府立法领导下制定的交易法规、条例。

2.4.2　德国的国债期货交易

由德意志交易所集团与瑞士证券交易所合并而成的欧洲交易所（Eurex）交易的德国国债期货是世界上交易最为活跃、成交量最大的债券期货合约之一。德国国债期货已成为欧洲资本市场收益率曲线的基准，被用来作为欧洲债券及一些国际债券的套保工具。欧洲交易所的德国国债期货分为三种：Euro-Schatz（FGBS）、Euro-Bobl（FGBM）和Euro-Bund（FGBL），对应标的债券的期限由短到长。以Euro-bund为例，合约标的是德国联邦政府发行的剩余期限在8.5～10.5年、票面利率为6%的名义政府债券，卖者负有交割义务，并有交割选择权，一般地，对应可交割债券包含几种不同利率、不同到期日的德国长期（10年至30年）政府债券，交易所会公布每种债券对应的转换因子（见表12－8）。

表12－8　德国国债期货合约细则

合约名称	Euro-Schatz 期货	Euro-Bobl 期货	Euro-Bund 期货
合约标的	剩余期限1.75年至2.25的名义债券，票面利率6%	剩余期限4.5年至5.5的名义债券，票面利率6%	剩余期限8.5年至10.5的名义债券，票面利率6%
交易单位	面值10万欧元的债券		
可交割债券	剩余期限1.75年至2.25的名义债券	剩余期限4.5年至5.5的名义债券	剩余期限8.5年至10.5的名义债券
合约月份	3、6、9、12月，循环前三个连续月		
报价方式	100英镑面值，两位小数		
最小价格变动	一个基点即10欧元		
交易时间	8:00－19:00 CET时间		
最后交易日	交割月最后一个工作日前第二个工作日		
最后交割日	交割月第10个自然日，若非工作日则为这之后的第一个工作日		

资料来源：www.euroexchange.com

除德国国债期货外，欧交所还交易瑞士国债期货CONF，标的物是瑞士联邦发行的、剩余期限在8～13年、票面利率为6%的名义政府债券，可交割债券是几种不同利率、不同到期日的瑞士政府债券，交易所同样公布转换因子。

德国拥有欧洲最大的电脑交易联网系统，与世界各地交易所进行联网交易。德国清算系统的功能和业务特点在于将交易与清算融为一体，自动化程度高、便捷、快速，成本低且适应性强。

德国十分重视对国债期货市场的监管，加强法制建设，先后通过《交易所法》和《二级金融市场促进法》，成立联邦证券监督办公室作为唯一的国家证券期货监管机构，注意加强国际联合监管。

2.5 亚洲国债期货交易市场

2.5.1 日本国债期货交易

日本是亚太最大、全球第二的国债市场，二级市场十分活跃。日本的国债期货交易始于1985年，交易品种主要有长期、中期和超长期国债期货合约，其中短期利率期货在东京国际期货交易所（TIFFE）上市，中长期国债期货在东京股票交易所（TSE）上市，与现货同场交易、同系统清算。日本的国债期货同时在国外的交易所如LIFFE、CBOT、SIMEX、CME上市，但东京股票交易所的交易量最大（见表12-9）。

表12-9　　日本TSE国债期货合约细则

合约名称	5年JGB期货	10年JGB期货	20年JGB期货
合约标的	5年JGB，票面利率3%	10年JGB，票面利率6%	20年JGB，票面利率6%
交易单位	面值10亿日元的债券		
可交割债券	剩余期限4年至5.25年的债券	剩余期限7年至11的年债券	剩余期限15年至21年的债券
合约月份	3、6、9、12月，循环前三个连续月		
最小价格变动	一个基点即1万日元		
交易时间	9:00-11:00a.m. 12:30-3:00p.m. 3:30-6:00p.m.		
最后交易日	交割日前第7个工作日		
最后交割日	交割月第20个自然日，若非工作日则为这之后的第一个工作日		

资料来源：www.tse.or.jp

日本国债期货交易管理体系也是“三级监管”，即政府监管、行业自我管理和交易所自我管理。日本金融厅统一监管国债期货市场，并授权证券交易监视委员会对违规事件进行调查。行业组织多为各类民间组织和民间协会，协调各交易所之间的利益，维护交易员权益。交易所对国债期货交易的监管注重实时监控和事后监控，成立信息披露制度，如东京证券交易所为了实现买卖价格公正、有序及买卖渠道畅通，自1974年开始采用行市导报系统，及时向投资者传递当日成交数量、价格、未平仓合约数量等各方面信息。

在监控市场防止过度对冲投机方面，TSE首先规定了国债期货合约的每日价格波动限制，不同期货品种各有不同的限价幅度：5年和10年的国债期货限价±2点（2万日元）；20年国债期货限价±3点（3万日元）；出现持续订单执行困难时暂停交易，并将三种期货限价分别调至3点、4.5点、6点。其次所有的对付交易次日收付（T+1制度），用来防止短时间内过度投机而产生的剧烈价格波动。

2.5.2　新加坡国债期货交易

新加坡是亚洲首个进行金融期货交易的国家，新加坡交易所衍生交易部（SGX－DT）交易各种国际期货如JGB期货等（见表12－10），并加入GLOBEX，积极参与全球期货交易。由于本国国债市场较小，新加坡政府债券SGB的交易额远小于JGB。SGX－DT的JGB期货交易采用独特的多层次设计，分为标准合约和小型合约，且两者之间可以对冲，实际上降低了投资者门槛，提供了更多投资机会。

表12－10　SGX－DT国债期货合约细则

合约名称	10年JGB期货	Mini-sized JGB期货	5年SGB期货
合约标的	10年面值1亿日元JGB，票面利率6%	10年面值0.1亿日元JGB，票面利率6%	5年面值10万新加坡元，票面利率3%
可交割债券	剩余期限4年至5.25年的债券	剩余期限7年至11的年债券	剩余期限15年至21年的债券
合约月份	3、6、9、12月，循环5个连续月		3、6、9、12月，循环2个连续月
最小价格变动	0.01基点即100日元		0.01基点即100新元
每日限价	无		
交易时间	7：45a. m. －2：15p. m.		9：00a. m. －4：00p. m.
最后交易日	TSE最后交易日前第1个工作日		交割月最后一个工作日

资料来源：www. sgs. gov. sg

第3节 我国国债期货市场的发展与现状

3.1 我国国债期货的发展过程和327事件

我国的国债期货自1988年开始试点流通，1992年上海证交所首次在自营买卖中进行国债期货交易，1993年10月25日，国债期货交易市场正式向投资者开放。至1995年5月17日证监会宣布暂停国债交易，这一中国首支金融期货品种在诞生30个月后宣告夭折。在短短三年时间内，中国的国债期货市场进行了许多有益的尝试，但也发现了一些问题和缺陷。最后直接导致国债期货交易暂停的国债327风波，就是问题的一次集中爆发。关于这一事件的描述已有许多文献，本节只探讨其中的机制性问题，并为我国再次开启国债期货交易提供参考。

自推出起，我国国债期货市场就迅速发展起来，开放仅一年时间内就出现了数十家国债期货交易所，1994年国债期货总成交量达2.8万亿元，日均交易量2 985个合约，而截止当年我国全部国债累计发行量仅有2 510亿元。

尽管从交易情况来看国债期货的发展表面上可谓顺风顺水，但其中却潜藏着隐忧。1994年，为了应对高通胀压力，中国人民银行开始对存款和已发行国债进行保值贴补，保值贴补率由财政部每月公布，由于其人为的不确定性而给国债期货带来大量投机机会。同时由于股市的低迷和钢材、白糖等大宗商品市场暂停交易，资金纷纷流入国债期货市场。3.27国债期货以1992年发行的三年期国库券为标的，1995年年初，市场多空双方对3.27国库券价格看法不一，并在148元附近大规模建仓。2月23日证实3.27国库券将享受贴息的消息公布之后，行情跳空走高至151.98元，而以万国证券为主的空方在最后8分钟违规抛出大量卖单将价格拉至147.2元，为避免事态进一步恶化，上海证交所宣布最后8分钟交易无效。万国证券等违规当事人和上海证交所相关管理人员受到处罚。5月17日，证监会宣布暂停国债期货交易试点。自此国债期货交易夭折。

从国债期货夭折的事件中我们可以发现当时的国债期货交易至少存在以下问题：

国债现货市场不成熟。从上文可以看到，成熟市场的国债期货无不是建立在完善的国债现货市场基础上的，而我国国债发行中断了22年之久，1981年才恢复发行，且1995年之前发行困难，多采用行政分配的手段。流通市场更是自1988年起才开始正式启动。1995年全年可流通国债现货仅有770亿元，还不及上交所当年1月12日单日国债期货成交额1 267亿元的三分之二。由于现货市场无论从规模还是流通性上都很难与期货市场匹配，导致期货市场套期保值难以进行，投机气氛浓厚。过小的现券市场使得人为操纵价格对大户来言并不困难，甚至还出现了在现货市场大手笔“对倒”影响现券价格以进行期货投机的行为。市场的交易气氛极不正常。

利率市场化未实现。国债期货是以利率为核心的衍生工具，这意味着在利率尚未市场化的前提下根本无法实现国债期货市场的正常发展。20世纪90年代初我国的国债利率仍是由政府制定并长期不变，同时为了应对通货膨胀又出现了保值贴补，国债价格明显受到人为因素影响，国债期货交易成了针对保值贴补率的赌博游戏，势必投机气氛浓厚，无法健康发展。

监管严重滞后。这也是最值得深思的一点。1995年初，国债期货交易已经开展的如火如荼，然而匪夷所思的是此时国家相关法律、法规竟尚未出台，全国上下没有有效的监管机制，没有明确的主管职能部门，制度建设远远落后于市场发展。讽刺的是，1995年2月23日即3.27国债风波的当天，证监会和财政部才联合发布的《国债期货交易管理暂行办法》，且直至国债交易暂停也未出台明确的国债现货和期货的发行、流通、交易法规。除了无法可依之外，交易所自身也未建立有效的风险控制机制，由于全国一次上马几十家交易所，为了争夺市场交易所之间纷纷进行恶性竞争，其中就包括纵容大户操纵市场、对过大的持仓量和过度投机交易不予管理，进一步促使国债期货市场走向乱象并最终崩溃。

3.2 我国国债期货推出的必要性与紧迫性

“327”国债期货事件发生至今已经过去了十七个年头，我国目前的经济和金融形势已经发生了翻天覆地的变化。

首先，随着利率市场化进程的不断推进，绝大部分债券投资者，特别是机构投资者不得不接受巨大的利率风险。为了主动管理利率风险，避免靠天吃饭的尴尬困境，有必要开展利率期货交易，用来分散并转移利率风险，维护我国金融市场的稳定。

其次，加入 WTO 以后，外资金融机构不断涌入我国金融市场，各机构间的竞争正变得日益激烈起来，为了掌握资金定价的主动权，中国更应该加强自身利率期货合约产品的发展。在这样一个大背景下，开展利率期货合约交易具有重要的显示意义，在转移利率风险的同时，还能促进利率进一步市场化，对完善我国金融体系等各项金融改革措施的顺利进行，也有重要的推动作用。

1. 确保金融体系稳定运行，控制利率风险

降低金融市场集聚的利率风险是开展利率期货合约交易的最直接目的，这样就能有效地控制市场参与者的损失。随着我国利率市场化进程不断推进，债券投资者都有规避利率风险的迫切需求，而监管机构则希望金融市场能够安全地运行。

以我国现有的工具和手段来看，各大金融机构现有的风险管理水平很难应对利率市场化以后带来的巨大风险。依据过往的国际经验，在实行利率市场化的过程中，许多国家都不得不面临阶段性的利率风险加剧，主要在两个方面有所体现：一是存贷款利率的骤然上升；二是利率波动幅度和频率的提高。在利率市场化进程中，阶段性的利率风险加剧，使得金融机构和工商企业不得不面对更为复杂的金融环境和经营环境，在调整自身适应变化的过程中难免会遭到较大的打击。

2. 形成基准利率，促进利率市场化

尽管市场发展速度迅猛，但受限于国债市场发育程度，我国国债市场利率仍然无法起到基准利率的作用，不能全面反应资金的供需状况。

尽管我国债券市场已经取得显著的发展，但仍在三个方面存在一定局限性：

首先，交易成本过高，无法准确反应资金的成本；其次，我国国债市场被人为分割为银行间市场和交易所市场，而且两个市场相互隔离，难以形成统一的基准利率；三是现货市场流动性不高，在短期内容易受到供求关系的影响，而导致价格发生较大扭曲。

受现货市场的上述三个局限性的影响，我国债券市场的收益率水平无法准确代表当前资金的真实价格，作为价格基准的国债收益率曲线存在一定的不合理

性。就当前我国国债市场的现实情况而言，仅仅依靠现货市场难以形成真正意义上的基准利率。

根据传统的金融理论，期货市场最重要的功能就是价格发现，这一功能能够有效地克服债券现货市场各种弊端。第一，期货交易通常采用保证金制度，所以具有交易杠杆高、成本低、操作迅速以及对市场变化反应迅速等特点；第二，期货市场和现货市场之间可以进行套利交易，让价格趋于统一，因此国债期货可以令资金快速、准确地分配，把对应期限的利率及时调整到目标水平之上，具有稳定利率的作用；第三，期货市场往往流动性和交易额都高于现货市场，在国债期货合约推出的同时也会促进我国各债券市场的发展，在套利者、对冲者和投机者的参与下，有效提升国债二级市场的流动性。这样，在债券期货市场和现货市场的相互配合下，国债收益率将成为真正的、能够反映资金供求标准的基准利率，从而形成一条真实、客观的收益率曲线。

为了促进我国金融行业的整体发展，利率市场化是必经之路，因此，如何拥有一条市场参与者普遍认可的基准收益率曲线是一个基本前提，而发展利率期货交易，不仅能够有效促进我国利率市场化的顺利进行，还能提升我国金融机构应对利率风险的能力，可谓一举多得。

3. 提高债券市场流动性，发展统一大市场

我国国债二级市场已经取得了长足发展，但与国际发达市场相比依旧有不足，其中最显著的问题就是市场流动性较差，参与积极性不高。

银行间债券市场参与者的同质性与垄断性是导致债券流动性差的一个重要原因。保险公司和商业银行垄断了绝大部分银行间债券市场的债券，这些投资者出于资产和负债管理的需要，常常将债券持有至到期，即使出现利率的剧烈波动，也由于缺乏有效的避险工具而采取被动持有策略。考虑到银行和保险公司具有类似的投资风格，难以产生市场分歧并促进交易。因此，我国国债二级市场交易很难具有代表性，没法形成一条合理的国债收益率曲线，这给我国金融市场发展带来的不利影响是显著的，导致许多金融产品无法准确定价。利率期货合约交易的展开将提高债券市场的运行效率，促进整个债券市场的流通。引入利率期货交易，债券市场就拥有了有效的杠杆和做空交易机制。这样，投资者一方面可以通过国债期货合约交易主动规避利率风险，不用在被动地采取持有策略，另一方面

通过新颖的杠杆和做空机制吸引新的参与者进入市场，有效扩大二级市场的流动性。

4. 提高宏观调控能力，方便货币财政政策的实施

依据传统的宏观经济学理论，公开市场操作是全球各国央行最经常使用的工具。国债利率期货合约的推出能够有效促进债券二级市场的交易，使利率迅速调整到预期水平，这样就能提升央行对宏观经济的调控能力。

依据传统的期货价格发现理论，利率期货市场的利率走势能够反映出市场主体对未来对应利率的走势预期，为中央银行货币政策的决策和操作提供了一个新的依据和参考，提升货币操作的准确性，同时通过金融市场深化增加货币政策调控的手段，提高政策实施效果。

目前，我国通货膨胀的趋势还没有得到根本扭转，部分行业和地区对资金的需求很大，内需增长的自主动力依然不足，在这样的情况下，国债发行依然保持在一定的规模以内，还有一定的空间，利率期货的展开可以保证国债高效率地发行。

国债期货合约给承销商提供了主动规避风险的工具。我国国债发行体制使得一级自营承销商往往积累巨大的头寸，在发行期间极其微小的利率变化都能带来价值的巨幅震动，如果国债承销商可以通过国债期货合约有效进行套期保值，就能控制或规避这部分风险，提升承销商承销国债的意愿。

3.3 发展我国国债期货的可行性

3.3.1 债券市场的迅猛发展

市场规模扩大、种类丰富

利率期货的发展必须以较为成熟的债券现货市场为支撑。从20世纪90年代以后，经历二十多年的发展，我国国债一级、二级市场的规模已经相当客观，截止2011年底，国债余额为7.4万亿元，其中，在银行间市场和交易所上市的可流通国债已达6.2万亿元（见图12－6，12－7）。

迅速扩大的现货市场使得利率期货交易难以被操纵，为市场自有流通提供了有效的保证。债券品种的不断创新则有助于形成合理的利率期限结构，有利于利率期货价格发现功能的发挥。

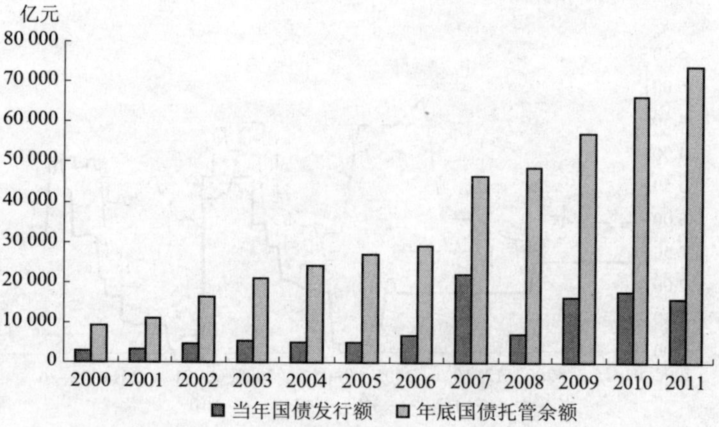

图 12－6　2000－2011 年国债发行及托管余额①

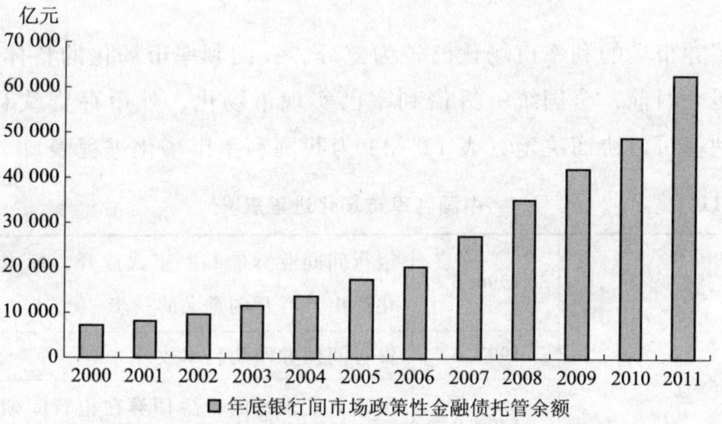

图 12－7　2000－2011 年银行间市场政策性金融债托管余额②

债券利率市场化程度已极为充分，债券收益率波动频繁

利率的剧烈波动和利率风险的不断积累是利率期货能够开展和不断前进的重要动力。尽管当前存贷款利率依然处在管制之中，但债券市场的利率市场化已经进行了很多。从 1988 年我国建立国债二级市场以后，我国国债从市场建立、招标利率等方面已经取得了长足发展（见图 12－8）。

① 数据来源：中国债券信息网 www. chinabond. com. cn.

② 数据来源：中国债券信息网 www. chinabond. com. cn.

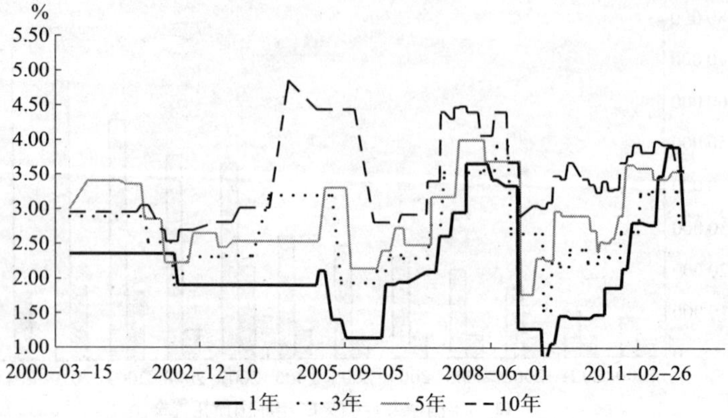

图 12-8 2000-2011 年国债（1 年、3 年、5 年、10 年期）发行招标利率图①

除了债券市场的利率市场化已较为充分，我国利率市场化的整体进程也取得了长足发展。目前，全国统一拆借利率已实现市场化，外币存贷款利率已放开，大额存单利率可以协商决定，表 12-11 为我国利率市场化进程表。

表 12-11 中国利率市场化进程表②

第一阶段：银行间市场利率、国债和政策性金融债发行利率的市场化	1996.6	银行间同业拆借利率正式放开，标志着利率市场化迈出具有开创意义的一步
	1997.6	银行间债券回购利率放开
	1998.9	国家开发银行的金融债券在银行间债券市场首次以公开招标的市场化方式发行
	1999.10	国债发行也开始采用市场招标形式发行
	1998.3	人民银行改革再贴现利率和贴现利率的生成机制，规定再贴现利率作为独立的利率档次由央行确定，贴现利率在再贴现利率的基础上加点生成，在不超过同期贷款利率（含浮动）的前提下由商业银行自行决定

① 数据来源：Wind 数据库。

② 数据来源：中国人民银行、中国国际金融有限公司。

续表

第二阶段：贷款利率、贴现利率定价及配套措施的市场化	1998	央行连续扩大了金融机构贷款利率的浮动幅度，扩大了商业银行自主定价权，提高贷款利率市场化的程度；目前，商业银行贷款利率浮动区间已不再设置上限，下浮幅度保持10%不变，城乡信用社贷款利率浮动区间扩大到［0.9，2.3］；至此，中国金融机构人民币贷款基本过渡到上限放开，实行下限管理的阶段
	1999.10	人民银行批准中资商业银行法人对中资保险公司法人试办五年期以上（不含五年期）、3 000万元以上的长期大额协议存款业务，利率水平由双方协商确定
第三阶段：存款利率的市场化	2002	存款人的试点范围扩大到社保基金、养老基金和邮政储汇局等机构
	2004.10	人民银行决定允许人民币存款利率下浮，即所有存款类金融机构对其吸收的人民币存款利率，可在不超过各档次存款基准利率的范围内浮动，但存款利率不能上浮
第四阶段：放开存款利率上限管制和贷款利率下限管制	有待推进	这是利率市场化整体改革最为关键的环节

机构投资者不断壮大，成为投资者主流

考虑到债券本身的特点，当前市场的主要参与者是银行和保险公司。目前，可流通国债的债券市场由交易所和银行间两个分割的市场构成：交易所市场以非银行类的金融机构和非金融机构为主，例如基金、证券公司等；而银行间债券市场主要由银行、保险公司等金融机构构成。随着债券市场的发展，债券机构投资者的队伍会不断壮大发展起来（见表12－12和图12－9）。

表 12－12　　银行间市场不断壮大的机构投资者队伍①

时　　间	加入机构
1997 年 6 月	十六家商业银行总行
1998 年 10 月	国内保险公司
1999 年 1 月	城乡信用社
1999 年 9 月	证券投资基金、部分证券公司
2000 年 6 月	财务公司
2001 年 7 月	外资银行
2001 年 9 月	金融租赁公司
2001 年 12 月	国外保险公司
2002 年 10 月	非金融机构
2005 年 4 月	境外机构投资者
2006 年 7 月	货币经纪公司
2008 年 12 月	信托公司
2010 年 8 月	境外央行

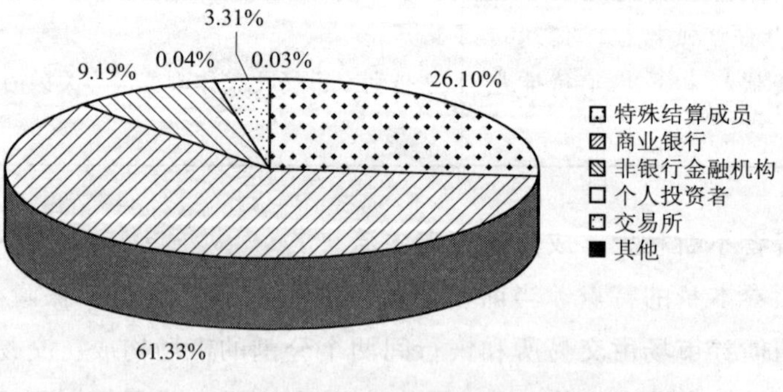

图 12－9　截至 2011 年底国债投资者持有结构图②

① 数据来源：中国人民银行。

② 数据来源：中国债券信息网 www. chinabond. com. cn。

3.3.2　宏观形势的改善为利率期货开展创造了良好的外部条件

宏观经济稳定运行

美国次贷危机爆发以来，中国政治平稳，经济运行稳定并依然保持了较高的发展速度，金融市场化程度也稳固提高。当前，我国经济保持稳定增长，虽未完全走出通货膨胀的阴影，但整体物价水平保持基本稳定。我国财政以及货币政策对宏观经济调控方式日趋间接化和市场化，市场操作也逐渐透明起来。这些都给利率期货市场提供了一个可以依赖的外部环境，使得利率期货市场不稳定的因素也因此大大降低了。

金融市场环境进一步改善

第一，法律建设不断完善。从金融发展的角度讲，法制建设的不断进步是金融秩序得以规范的先导。从 1995 年以来，金融市场的法制建设成绩明显，金融秩序也有所好转。一批对金融市场健康发展至关重要的法律和法规陆续出台，使金融市场的运行有了一个合理的法律框架；金融市场监管体制的逐步完善和监管机构监管水平的提高使金融市场中出现的混乱状况得以被及时纠正。1995 年以来，《全国人大关于惩治破坏金融秩序犯罪的决定》、《银行法》、《保险法》、《证券法》以及《信托法》相继出台，金融市场的最重要的方面都有了高效力级别的法律加以规范。

第二，我国利率市场由三个市场构成，它们分别是：央行票据市场、银行间债券市场和银行间同业拆借市场。这三个市场与二十年前相比已经扩张了许多。截至 2011 年 11 月，银行间同业拆借市场交易量为 30 万亿元，增长 18.9%，期限结构短期化的趋势非常明显。银行间债券市场债券回购的交易额度达到 86.1 万亿元，增长 11.8%；债券现货交易额为 57.3 万亿元，同比减少 0.4%。

资本市场发展主要体现在股票市场的快速发展和国民经济的资本化比率不断提高。2002 年底共有上市公司 1 215 家，股票市值总计 4.2 万亿元。截至 2011 年 12 月，在国内 A、B 股上市的公司总计 2 342 家，其股票市值总额已经达到了 21.5 万亿元。尽管发展迅猛，但从总体上来看，中国的资本市场构成非常不平衡。从传统金融发展角度来看，政府债券、企业债券和股票是资本市场上三种基本的金融工具，其比例分布应相对均衡，可是在中国，最先获得迅速发展的是股票市场，且这种态势持续了很久，以至于在中国股票市场几乎成了资本市场的代名词。

借鉴国外金融市场的经验，资本市场和货币市场的发展对未来的国债期货市场的影响是重要的。首先，市场只有在一定的深度和广度的情况下，才能提升抗风险能力；其次，资本市场和货币市场的发展对整个金融市场的发展起到了带头作用，带来金融机构风险意识的加强和风险控制机制的完善以及金融从业人员素质的提高；最后，资本市场和货币市场的快速发展能让金融市场中的相关机制充分发挥作用，提高资金运用效率，初步形成套利机制。

第 4 节　开展国债期货的交易制度设想

4.1　国债期货仿真交易试点

2012 年 2 月 13 日，作为继股指期货之后第二个被提上议事日程的金融期货品种，国债期货仿真交易正式启动。国债期货仿真交易的合约设计、风险控制规则以及交易运行全部模拟真实运行环境。2012 年 2 月 13 日当天中国金融期货交易所国债期货仿真交易开始联网测试，包括 5 家期货公司在内的 8 家金融机构参与首轮联网测试。首日共推出三个合约，分别为 TF03、TF06 和 TF09 仿真合约，交易当日较基准价全线上涨。

表 12－13 显示，截至 2012 年 3 月 8 日收盘，国债期货仿真合约累计成交超过 90 万手，成交金额累计约 9 000 亿元（见图 12－10）。2012 年 3 月 9 日，首个到期合约 TF1203 合约顺利下市，并通过“虚拟券”的方式完成交割。从 2012 年 2 月 13 日测试启动到 3 月 9 日 TF1203 合约下市，国债期货仿真交易累计运行 20 个交易日，除了初期几个交易日外，国债期货各合约大部分时间运行比较平稳。

表 12－13　　国债期货仿真交易成交量（截至 2012 年 3 月 8 日）

日　期	TF03 仿真合约成交量	TF06 仿真合约成交量	TF09 仿真合约成交量	总日成交量
2012 年 2 月 15 日	14 192	18 731	21 379	54 302
2012 年 2 月 16 日	18 761	6 191	5 761	30 713
2012 年 2 月 17 日	14 504	11 747	14 955	41 206

续表

日　　期	TF03 仿真合约成交量	TF06 仿真合约成交量	TF09 仿真合约成交量	总日成交量
2012 年 2 月 20 日	6 601	8 865	6 860	22 326
2012 年 2 月 21 日	20 165	12 855	21 791	54 811
2012 年 2 月 22 日	14 663	15 290	17 627	47 580
2012 年 2 月 23 日	15 197	14 139	12 524	41 860
2012 年 2 月 24 日	15 894	17 899	12 515	46 308
2012 年 2 月 27 日	17 214	15 929	13 213	46 356
2012 年 2 月 28 日	15 894	16 996	14 073	46 963
2012 年 2 月 29 日	18 401	15 577	12 158	46 136
2012 年 3 月 1 日	15 641	148 82	15 183	45 706
2012 年 3 月 2 日	9 937	16 278	17 665	43 880
2012 年 3 月 5 日	10 081	18 018	16 164	44 263
2012 年 3 月 6 日	6 455	16 352	15 220	38 027
2012 年 3 月 7 日	11 374	16 536	15 825	43 735
2012 年 3 月 8 日	8 317	12 901	11 522	32 740

资料来源：冠通期货

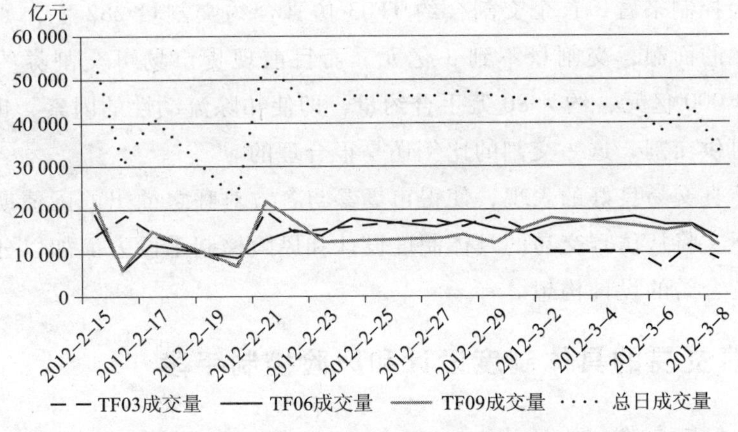

图 12-10　国债仿真期货交易合约成交量趋势图（截至 2012 年 3 月 8 日）

资料来源：冠通期货

从成交持仓比来看，随着仿真交易的运行，三个挂牌合约成交持仓比均从前几日的高位逐步回稳，体现出市场投资者较为理性的投资风格。其中 TF1206 合约成交持仓比最低，投资者更愿意持仓，表明 TF1206 的主力合约地位，而在仿真交易首月绝大多数时间里，TF1206 合约的成交量是最大的，符合市场预期。随着交割的临近，TF1203 合约上的资金有序移仓换月。2012 年 3 月 8 日 TF1203 合约日内减仓 2 178 手，而 TF1206 合约则增仓 1 490 手，持仓量的升降过程持续而平稳，并没有出现突增或突减的现象（见图 12－11）。

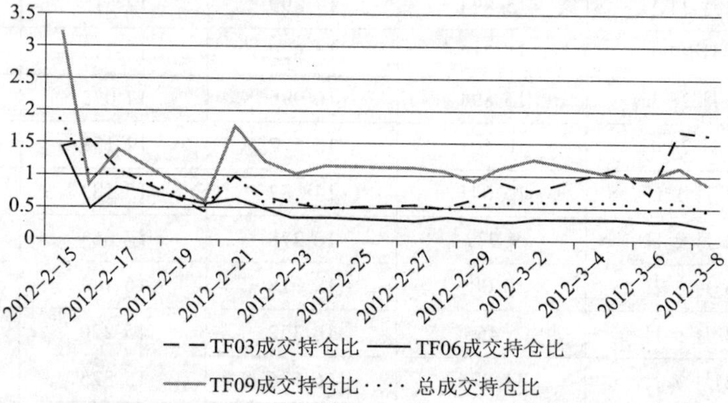

图 12－11　国债仿真交易合约成交持仓比（截至 2012 年 3 月 8 日）

资料来源：冠通期货

从风险控制来看，首个交割合约 TF03 仿真合约交割量 282 手，如果乘以每手 100 万元的面额，交割量不到 3 亿元。而目前现货市场可交割券约为 34 种，规模超过 8 000 亿元，约为 80 万手合约量，即使扣除流动性的因素，也有 2 万手左右的量可供交割，这一交割的比例还是很合理的。

期货仿真交易良好的表现，使得市场参与各方对呼之欲出的国债期货交易充满期待。下文将从仿真交易的具体制度设计和风险控制手段方面加以分析，并给出国债期货合约的设计构想。

4.2　仿真交易的具体制度设计和风险控制手段

4.2.1　仿真交易的合约设计

自运行以来，国债期货仿真交易合约设计受到业界一致好评。表 12－14 是 5

年期国债期货仿真交易合约规则。我们可以发现，合约内容基本参照国际成熟市场合约细则设计，内容完善规范。下面就合约细节进行分析。

表 12 - 14　　5 年期国债期货仿真交易合约规则

项　目	内　容
合约标的	面额为 100 万元人民币，票面利率为 3% 的 5 年期名义标准国债
报价方式	百元报价
最小变动价位	0.01 个点（每张合约最小变动 100 元）
合约月份	最近的三个季月（三、六、九、十二季月循环）
交易时间	上午交易时间：9:15—11:30 下午交易时间：13:00—15:15 最后交易日交易时间：上午 9:15—11:30
每日价格最大波动限制	上一交易日结算价的 ±2 %
最低交易保证金	合约价值的 3 %
当日结算价	最后一小时成交价格按成交量加权平均价
最后交易日	合约到期月份的第二个星期五
交割方式	实物交割
交割日期	最后交易日后连续三个工作日
可交割债券	在最后交割日剩余期限 4 - 7 年（不含 7 年）的固定利息国债
交割结算价	最后交易日全天成交量加权平均价
合约代码	TF

资料来源：中国金融期货交易所

（1）合约标的

结合国际市场经验和我国国债现货市场运行状况，国债期货仿真交易的合约标的为面额为 100 万元人民币，票面利率为 3% 的 5 年期名义标准国债。标的债券面值远大于 1993 年推出的国债期货合约（见表 12 - 15），扣除通货膨胀因素外，有利于减少投机成分、保持市场的稳定。

表 12－15　　国债仿真交易与 93 年国债期货合约对比

项目	国债仿真交易	北京商品交易所国库券合约（1993 年 12 月 5 日开启）	上海证券交易所（1993 年 10 月 25 日开启）	深圳证券交易所（1993 年 12 月 13 日开启）
债券面额	100 万元人民币	1 万元人民币	2 万元人民币	1 万元人民币
最小变动价位	100 元	5 元	2 元	1 元
每日价格最大波动限制	上一交易日结算价的 ±2%	2 元	视市场情况调整	2 元
最低保证金	3 万元/合约	1 000 元/合约	2 000 元/合约	1 550 元/合约
可交割债券	所有剩余期限在 4 到 7 年的固定利息国债	92（3）92（5）93（3）93（5）94（2）	92（3）92（5）93（3）93（5）94（2）	92（3）92（5）93（3）93（5）94（2）

资料来源：中国金融期货交易所

（2）最小变动价位

5 年期国债仿真期货的报价单位为百元人民币，以净价方式报价。5 年期国债期货合约的最小变动价位为 0.01 个点（每张合约最小变动 100 元）。

（3）每日价格最大波动限制

每日价格最大波动限制为上一交易日结算价的 ±2%。每日价格最大波动限制的规定，有效规避了哄抬或者打压价格导致风险集中现象的发生，可以有效防止重仓操纵价格，这对于风险的控制十分必要。“3.27”事件中，上海交易所的涨跌停制度形同虚设，是诱发事件的重要因素。

（4）保证金制度

5 年期国债仿真期货的最低交易保证金为合约价值的 3％，这意味这每张合约的保证金要求约为 3 万元。这一保证金额度要大于 93 年的期货合约。对于保证金制度，关键在于执行，像“3.27”事件中的保证金制度事故不应再发生。

（5）交割方式

5 年期国债仿真期货采取名义标的、实物交割的方式。可交割债券为在最后交割日剩余期限 4 到 7 年（不含 7 年）的固定利息国债。理论上可参与交割的国债品种多达34种，卖方可以选最便宜债券进行交割，一方面使得可交割的债券充足，另一方面也可促使成交、持仓合理分布，杜绝资金在某个国债期货合约上的过度炒作。

仿真交易投资者可以通过中金所的会员服务系统进入一个模拟交割库来买“虚拟券”。中金所向参与仿真交易试点的会员单位提供了“TF1203－06－09可交割券和转换因子”的表格，列举了可供交割的债券以及对应转换因子。投资者可以根据相关测算，买入最便宜的“虚拟券”进行交割。例如对于3月下市的TF1203合约，将于2018年10月13日到期的“11附息国债21”应为适合交割的最便宜现券，该现券对TF1203合约的转换因子为1.038 1。

“3.27”事件发生与当时试点的国债期货标的物为单一券种，市场发行量较小，容易发生交割风险有重要关系。此次国债期货仿真交易的合约标的物选择考虑到这个问题，仿真交易合约标的为票面利率达3%的5年期国债，这是一个“名义标准债券”，或者称为“虚拟债券”，它并不对应着在现券市场上的某一种真实的国债，而是对应了一篮子的国债组合。这一篮子国债组合可以包括所有距到期日为4到7年的固定利息国债，都可以用来进行交割，并可以进行多个现货组合交割，从而扩大交割物的规模，从而减少交割风险。

4.2.2　仿真交易的监管和风险控制体系

为加强国债期货交易过程中的风险管理，保护期货交易当事人的交易正常有序进行，中国金融期货交易所特别制定国债期货仿真交易风险控制管理办法，使得整个风险控制过程有法可依。交易所风险管理实行保证金制度、涨跌停板制度、持仓限额制度、大户持仓报告制度、强行平仓制度、强制减仓制度、结算担保金制度和风险警示制度。最低交易保证金标准为3%，涨跌停板幅度为上一交易日结算价的±2%，合约上市首日涨跌停板幅度为挂盘基准价的±4%。交易所有权根据市场情况采取下列风险控制措施中的一种或者多种：提高交易保证金标准、限制开仓、限制出金、限期平仓、强行平仓、暂停交易、调整涨跌停板幅度、强制减仓或者其他风险控制措施。

在防止大户操纵市场方面，对会员和客户规定国债期货合约持仓限额、大户报告制度。当结算会员结算准备金余额小于零、且未能在第1节结束前补足或持仓超出持仓限额标准、且未能在第1节结束前平仓等违规、违约行为发生时，交易所有权强行平仓。并设强制减仓制度和风险警示制度，交易所可以单独或者同时采取要求会员和客户报告情况、谈话提醒、书面警示、发布风险警示公告等措施中的一种或者多种，以警示和化解风险。

4.3 对开展国债期货交易的设想

4.3.1 交易市场

国债期货的交易仍应仿照股指期货的交易，在中国金融期货交易所场内进行，有助于风险的控制且便于形成合理的利率价格发现机制。可以考虑建立独立的结算公司或至少在交易所内部设立独立性较强的结算部门，负责统一结算、保证金管理、风险准备金管理及结算风险防范。

4.3.2 合约设计

仿真交易合约的设计已经基本达到一份合理合约的标准。对于合约标的价值的高低，还应进一步通过仿真交易来确定最后的值，因为如果合约价值过高，将使大多数投资者难以进入市场，降低国债期货市场的流动性；而如果合约价值偏低，又会增加套保成本，降低投资者利用国债期货作为套保工具的积极性。

4.3.3 监管规则、风险控制机制

监管方面，应该进一步明确管理体系中的权责关系，建立与成熟市场类似的三级管理体制，要以法规的形式明确中国证监会的最高监管地位，明确交易所的权利和责任，并尽早建立起相关的行业组织协会行使自治权利，保护会员利益。细化对违章违规行为的处罚细则，细化纠纷处理依据的细则。制定专门的法规，虽然目前已有《证券法》、《期货交易管理条例》等法律，但缺乏专门的实施细则和相关法规，法律可操作性差，执法力度难以保障，一旦出现问题，很可能还要用行政干预的手段，不是一个理性市场的表现。应该加快立法进度，使得监管的执行有法律指引和保障。

应该建立逐笔盯市制度，因为对于波动性较大的国债期货市场而言，适用于一般期货的每日清算制度是不够的，逐笔盯市有助于及时发现保证金的变化，对市场风险进行及时控制。

为了避免大户操纵市场的事件再次重演，应该在盯市制度中使用扣亏不补盈原则，当日（或一定合适的时间长度内）不将动态盈利金额计入资金余额，从

而避免大户单边打压市场，以控制风险。建立大户报告制度，规定当会员或客户的持仓量达到交易所限仓规定的一定比例之后，须向交易所申报客户的开户情况、交易情况、资金来源和交易动机等等；对于有过度投机和操纵市场行为嫌疑的会员或客户，交易所必须随时限制其建立新的头寸，或要求其平仓，直至由交易所实行强制平仓。

建立信息披露制度。开展国债期货交易的交易所必须加强对信息的管理，建立完善的信息披露制度，及时、完整、准确地向会员、投资者和社会公众披露在交易所期货交易活动中所产生的所有上市品种的期货交易行情、各种期货交易数据统计资料、交易所发布的各种公告信息以及中国证监会指定披露的其他相关信息。

设立特别应急预案，防控再次出现大的风险事件，也可使交易者对风险事件处理能够提前达成共识，使得一旦出现事件能够依照预案快速有效解决，避免出现 3. 27 事件中协议平仓时期的乱象。

第 5 节　几个有争议问题的分析

5.1　推出利率期货交易以后是否会再次发生类似“327”等风险事件

1995 年的“327”风波，是在当时特定的历史条件下才会发生的国债期货市场恶性操纵事件，交易所监管不到位，金融机构缺乏健全的内部风险控制机制，是最主要原因。“327”事件演变过程表明，有诸多的偶然因素最终导致事件的发生，没有必要过分夸大其影响。

当前，我国宏观经济与金融环境与 1992 年至 1995 年试点期间相比，已经发生了翻天覆地的变化，为了在金融全球化的大趋势下提升国家竞争力、发展我国金融市场，有必要及时开展利率期货合约交易。而宏观经济的稳定增长、金融环境的改善、现货市场的日趋成熟、利率市场化的推进以及监管水平的提升使利率期货的推出成为现实的可能。

尽管投资者类型过于单一、银行间和交易所两个市场的分割和债券市场发行和流通机制不畅等因素可能会对开展利率期货造成不利影响，但是只要进一步健全和完善相关管理制度和监管，就可以保证利率期货发挥正常的功能。就国内外市场经验看，推出利率期货的条件是相对的，没有绝对的评判标准。即便是成熟市场也会发生恶性事件。

5.2 是否只有在利率完全市场化后才能进行利率期货交易

有部分学者认为，利率市场化是利率期货推出的必要条件。但从海外金融市场的历史发展来看，开展利率期货的必要条件并非利率完全市场化。利率市场化是一个时间相对较长的过程，在整个过程中，只要市场上存在一定规避利率风险的需求，利率期货就有推出的可能性。

事实上，这种观点是对利率期货交易的严重误解，并没有尊重金融历史的事实。例如，在美国，直到 1986 年 Q 条例的废除为止，金融市场才真正成功地实现了利率市场化。但早在此之前，美国就已经陆续推出了短期国库券期货合约以及两年、五年、十年、三十年期等长期国债期货合约，并取得了一定意义上的成功；在日本，1985 年实现利率市场化同时早已推出十年期国债期货合约，而日本直到 1994 年 10 月才最终完成了利率的完全市场化，所以利率市场化与利率期货的推出并不是前提与结果的关系，而真正重要的则是广大的金融市场参与者对规避利率风险的需求。

尽管当前人民币存款利率上限与贷款利率下限仍受人民银行的严格管制，但我国债券市场利率形成机制已经基本完全了市场化。除此以外，中国人民银行已经提出未来三至五年内实现利率完全市场化，这一态度也表明了我国加快利率市场化的决心。回顾美国等发达国家发展的经验，利率市场化加快的时期，正是利率风险爆发时增长的时期，同时也是利率风险管理工具，例如利率期货开展的最佳时期。首先，利率期货的推出，有助于减少利率市场化带来的系统性金融风险，保证金融体系安全，减缓由此给宏观经济带来的不利影响，从而促进利率市场化；其次，利率市场化使得债券市场中的广大投资者有规避利率风险的需求，推动了利率期货的产生。

目前，随着通胀下降，以及对未来经济增长不断降低的预期，我国债券市场长期债券收益率持续走低，主要的机构投资者风险日益突出，此时推出利率期货，正好能够应对这些问题。这与1995年发生“327”风波之时的情形截然不同。当时，我国国债期货价格的波动来源于国库券是否进行保值贴补率和贴息的不确定性，现货市场债券数量不足、法律法规不健全、风险监控机制不完善、信息批露不透明等导致当时市场投机的气氛和行为非常猖獗。截止到现在，我国利率市场化进程以及国债市场的市场化改革已经取得了重大突破，法律法规和风险监控制度建设已经日趋完善。因此，推出利率期货交易的时机已经成熟，已经具备必须条件。

5.3　市场分割是否必然导致利率期货市场的操纵

当前，我国的国债市场结构比较特殊，被人为分为银行间和交易所两个割裂的市场，并且两个市场之间投资者不能跨市场自由交易，资金不能自由流动，债券不能自由流通，缺乏整合两者的结算和托管系统。这样一种情况很可能就会导致利率期货市场的“逼仓”或者市场操纵行为。

我国国债市场的分割状况可能会使利率期货交易存在市场操纵的潜在问题，这一风险点需引起有关机构的高度关注。但两者并不存在必然的因果联系，主要有以下原因，使得银行间市场与交易所的分割不会成为利率期货推出的障碍：

第一，造成中国债券市场分割的制度性阻碍正在消除。债券市场普遍存在分割现象，常由场内和场外两个市场构成，这一现象并非国内特有。因此，统一的债券市场并不意味着托管系统、交易方式与交易场所的统一，而应该让市场的参与者根据自身的需要，自主地选择交易方式和交易场所，让资金可以在不同市场之间自由流动。

在交易主体方面，2002年4月，央行对银行间债券市场实行备案制，10月，银行间债券市场向非金融机构法人开放。这为以后最终连通银行间市场和交易所市场奠定了基础。

在监管层方面，新任证监会主席郭树清力推债券市场改革的一步。证监会于2011年12月已正式发文成立债券办公室，成为第一个专为债券市场发展设立的办公室，从制度上让两个市场的监管逐渐统一起来，为未来两个市场的流通做好准备。

第二，利率期货合约有助于债券价格统一。由于期货合约具有价格发现的作用，利率期货交易的展开，可以进行期货市场与现货市场之间的套利，消除两个市场间的价格差异，提升价格统一的效率，使我国在两个市场同时交易的债券价格迅速统一，同时还可以提高现货市场的流动性。

最后，在我国利率期货交易中引入国际交易惯例，并根据我国实际情况，对交易和交割方式进行有针对性的创新，绕过债券市场分割格局的阻碍，有效解决利率期货交易中的市场操纵问题。

参考文献

[1] 叶永刚，黄河，胡燕．国债期货［M］．湖北：武汉大学出版社，2003.

[2] 刘鸿儒．突破：中国资本市场发展之路（下）［M］．北京：中国金融出版社，2008.

[3] 何国庆，钟福棠，汤庆荣．期货市场的实践与探索［M］．上海：学林出版社，1998.

[4] 艾蔚．我国利率市场化的发展呼唤国债期货的推出［J］．上海管理科学，2004，(3)：46－47.

[5] 高伟．恢复国债期货，规避利率风险［J］．金融教学与研究，2004，(6)：33－35.

[6] 何迎新．国债期货交易的国际经验及启示［J］．金融会计，2005，(8)：53－57.

[7] 褚玦海．中国期货市场风险管理研究［M］．北京：中国财政经济出版社，2001.

[8] 鲍建平，杨建明．利率期货交易对债券现货市场价格发现的影响分析［J］．金融研究，2004，(2)：62－70.

[9] 龚浩成，金德环．上海证券市场十年［M］．上海：上海财经大学出版社，2001.

[10] 蔡浩仪．抉择：金融混业经营与监管［M］．云南：云南人民出版社，2002.

[11] 上海期货交易所课题组．WTO 与中国期货市场［R］．北京：中国财政经济

出版社，2002.
[12] 常清．中国期货市场的发展战略研究［M］．北京：经济科学出版社，2002.
[13] 李社环．国外利率自由化时期的银行危机及其对中国的启示国外利率自由化时期的银行危机及其对中国的启示［J］．改革，2001，(4)：84－88.
[14] 刘国光，王洛林，李京文．经济蓝皮书［R］．北京：社会科学出版社，1992－2002.
[15] 艾伦·加特，陈雨露等译．管制、放松与重新监管［M］．北京：经济科学出版社，1999.
[16] 凯文·多德，默文·K·刘易斯．金融与货币经济学前沿问题［M］．北京：中国税务出版社，2001.
[17] 贾云赟．论我国国债期货市场的发展——从发达国家金融市场利率期货的发展经验谈起［J］．时代经贸，2006，(4)：105－107.
[18] 李永进，陶田．对我国重新推出国债期货的思考［J］．哈尔滨金融高等专科学校学报，2006，(1)：18－20.
[19] 林薇．关于恢复我国国债期货的思考［J］．经济金融观察．2006，(8)：4－5.
[20] 李扬，等．中国金融理论前沿Ⅱ［M］．北京：社会科学出版社，2001.
[21] Black，D. G. Success and Failure of Futures Contracts：Theory and Empirical Evidence［M］．New York：Salomon Brothers Center for the Study of Financial Institutions，1986.

第 13 章

股指期货市场的价格发现与波动溢出效应

股指期货具有期货交易的两大基本功能，即套期保值和价格发现。而价格发现作为两大基本功能之一，是股指期货存在和发展的基础，正是因为股指期货的到期日价格为现货到期日价格的无偏估计，人们才能利用股指期货进行套利和套期保值。这不仅是判断我国沪深 300 股指期货成功与否的重要标准之一，同时也有助于及时发现我国沪深 300 股指期货在发展过程中存在的问题和不足，并及时加以改进，从而让金融工具更好的服务于实体经济。对沪深 300 股指期货市场与现货市场之间波动溢出效应的研究将有助于更好的认识两个市场之间的信息传递和风险传导机制，而这也将有助于管理层通过对两个市场的联合监管，防止风险在市场之间的扩散和蔓延，提高市场风险监管效率。

研究我国股指期货和现货指数这两者之间的相关性在理论上和实践上都有很大的意义，理论上可以检验资本市场的效率，比较期货和现货对新信息的反应速度，定量分析两个市场的动态相关性，从而检验我国的股指期货是否能达到价格发现、套期保值、减少波动、活跃市场交易的功能。在实践上，投资者了解了期现价格之间的引导关系，就可以参考期货（现货）市场的走势，来判断现货（期货）市场将来的走势。投资者如果了解了股指期货和现货指数之间的长期均衡关系，就可以利用股指期货定价公式来判断实际运行时，股指期货和现货指数的价格是否偏离了理论价格。如果股指期货和现货指数的实际价格偏离理论上给出的套利价格上限（下限），投资者就可以进行套利交易，获取无风险收益。监管层通过对我国股指期货市场与国外成熟市场的价格发现功能作用进行比较分析，可以进一步健全我国证券期货市场法律法规、交易制度，创造一个更有利于我国股指期货市场发展的环境。

第1节 国内外研究综述

1.1 股指期货与现货指数之间价格发现的研究综述

在完全市场中，新信息应该是同时到达现货和期货市场。然而，真实世界里的一些因素，会在两者之间产生一种领先—滞后关系。理论上，流动性越大、交易成本越低、限制性越少的市场在价格发现作用中扮演主导地位。期货市场因其内在的杠杆性、低廉的交易费用、不受卖空限制而更容易有效地接受信息。自Kawaller&Koch（1987）在其著名论文《标准普尔500指数期货和标准普尔500指数的短期价格关系》一文中首次对股指期货及其标的指数间的领先—滞后关系进行详细论述以来，各国学者就分别从不同角度对股票指数和相应的期货之间的这种非同步关系进行了大量的实证研究。

早期的研究主要是将现货指数（股指期货）的滞后期收益率对股指期货（现货指数）的当期收益率进行回归，来判断两者之间的领先—滞后关系。其中，Kawaller&Koch（1987）运用协整理论研究了标准普尔500指数的期货和现货价格之间的领先—滞后关系，发现：总体上两者价格走势一致，也有一些证据表明股指期货价格会领先于现货价格大约20~45分钟，而现货领先股票指数期货的时间只有不到1分钟，因此得出了期货市场更具有价格发现功能的结论。与此同时，高频数据也被大量采用。Herbst等专家（1987）对标准普尔500指数现货和期货每10秒钟价格变动分析，发现：现货和期货收益率存在很强的同期相关关系，股指期货对现货指数具有领先引导关系，并且领先的时间在60秒以内。相似的研究还包括Furbush（1989）用每5分钟的价格变动数据，也得出相似的观点。Cheung&Ng（1991）使用了GARCH（1，1）模型来控制误差项方差的自相关问题对标准普尔500指数进行实证研究，结果显示标准普尔500指数期货价格领先于现货价格15至30分钟。Tse（1995）研究了在SIMEX交易的日经

Nikkei225 期货与在东京股票交易所交易的现货指数日数据，结果显示股指期货领先现货。

相反地，也有一些研究的结果显示现货价格领先于期货。例如，Wahab、Leshgari（1993）首先提出协整分析的方法来研究标准普尔 500 指数与金融时报 100 指数期货与现货之间的动态关系。研究者运用日数据进行协整分析，结果发现标准普尔 500 指数与金融时报 100 指数现货引导期货。Ghosh（1993）运用 CRB 的每日收盘价，发现 CRB 指数价格引导期货价格。

在此之后，一些学者试图从方法上进行创新，优化模型来对期货和现货之间的领先—滞后关系进行研究，但由于使用的方法和数据频率不同，其最终得到的结论也并不统一。例如，Schwarz&Laatsch（1991）对 1985－1988 年 MMI 指数运用联立方程模型研究了 1 周、1 天、15 分钟和 1 分钟这几个期限上的价格变动，结果显示现货和期货价格的关系随时间而变化。最初，现货市场会领先期货市场，但是在数据末端，期货市场会领先于现货市场。Raj（l995）运用误差修正模型对 1992－1993 年的恒生指数日数据进行研究，他发现现货和期货收益率之间存在双向因果关系，也就是期货收益率领先现货收益率，现货收益率也领先于期货收益率。Abhyankar（1998）研究了 1992 年金融时报 100 的四个近月合约的 5 分钟收益率，现货和期货收益率均先采用 AR（n）－EGARCH（1，1）模型过滤，以消除非平稳性，发现期货价格要领先于现货价格 5 ~15 分钟。之后其在线性回归中对残差项进行 Baek 和 Brock 检验发现：除了期货对现货有线性因果关系外，还存在非线性的双向因果关系。

从以上学者的研究成果中我们可以看出，在股指期货市场较为发达的美国、英国、日本等国家，期货市场在价格发现过程占主导地位。还有一些学者检验了股指期货市场不发达的国家，如中国和印度，发现现货市场在价格发现过程中占主导地位。这可能与发展中国家的期货市场结构不完善导致的期货价格信息传递效率较低等因素有关。

以上研究分析中，大部分文章选择数据样本时，很少考虑市场成熟度问题，但是股指期货推出初期由于参与交易者类型、交易策略与股指期货上市一段时间后会有很大差异，这些将导致两个市场在不同阶段的价格发现作用产生很大的差异，因此不考虑分段区间来研究各个市场的价格发现功能，得出的结论有待商榷。

1.2 股指期货与现货指数之间波动溢出效应的研究综述

有学者认为相对于收益率本身而言，收益率的波动包含更多的市场信息流(Ross，1989)。此外，两个序列之间存在的收益率的一阶矩关系可能是虚假的，在进一步考察它们之间的高阶矩关系之后，这种一阶矩关系往往会消失(Lutkepohi，1993)。尽管收益率变动的领先—滞后关系能够对价格变化提供预测性信息，但这种收益率之间的关系未必意味着信息就是由领先市场向滞后市场传递的，更为恰当的方法是考察两个市场之间的“波动溢出效应”(Volatility spillover effect)。波动溢出效应是指一个市场的波动程度不仅受到自身市场过去几期历史波动程度的影响，还可能会受到其它市场历史波动程度的制约，这种市场间波动的相互传导性就称为“波动溢出效应”。从经济意义上说，这种传导本质上是不同市场之间风险的传递，而反映到模型上，就表示为一个市场的条件方差的变化不仅受该市场的影响，还受到来自其他市场的条件方差的影响。因此，研究期货和现货市场的波动溢出效应还有助于揭示期货的另一个基础性作用—套期保值。

Chan，Chan&Karolyi（1991）通过建立二元 GARCH 模型，研究了 1984 - 1959 年间标准普尔 500 指数现货和期货之间的波动溢出效应。他们发现两个市场之间存在很强的双向关系，任何一个市场上的信息都可以用来预测随后在期货和现货市场产生的波动率。Koutmos 和 Tucker（1996）利用双变量 EGARCH 模型能更好地捕捉好消息和坏消息对波动的不对称影响，研究得出两个市场都表现出非对称的波动效应，并且期货市场对现货市场有波动溢出效应，但现货市场对期货市场的溢出影响并不显著。Tse（1999）利用二元 EGARCH（1，1）模型研究了 1996 - 1997 年道琼斯工业平均指数的 1 分钟收益率，发现期货波动率要领先于现货波动率大约 3 分钟，而没有什么证据表明现货波动率领先于期货波动率。

学者们也试图将一阶收益率和二阶波动率两者结合起来进行建模。Koutmos&Tueker（1996）分析了 1984 - 1993 年标准普尔 500 指数现货和期货日数据，他们对现货和期货收益率拟合了一个包含误差修正项的二元 GARCH 模型，其中误差修正项采用的是滞后负基差差 $S_{t-1} - F_{t-1}$。他们所关注的是两个市场之间的波动率溢出效应，结果显示前一天的期货波动率对今天的现货波动率有显著的正向影响，且这种波动溢出是不对称的，期货市场的坏消息对现货市场的波动率的增加要比好消息的影响多出 60%。这种非对称性可以用杠杆效应来解释：当股价下跌时，由于公司的债务不变，因此资产负债率上升，杠杆增大，这使得股票收益率的风险变大，从而增强了由坏消息引起的波动率上升；而如果好消息出现，那么由好消息带来的波动率上升会被因杠杆率下降而带来的波动率下降所抵消，而前一天的现货波动率对今天的期货波动率没有任何影响，因此，期货波动率要领先现货波动率一天。Chatrath，Christie-david&Koch（2002）使用 1993－1996 年标准普尔 500 指数的 15 分钟收益率，通过建立二元 GARCH 模型，发现现货和期货市场之间具有很强的双向波动溢出效应，两个市场之间的滞后时间约为 15 分钟。Lafoente（2002）考察了 1993－1996 年西班牙 IBEX 的 1 小时收益率，通过拟合一个带 GARCH 扰动项的二元 ECM 模型进行研究发现：期货收益率要领先现货收益率，而现货和期货波动率之间存在双向的因果关系。Zhong，Darrat&Otero（2004）利用 E－GARCH 模型考察了 1999－2002 年 IPC 指数的日数据，结果发现期货收益率的波动率要领先现货波动率，反之也成立。在国内，张宗成，王郎（2009）利用 ECM 和 EC－EGARCH 模型分别检验了香港股指期货和现货指数之间的领先—滞后关系和波动溢出效应，结果表明现货和期货市场之间存在领先—滞后关系，两个市场的波动性对其他市场信息的反应存在不对称性：期货交易产生的信息会加剧现货指数的波动；而现货指数的波动并不能对期货价格的波动产生显著影响，因此存在不对称溢出效应。严敏，巴曙松和吴博（2009）借助向量误差修正模型、公共因子模型和带有误差修正的双变量 EGARCH 模型对沪深300 股指期货的模拟数据进行研究和分析，结果显示两个市场之间不存在显著的非对称双向波动溢出效应。

1.3 小结

从上述文献研究看，国外学者从不同角度、利用不同方法对现货指数与相应的股指期货之间的关系进行了大量的研究。总结起来，国外的研究主要有以下特点：从研究内容看，主要包括对指数现货和期货收益率（一阶矩）的领先—滞后关系研究和对波动率（二阶矩）的溢出效应的研究；从研究方法看，对指数现货和期货收益率的领先—滞后关系主要采用 VAR 或 VEC 等方法，通过对滞后期系数的显著性来判断两者之间的领先—滞后关系以及领先—滞后的时间，进而验证股指期货的价格发现功能。对波动率溢出效应的研究则更多的采用多变量GARCH模型，或者加入误差修正项的GARCH模型；从研究对象看，上世纪80年代的研究主要围绕标准普尔500指数期货、金融时报100指数期货等较为成熟的期货市场进行研究，随着新型股指期货市场的逐步推出，新的研究则更多的是对香港、印度等新型市场的情况进行研究。

目前国内关于股指期货的研究文献并不多见，主要原因在于我国股指期货推出时间较晚，缺少实证研究的数据。国内早期的研究大多集中在利用国外的研究方法对国外市场数据进行实证研究，并由此提出关于我国发展股指期货的相关建议和对策。随着中国金融期货交易所的股指期货进行模拟交易以来，部分学者借助模拟交易的数据进行研究，但模拟交易的数据毕竟不同于真实交易数据，投资者交易策略、投资心态与真实交易存在一定差异，其可靠性值得商榷。另外，国内现有的利用股指期货模拟交易数据进行研究多采用日交易数据，而国外很多学者研究表明，股指期指数之间的领先—滞后关系仅存在于几分钟或十几分钟的范围。如果上述在中国的股指期货市场也成立，那么采用日交易数据显然无法捕捉关于指数现货和期货市场之间的领先—滞后关系。而高频数据则不然，其理论上可以很好地捕捉到两个市场之间任何周期的领先—滞后关系。

第2节　股指期货与现货指数间价格发现实证研究

2.1　价格发现机制

股票指数是股指期货的标的，两者之间必然存在一定的数量关系，这种关系可以用持有成本来描述。

$$F_t = S_t e^{(r-d)(T-t)} \tag{1}$$

其中，F_t是交割日为T的期货合约在t时刻的理论价格，而S_t是t时刻标的指数现货的价格，r为无风险利率，d为标的指数成分股的股息率，r－d即为持有股票现货的净成本，T－t为持有时间。上式就是股指期货在无套利条件下的理论定价。如果对（4-3-1）式两边取自然对数有：

$$\ln F_t = \ln S_t + (r-d)(T-t) \tag{2}$$

上式表明，股指期货和现货价格之间存在一种稳定的相关关系。在Fama的有效市场理论中，相同标的的产品即使在不同市场，有不同的价格，也可以同时对新信息的接受作出反应，故投资者无法在不同市场间套利而获得超额收益。但由于现实市场中无套利条件并不成立，故上式的理论价格不能被满足，实证检验中就表现出一种股指期货和现货价格之间的领先—滞后关系，这种领先—滞后关系表现在收益率和波动率两个方面。而对于这种领先—滞后关系，学者们给出了众多解释，主要有以下几个方面：

1. 现货市场的交易限制

在现货市场上，由于存在卖空限制，投资者接收到关于股票的负面信息时，不能及时调整资产配置，即新信息不能及时有效地反应在股价中。而在期货市场上，由于没有卖空限制，具有信息优势的投资者可以很快的进行卖空操作而获利，从而股指期货的价格可以比现货价格更好的反应新信息，表现出时间上的领先—滞后关系。如果这种解释成立的话，那么股市处于上涨、下跌不同时期时，股指期货的价格发现程度应该不一样，甚至当股市上涨时，这种价格发现机制不存在，对于这个问题，我们的实证部分会将股市分为上涨和下跌两个不同时期进行讨论。另一方面，股票市场的交易为“T+1”机制，而期货市场为“T+0”机制，理论上对交易限制越少的市场更具有价格发现作用。

2. 股指期货的灵敏性

在股票市场上，投资者如果想复制指数标的股票，就要购买一篮子资产组合，其成本巨大，而在股指期货市场上，只需要购买相应的股指期货合约，这种巨大的交易成本优势使得股指期货具有很高的杠杆性。投资者更偏好于杠杆性高的金融工具获利，因此股指期货应该更具有价格发现作用。

3. 非同步交易

股票指数是由标的股票价格的及时报价经过一系列复杂运算得来，标的股票的选择和替换是需要持续更新的。但是某些成分股流动性不足、换手率低，这类股票不能充分反映对新信息的调整。而股指期货具有交易量大、交易频繁等优点，就能很好地反映对新信息的调整，所以股指期货的价格发现作用也是因为股票指数计算中的价格缺乏时效性所导致。

2.2 数据的预处理

本文采用股指期货自2010年4月16日上市以来至2011年12月30日这段时间为样本区间，共418个交易日，采集沪深300指数和沪深300股指期货合约5分钟高频交易收盘价为观测值。其中期货合约采用主力连续合约，即按照交易最为活跃的原则来连接期货合约，以保证沪深300股指期货交易数据始终是流动性最强、交易最活跃的合约。每天选取股市和期市同时开市的时间，即上午9:30－11:30，下午1:00－3:00，一共20 064个样本数据。上述交易数据均采自"大交易师"交易行情软件。

从沪深300指数与沪深300指数期货两者走势看（见图13－1），两者长期走势趋于一致，但短期走势并非完全同步，故两者之间可能存在长期稳定的协整关系，短期内存在领先—滞后关系。而且在股指期货上市初期，由于期货市场的不完善，两者差别明显。总体看期货价格长期处于升水状态，且由于大量套利者存在，两者基差水平基本都保持在沪深300现货指数的（－1%，＋1%）之间。因此，在本章后续研究中将通过建立VEC模型对沪深300指数和股指期货之间的长期均衡和短期领先—滞后关系进行研究，进而对我国股指期货的价格发现功能进行探讨。

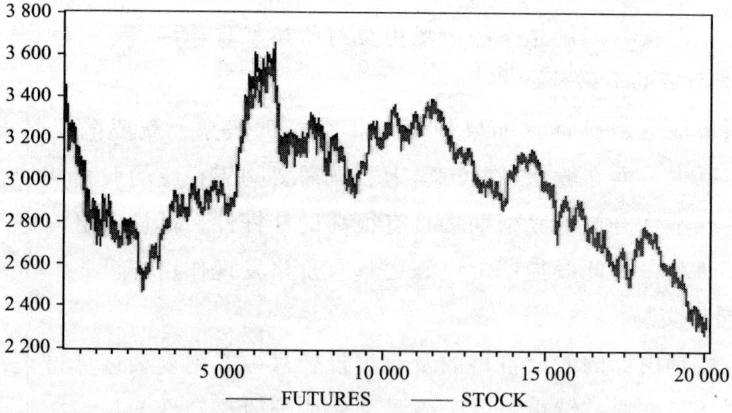

图13－1　沪深300指数及其股指期货走势图

从表 13－1 中可以看出，两个序列的均值、最大值、最小值、标准差都相差不大，说明现货和期货长期保持紧密的联系，波动幅度相似。相对于标准正态分布的偏度为 0，峰度为 3，两个价格序列都呈现左偏、低峰的分布特性。JB 统计量通过显著性检验，说明两个序列不服从正态分布。

表 13－1 沪深 300 指数及其股指期货的描述性统计

	均值	最大值	最小值	标准差	偏度	峰度	JB 统计量	P 值
现货	2 954.526	3 556.208	2 268.473	265.315	－0.184	2.439	375.954	0.000
期货	2 968.863	3 660.000	2 295.600	273.687	－0.086	2.494	238.949	0.000

为了消除金融序列的不稳定性，对价格序列采用对数差分的处理方法，分别用 S_t、F_t 表示 t 交易时间现货和期货的收盘价格，对数收益率 $R_t = 100\ (\ln S_t - \ln S_{t-1})$。

由图 13－2，13－3 可以观察得出，沪深 300 指数的 5 分钟收益率波动明显低于沪深 300 指数期货的 5 分钟收益率波动，而且两者都存在明显的波动聚类现象，故传统的同方差假设条件并不满足，需要对两收益率序列的条件异方差加以考虑。针对条件异方差性，本文后续章节将通过建立二元 GARCH 模型对两个市场之间的波动溢出效应进行研究，进而对信息在两个市场之间的传递过程进行分析。

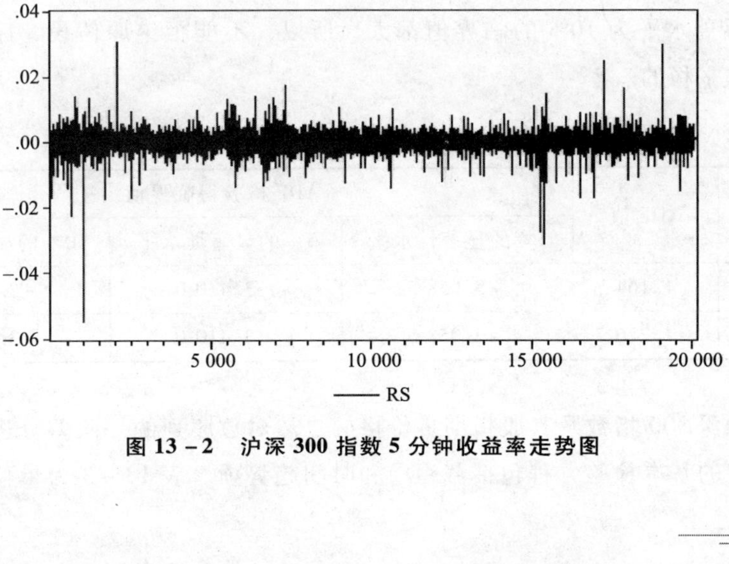

图 13－2 沪深 300 指数 5 分钟收益率走势图

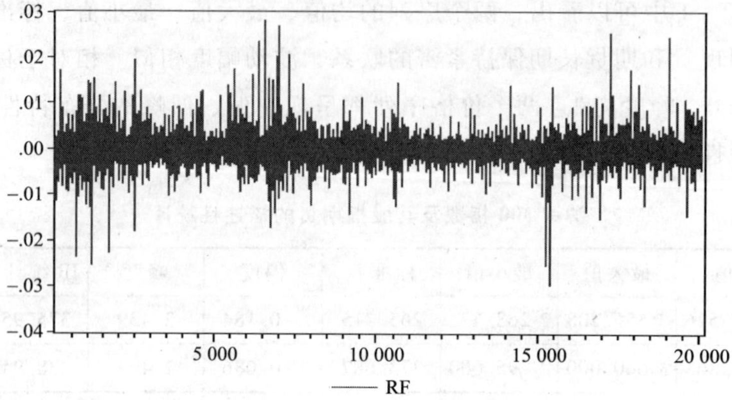

图 13-3 沪深 300 指数期货 5 分钟收益率走势图

2.3 沪深 300 指数及股指期货的 VEC 模型

2.3.1 平稳性检验

在建立 VEC 模型前，必须对沪深 300 指数及其股指期货的对数收益率序列进行平稳性检验。常用的平稳性检验方法为单位根检验（DF）和扩展的单位根检验（ADF），为保证回归模型的 ε_t 为白噪声，本文采用 ADF 检验。

先对沪深 300 指数及其股指期货价格的自然对数进行单位根检验，设定的基本检验方程包括截距项和时间趋势项。表 13-2 为单位根检验结果，可以看到 ADF 值比显著水平为 10% 的临界值都大，所以，不能拒绝原假设，序列存在单位根，是非平稳的。

表 13-2 沪深 300 指数及其股指期货自然对数序列的单位根检验

变量	ADF 值	ADF 检验得临界值		
		1% 的显著性水平	5% 的显著性水平	10% 的显著性水平
$\ln S_t$	-1.164 7	-3.958 5	-3.410 0	-3.126 7
$\ln F_t$	-1.226 7	-3.958 5	-3.410 0	-3.126 7

再对沪深 300 指数及其股指期货价格的自然对数序列的一阶差分进行单位根检验，设定的基本检验方程包括截距项和时间趋势项。表 13-3 为单位根检验结

果，可以看到ADF值小于临界值，拒绝原假设，序列不存在单位根，是平稳的。因此，$\ln S_t$、$\ln F_t$ 为一阶单整序列，可以进行协整分析。

表13-3　沪深300指数及其股指期货自然对数序列的一阶差分单位根检验

变量	ADF值	ADF检验得临界值		
		1%的显著性水平	5%的显著性水平	10%的显著性水平
$\ln S_t$	-142.2587	-3.9585	-3.4100	-3.1267
$\ln F_t$	-144.9096	-3.9585	-3.4100	-3.1267

2.3.2　协整检验

经过单位根检验，得到沪深300指数及其股指期货自然对数序列都为一阶单整序列，对于两者之间是否存在稳定的协整关系，则需要借助协整检验的方法进行检验。常用的协整方法有Engle-Granger两阶段协整检验及Johansen协整检验：Engle-Granger两阶段协整检验是针对回归方差进行检验；而Johansen协整检验是对回归系数进行检验。

先用Engle-Granger协整检验方法进行检验，对 $\ln S_t$、$\ln F_t$ 序列进行回归，得到残差序列e，结果如下：

$$\ln S_t = 0.1897 + 0.97577 \ln F_t + e_t$$

再对残差序列 e_t 进行单位根检验，结果见表13-4。

表13-4　残差序列 e_t 的单位根检验

变量	ADF值	ADF检验得临界值		
		1%的显著性水平	5%的显著性水平	10%的显著性水平
e	-11.1526	-3.9585	-3.4100	-3.1267

残差项e的ADF值小于1%、5%和10%显著水平下的临界值，拒绝单位根假设，残差序列e是平稳序列，说明 $\ln S_t$、$\ln F_t$ 序列之间存在协整关系。Engle-Granger协整检验非常简单，当两个时间序列中存在惟一协整关系时，该方法是很有效的。但是在小样本下的OLS协整估计具有实质性偏差，当向量序列的维数

或者协整关系的数目增多时，Engle-Granger 协整检验的效果就会减弱，此时需要利用系统方程来估计和检验多个协整向量。在协整检验中，更多的使用的是 Johansen 协整检验，下面我们就用 Johansen 协整检验来检验一下沪深 300 指数及其股指期货自然对数序列之间的协整关系。

在进行 Johansen 协整检验和 VEC 建模前要建立 VAR 模型来确定滞后阶数。由表 13－5，根据 AIC 和 SC 最小原则，确定最大滞后阶数为 5，所以 Johansen 协整检验和 VEC 模型的最大滞后阶数为 4。Johansen 协整检验结果见表 13－6。

表 13－5　　VAR 模型滞后阶数结果

滞后阶数	2	3	4	5	6	7
AIC	－19.983 6	－19.994 0	－19.997 1	－19.998 0	－19.997 9	－19.997 7
SC	－19.979 7	－19.988 5	－19.990 0	－19.995 6	－19.987 0	－19.985 9

从结果可以看出迹统计量和最大特征值都只有第一个似然比统计量大于 5% 水平下的临界值，因而只有第一个原假设被拒绝，即有且仅有一个协整关系。结果中还给出了标准化的协整向量：

$$Z_t = \ln S_t - 0.979\,2 \ln F_t$$

表 13－6　　Johansen 协整检验结果

原假设	特征值	迹统计量	5% 显著水平	P 值
None *	0.006 1	124.030 7	15.494 7	0.000 1
At most 1	4.04E－05	0.809 4	3.841 5	0.368 3
原假设	特征值	最大特征值	5% 显著水平	P 值
None *	0.006 1	123.221 3	14.264 6	0.000 1
At most 1	4.04E－05	0.809 4	3.841 5	0.368 3

2.3.3　向量误差修正模型

虽然协整理论能很好的解释非平稳序列之间的长期均衡关系，但时间序列之间不仅存在长期均衡关系，还存在短期的偏离关系。误差修正模型（Error Correction Model）简称 ECM，正是用来描述这种具有协整关系的非平稳时间序列在短期内偏离长期均衡后，如何通过相互调整来恢复到长期均衡的动态调整过程的单方程模型。而向量误差修正模型（VECM）则是针对多方程，在VAR模型的基础上建立的。相对于VAR模型和协整模型而言，向量误差修正模型综合了二者的优势，能够综合对相互联系的时间序列间的长期均衡和短期波动关系进行描述。

具体而言，向量误差修正模型分两步完成：一是利用协整检验估计序列之间的协整关系，建立相应的协整模型，对沪深300指数及其股指期货自然对数序列之间的长期均衡关系进行描述；二是根据协整关系构造误差修正项，以原始序列的滞后期和上一期的误差修正项作为自变量，建立并估计相应的VEC模型。本文建立的误差修正模型如下式所示：

$$\Delta S_t = C_s + \delta_s Z_{t-1} + \sum_{i=1}^{m} \alpha_{si} \Delta S_{t-i} + \sum_{i=1}^{m} \beta_{si} \Delta F_{t-i} + \varepsilon_{st}$$

$$\Delta F_t = C_f + \delta_f Z_{t-1} + \sum_{i=1}^{m} \alpha_{fi} \Delta S_{t-i} + \sum_{i=1}^{m} \beta_{fi} \Delta F_{t-i} + \varepsilon_{ft}$$

其中，ΔS_t、ΔF_t 分别表示对沪深300指数及其股指期货序列自然对数的一阶差分，即收益率。Z_{t-1}为误差修正项，是 $t-1$ 期 $\ln S$ 和 $\ln F$ 回归的残差序列，表示上一期两个序列偏离长期均衡的程度。在误差修正模型中，ΔS_t、ΔF_t 的变动不仅包括系统对 S_t 和 F_t 在偏离长期均衡后的自动调整过程，而且包括两者相互的短期影响。模型中各参数的意义有：

系数 δ_s 和 δ_f 的符号，其显著性和大小反映了沪深300指数及其股指期货之间的长期关系。因为误差修正项 Z_{t-1}是上一期计算所得，$Z_{t-1} = \ln S_{t-1} - 0.979\,2 \ln F_{t-1}$，故当 $Z_{t-1} > 0$ 时，$\ln S_t$ 应降低而 $\ln F_t$ 应增加才能使两价格序列关系恢复到长期均衡水平，所以 δ_s 和 δ_f 的符号应相反。δ_s 和 δ_f 的显著性表明了当两序列偏离长期均衡时，两者的调整过程。如果 δ_s（δ_f）显著不为零，表明当现货和期货偏离长期均衡水平时，现货（期货）将进行相应的调整以使两者关系恢复到长期均衡水平。而 δ_s（δ_f）的大小反应了当两序列偏离长期均衡水平时，现货（期货）向长期均衡水平调整的速度。

系数 $\alpha_s i$、$\alpha_f i$、$\beta_s i$、$\beta_f i$ 的显著性和大小反映了沪深300指数及其股指期货价格的自然对数序列之间的短期相互影响关系。若系数 $\alpha_s i$ 和 $\beta_s i$ 显著非零，则表明现货指数的对数收益率不仅与现货指数的对数收益率的滞后期有关，而且与期货对数收益率的滞后期有关，这也说明期货的滞后期对现货短期内有影响，进而期货价格领先于现货价格，滞后阶数表明了领先的时间，反之亦然。系数 $\alpha_s i$、$\alpha_f i$、$\beta_s i$、$\beta_f i$ 在 VEC 模型中主要体现了价格发现作用。

下面建立关于 $\ln S_t$ 和 $\ln F_t$ 的向量误差修正模型，模型的滞后阶数为 4，运用 EVIEWS5.0 软件计算，可得模型的参数估计结果见表 13 – 7。

表 13 – 7　　　　VEC 模型参数估计结果

	系数名称	δ_s	α_{s1}	α_{s2}	α_{s3}	α_{s4}
ΔS_t	估计值	−0.010 6	−0.353 6	−0.088 1	−0.053 1	−0.023 0
	t 统计量	−4.601 1 ***	−33.808 4 **	−8.057 1 **	−4.880 7 **	−2.361 6 **
	系数名称	C_s	α_{f1}	α_{f2}	α_{f3}	α_{f4}
	估计值	−1.44E−05	0.450 7	0.123 5	0.067 5	0.032 2
	t 统计量	−1.076 2 ***	46.727 1 ***	11.591 2 **	6.330 0 **	3.201 7 **
ΔF_t	系数名称	δ_f	β_s1	β_s2	β_s3	β_s4
	估计值	0.008 8	−0.054 1	−0.022 9	0.004 7	−0.003 4
	t 统计量	3.510 4 ***	−4.754 6 **	−1.920 7 **	0.394 0 **	−0.315 9 **
	系数名称	C_f	β_{f1}	β_{f2}	β_{f3}	β_{f4}
	估计值	−1.90E−05	0.015 2	0.017 0	0.020 9	0.019 3
	t 统计量	−1.305 6 ***	1.450 2 **	1.467 2 **	1.801 7 **	1.760 0 **

注：*** 为 1% 显著水平，** 为 5 显著水平

模型的 AIC 值为 −19.997 5，SC 值为 −19.988 9，都是非常小的。再对 VEC 模型的稳定性进行检验。本文将采取单位根检验方法进行检验，图 13 – 4 结果显示，上述建立的 VEC 模型的单位根均落在单位圆内，故所建立的模型是稳定的。

从结果中可以看到，协整关系 $Z_t = \ln S_t - 0.979\,22 \ln F_t - 0.161\,3$ 用来描述现货和期货的长期均衡关系，系数 0.979 2 非常接近 1，说明现货和期货长期内保持紧密的同幅度变动关系，信息在两个市场内的影响几乎相同。VEC 模型中的误差修正项系数都通过了 1% 水平的显著性检验，说明两个市场内存在大量套利交易者，可以有效消除套利机会。δ_s 的值为 −0.010 6，表示当现货价格短期波

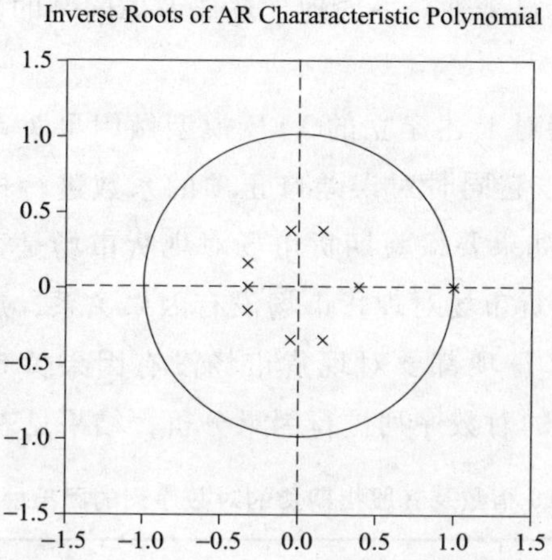

图 13－4　VEC 模型的单位根检验

动偏离其长期均衡时，将有－1.06%的调整力度将其调整到平衡状态；δ_f 的值为 0.008 8，表示当期货价格短期波动偏离其长期均衡时，将有 0.88%的调整力度将其调整到平衡状态。从现货和期货方程中误差修正项的系数大小来看，0.010 6 略大于 0.008 8，说明当两市场受外界信息干扰而偏离长期均衡水平时，将通过沪深 300 指数及其股指期货共同调整来使两个市场重新恢复到长期均衡水平，两者的调整速度相差不大，现货略快于期货。

从 VEC 模型中滞后期的系数来看，都通过了 5%显著性水平检验，现货和期货价格短期内互相引导。但只有现货方程中的期货滞后 1 期系数（α_{f1}）通过了 1%显著性水平检验，期货的价格发现作用更强一些，领先时间大约为 5 分钟。这也说明信息在期货市场传递的更快些，为此，投资者可以根据期货价格进行预测。

2.3.4　Granger 因果关系检验

格兰杰因果检验用于检验两个序列间的因果关系，这种因果关系只是一种统计上的因果关系，也许并没有经济意义，主要用来考查序列间的领先—滞后关系。Granger 因果关系检验采用这样一种方法：先估计当前的 y 值被其自身滞后期取值所能解释的程度，然后验证通过引入序列 x 的滞后值是否可以提高 y 的被解释程度。如果是，则称序列 x 是 y 的格兰杰成因（Granger Cause），此时的 x

的滞后期系数具有统计显著性。一般地，还要考虑问题的另一面，即序列 y 是否是 x 的格兰杰成因。

在本文中我们直接对上述建立的 VEC 模型做因果关系检验，相对于传统的 Granger 因果关系检验，它同时对误差修正项的系数进行检验，其基本思想是就是采用 Wald 检验法。如果要检验期货市场对现货市场是否有因果关系，原假设为 $\delta_s = \beta_{si} = 0$。如果期货市场对现货市场没有因果关系，那么不仅期货市场的滞后期项而且包括误差修正项都要对现货市场没有因果关系。下面我们就对沪深 300 指数及其股指期货的对数序列进行因果分析，结果见表 13－8。

表 13－8　　沪深 300 指数及其股指期货的对数序列的因果检验结果

原　假　设	F 统计值	误差修正项
现货市场对期货市场没有因果关系	6.447 213＊＊＊	0.008 791＊＊＊ (3.510 36)
期货市场对现货市场没有因果关系	473.245 8＊＊＊	－0.010 593＊＊＊ (－4.601 12)

注：＊＊＊为 1% 显著水平，＊＊为 5 显著水平

从结果看，两者都通过了 1% 显著性水平检验，说明现货和期货互为因果关系，两者的价格序列互相引导，从大小来看，应该是期货的引导关系更强一些。

2.3.5　脉冲响应

脉冲响应函数用于衡量来自随机扰动项的一个标准差冲击对内生变量当前和未来取值的影响。在上述误差修正模型中，如果 ε_{st} 发生变化，不仅当前的 ΔS_t 值会立即改变，还会通过当前的 ΔS_t 值影响到变量 ΔS_t 和 ΔF_t 今后的取值。脉冲响应函数试图描述这些影响的轨迹，显示任意一个变量的扰动如何通过模型影响其他所有变量，最终又反应到自身的过程。我们对上述误差修正模型进行脉冲响应函数分析，为了避免脉冲响应结果受变量顺序影响，我们采用广义脉冲响应函数分析，结果见图 13－5。

从图 13－5 中可以看出，现货序列对其自身的一个标准差新信息立刻有较强反应，增加了约 0.001 9，并一直持续下去；对来自期货序列的影响到第二期比较明显，达到 0.001 8，并一直持续下去。期货序列对其自身的一个标准差新信

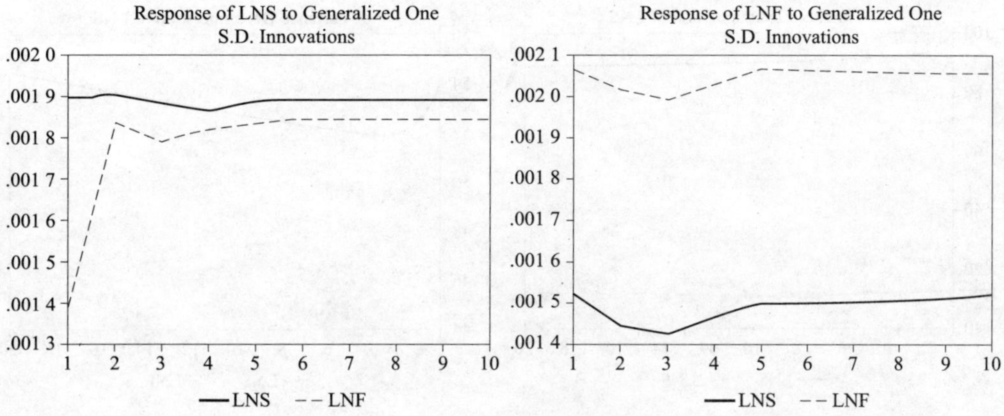

图 13－5　脉冲响应函数结果

息的影响在 0. 002 0 上下浮动；对来自现货序列的新信息反应不强，在 0. 001 5 上下浮动。由脉冲响应函数可知，指数现货对股指期货的影响较小；而股指期货对指数现货的短期影响较小，但长期内会增长并稳定在一定水平。脉冲响应函数的结果也说明沪深 300 指数及其股指期货市场之间互相影响，期货市场的扰动对两个市场的影响更强烈、持久和稳定。

2. 3. 6　方差分解

考察 VEC 模型时，还可以采用方差分解方法研究模型的动态特征。其主要思想是，把系统中每个内生变量的波动按其成因分解为与各方程新信息相关联的组成部分，从而了解各新信息对模型内生变量的相对重要性。我们就用方差分解法来分析一下现货和期货市场上波动的构成，结果见图 13－6。

从图 13－6 中可以看到，在现货市场上，波动主要来自其本身，期货市场对其影响较小。但在期货市场上，波动来自两个市场的影响相对平均，来自现货市场的影响有增加的趋势。

2. 3. 7　考虑市场上涨和下跌时的价格发现作用

上述理论分析中讲到过卖空限制有可能是期货市场具有价格发现作用的原因，因此我们将时间分为上涨期和下跌期来进行分析。在股指期货刚上市初期，现货和期货市场都经历了大跌，将 2010 年 4 月 16 日至 2010 年 7 月 2 日这段时期作为下跌时期，之后从 2010 年 7 月 2 日至 2010 年 11 月 22 日这段时期作为上涨

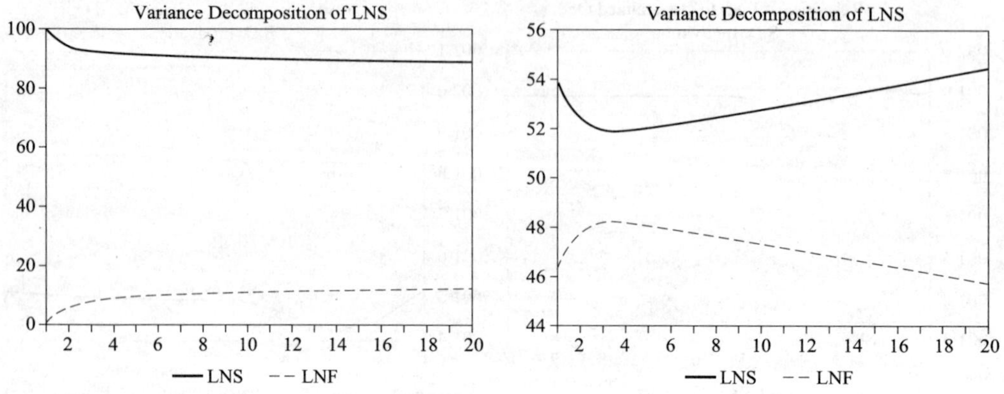

图 13-6　方差分解结果

时期时期。下跌时期的 VEC 模型估计结果见表 13-9。

协整方程为 $Z_t = \ln S_t - 0.950\,6 \ln F_t - 0.544\,7$

表 13-9　　下跌时期 VEC 模型参数估计结果

ΔS_t	系数名称	δ_s	α_{s1}	α_{s2}
	估计值	-0.032 6	-0.216 6	0.034 3
	t 统计量	-5.065 8 ***	-8.773 4 **	1.456 3 **
	系数名称	C_s	α_{f1}	α_{f2}
	估计值	-9.41E-05	0.328 5	0.047 5
	t 统计量	-1.802 1 ***	13.566 7 **	1.909 5 **
ΔF_t	系数名称	δ_f	β_{s1}	β_{s2}
	估计值	-0.002 5	-0.074 4	-0.023 9
	t 统计量	-0.375 4 ***	-2.907 4 **	-0.976 3 **
	系数名称	C_f	β_{f1}	β_{f2}
	估计值	-0.000 1	0.002 9	0.023 6
	t 统计量	-2.515 1 ***	0.113 9 **	0.915 9 **

注：*** 为 1% 显著水平，** 为 5 显著水平

上涨时期的 VEC 模型估计结果如表 13-10 所示。

协整方程为 $Z_t = = \ln S_t - 0.9232 \ln F_t - 0.6088$

表 13－10　　上涨时期 VEC 模型参数估计结果

ΔS_t	系数名称	δ_s	α_{s1}	α_{s2}
	估计值	-0.012 3	-0.322 6	-0.058 74
	t统计量	-2.218 5 ***	-14.167 6 **	-2.793 9 **
	系数名称	C_s	α_{f1}	α_{f2}
	估计值	-6.28E-05	0.450 9	0.059 5
	t统计量	2.110 2 ***	22.283 3 **	2.779 8 **
ΔF_t	系数名称	δ_f	β_{s1}	β_{s2}
	估计值	0.013 5	-0.009 6	-0.003 8
	t统计量	2.151 8 ***	-0.375 6 **	-0.158 3 **
	系数名称	C_f	β_{f1}	β_{f2}
	估计值	8.84E-05	-0.007 1	-0.037 3
	t统计量	2.631 1 ***	-0.311 2 **	-1.545 2 **

注：*** 为 1% 显著水平，** 为 5 显著水平

从结果来看，两个时期模型的误差修正项系数都通过了 1% 显著性水平检验，各个滞后期的系数也通过了 5% 显著性水平检验，所以，当市场处于上涨和下跌的不同时期时，期货和现货市场的领先—滞后关系并没有表现出很多差异。从而也就说明现货市场的卖空限制并不是我们期货市场的价格发现作用的主要原因，对于其原因所在，还有待研究。

2.4　小结

本节利用沪深 300 股指期货上市以来的 5 分钟数据来分析现货及和期货市场间的价格发现作用，先进行了平稳性检验、协整检验，建立了误差修正模型，又进行了 Granger 因果分析、脉冲函数分析、方差分解，结果显示两个市场价格序列之间存在长期的协整关系和双向 Granger 因果关系，期货市场价格更具有发现作用，大约领先于现货价格 5 分钟，脉冲响应函数的结果也说明期货市场的扰动对现货市场的影响更大一些。现货和期货市场上涨和下跌时期的价格发现作用并

没有差异，从而排除了卖空机制是价格发现的主要原因。

2006 年 10 月 30 日我国推出沪深 300 指数期货仿真交易，之后很多学者采用仿真交易数据进行了实证分析，发现在价格发现功能上，不论长短期，现货市场较具有主导地位，即股指期货价格发现功能暂时未能发挥。如今沪深 300 期货合约推出近两年来就表现出了良好的价格发现功能，这些对比说明，我国选择了一个比较成熟的时间推出股指期货。现在的期货市场较 2006 年试推出时已成熟了许多，能快速真实的反应市场的波动情况，并且对股票市场起到一定的指导作用，而两个市场间显著的协整关系也为较好地实现其套期保值作用奠定了基础。在股指期货推出初期，对投资者结构要求较多，投资者以个人投资者居多，随着今后对机构投资者的放开，股指期货的功能也会越来越完善。

第 3 节　股指期货与现货指数间波动溢出效应实证研究

3.1　波动溢出效应机制

一个金融市场的波动程度不仅会受到自身过去几期波动程度的影响，还会受到其他市场波动的影响，这种市场间波动的传导就是"波动溢出效应"，其实质是不同市场之间风险的传递。波动溢出效应可能存在于不同国家、区域间的金融市场，同时也可能存在于不同金融品种的市场之间，如股票、债券、期货、外汇市场之间。价格波动是金融市场的常态特征，适度的波动有利于增加市场的活跃度，加快市场的流动性，但剧烈频繁地波动则会扭曲市场的价格形成机制，导致市场资源配置效率降低。

股指期货市场中的波动溢出效应，可以用图 13 - 7 表示。

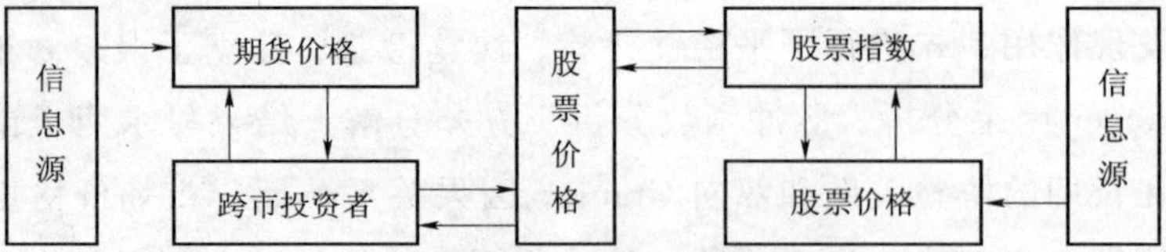

图 13 - 7　股指期货市场中的波动溢出效应机理

还有一些学者用行为金融学来解释波动溢出效应。行为金融学本质上是心理学与金融学的结合，主要研究人们在投资决策过程中认知、感情、态度等心理特征，以及由此引起的市场的非有效性。金融市场中的“羊群行为”，就属于行为金融学。它是指投资者在信息环境不确定的情况下，行为受到其他投资者的影响，模仿或者过度依赖于他人决策，而不考虑信息来源的投资行为。通常金融市场上是机构投资者的决策影响散户投资者，形成羊群效应。金融市场中的这种“追涨杀跌”的羊群行为，对波动溢出的传递，起着十分重要的作用，值得我们去深入研究。

3.2　波动溢出模型的构建

在一般的回归分析和时间序列分析中，要求随机扰动项是同方差，但是金融序列的随机扰动项的无条件方差是常量，条件方差是变化的量，这种情况下，就需要使用条件异方差模型。Engle 于 1982 年提出的自回归条件异方差（ARCH）模型，其基本形式为：$y_t = x_t'\beta + \varepsilon_t$，

如果随机扰动项的平方 ε_t^2 服从 AR（q）过程，即：

$$\varepsilon_t^2 = \alpha_0 + \alpha_1 \varepsilon_{t-1}^2 + \cdots + \alpha_q \varepsilon_{t-q}^2 + \eta_t \qquad t = 1, 2, \cdots$$

其中，η_t 独立同分布，满足 $E(\eta_t) = 0$，$D(\eta_t) = \lambda^2$，则称 ε_t 服从 q 阶的 ARCH 过程。条件异方差 $h_t = E(\varepsilon_t^2 \mid \Omega_{t-1}) = \alpha_0 + \alpha_1 \varepsilon_{t-1}^2 + \cdots + \alpha_q \varepsilon_{t-q}^2$，其中 Ω_{t-1} 为 t－1 期为止所有可以利用的信息，这就表示过去的扰动将会影响未来的扰动，即金融序列的波动聚类性。

若条件异方差为以下形式：

$$h_t = \alpha_0 + \alpha_1 \varepsilon_{t-1}^2 + \cdots + \alpha_q \varepsilon_{t-q}^2 + \theta_1 h_{t-1} + \cdots + \theta_p h_{t-p}$$

则称序列服从 GARCH（p，q）过程。实际应用中，GARCH 模型中的阶数 q 值远比 ARCH 模型中的 q 值要小，q 为 ARCH 效应的阶数，p 为 GARCH 效应的阶数。一般地，GARCH（1，1）模型就能够描述大量的金融事件序列数据。

为了研究多个金融序列之间波动的相关性，最近十几年间学者们研究衍生出了多元 GARCH 模型。当多个金融序列之间存在波动溢出效应时，就可以在一个向量的框架内利用方差－协方差矩阵进行研究。多元 GARCH 模型虽然本质上是

一元 GARCH 模型的推广，仅仅多了两个序列间协方差方程的估计，但是在参数估计上难度要远远大于一元 GARCH 模型。几种常用的多元 GARCH 模型的形式有 VECH、BEKK、DCC 等，本文采用由 Engle 和 Kroner（1995）提出的 BEKK 模型进行分析。BEKK 多元 GARCH 模型的优点是可以在很弱的条件下就保证协方差矩阵 H_t 的正定性且需要估计的参数个数较少，因此在实际问题的分析和研究中，BEKK 模型是一种非常方便有效的形式。Kroner 和 Ng（1998）在 BEKK－GARCH 模型的基础上，提出了一种非对称 BEKK 模型，令 $\eta_{it} = \max[0, -\varepsilon_{it}]$，$i=s, f$，该向量用来描述好消息和坏消息给收益带来的非对称影响。二元非对称 BEKK－GARCH（1，1）模型的具体设定如下：

$$H_t = CC' + A'\varepsilon_{t-1}\varepsilon'_{t-1}A + B'H_{t-1}H'_{t-1}B + G'\eta_{t-1}\eta'_{t-1}G$$

其中，$C = \begin{pmatrix} c_{11} & 0 \\ c_{21} & c_{22} \end{pmatrix}$，$A = \begin{pmatrix} a_{11} & a_{12} \\ a_{21} & a_{22} \end{pmatrix}$，反应波动的 ARCH 效应；$B = \begin{pmatrix} b_{11} & b_{12} \\ b_{21} & b_{22} \end{pmatrix}$，反应波动的 GARCH 效应；$G = \begin{pmatrix} g_{11} & g_{12} \\ g_{21} & g_{22} \end{pmatrix}$，表示坏消息对收益的影响程度。把上式展开可以写成，

$$\begin{aligned} h_{ss,t} = {} & c_{11}^2 + a_{11}^2\varepsilon_{s,t-1}^2 + a_{11}a_{21}\varepsilon_{s,t-1}\varepsilon_{f,t-1} + a_{21}^2\varepsilon_{f,t-1}^2 + b_{11}^2 h_{ss,t-1} + \\ & b_{11}b_{21}h_{sf,t-1} + b_{21}^2 h_{ff,t-1} + g_{11}^2\eta_{s,t-1}^2 + g_{11}g_{21}\eta_{s,t-1}\eta_{f,t-1} + \\ & g_{21}^2\eta_{f,t-1}^2 \end{aligned}$$

$$\begin{aligned} h_{sf,t} = {} & c_{11}c_{21} + a_{11}a_{12}\varepsilon_{s,t-1}{}^2 + a_{21}a_{22}\varepsilon_{s,t-1}\varepsilon_{f,t-1} + a_{11}a_{22} + \\ & a_{21}a_{12}\varepsilon_{f,t-1}^2 + b_{11}b_{12}h_{ss,t-1} + b_{11}b_{22} + b_{21}b_{12}h_{sf,t-1} + b_{21}b_{22}h_{ff,t-1} + \\ & g_{11}g_{12}\eta_{s,t-1}{}^2 + g_{21}g_{22}\eta_{s,t-1}\eta_{f,t-1} + g_{11}g_{22} + g_{21}g_{12}\eta_{f,t-1}{}^2 \end{aligned}$$

$$\begin{aligned} h_{ff,t} = {} & c_{21}^2 + c_{22}^2 + a_{12}^2\varepsilon_{s,t-1}^2 + 2a_{12}a_{22}\varepsilon_{s,t-1}\varepsilon_{f,t-1} + a_{22}^2\varepsilon_{f,t-1}^2 + b_{12}^2 h_{ss,t-1} + \\ & 2b_{11}b_{22}h_{sf,t-1} + b_{22}^2 h_{ff,t-1} + g_{12}^2\eta_{s,t-1}^2 + 2g_{12}g_2 2\eta_{s,t-1}\eta_{f,t-1} + \\ & g_2^2 2\eta_{f,t-1}^2 \end{aligned}$$

$$[\varepsilon_t \mid \Omega_{t-1}] = \left[\begin{matrix} \varepsilon_{st} \\ \varepsilon_{ft} \end{matrix} \middle| \Omega_{t-1}\right] \sim t\left[\begin{pmatrix} 0 \\ 0 \end{pmatrix}, H_t \mid \Omega_{t-1}\right]$$

其中 ε_{st}，ε_{ft} 是上述误差修正模型中的残差项。在 $h_{ss,t}$ 等式中，$h_{ss,t-1}$ 的系数

b_{11}^2表示现货市场中前一期的条件方差对这一期的影响，$h_{ff,t-1}$的系数b_{21}^2表示期货市场中前一期的条件方差对现货市场这一期的影响，$\varepsilon_{s,t-1}^2$和$\varepsilon_{f,t-1}^2$的系数表示现货市场和期货市场的新信息对现货市场的影响。$\eta_{f,t-1}^2$的系数g_{21}^2表示期货市场的坏消息对现货市场的非对称溢出效应。因此在我们的研究中，只需检验系数b_{21}^2、a_{21}^2和g_{21}^2的显著性，构造以下原假设：

(1) $H_0: b_{21} = a_{21} = 0$，如果拒绝原假设，则说明存在从期货市场向现货市场的波动溢出；

(2) $H_0: g_{21} = 0$，如果拒绝原假设，则说明存在从期货市场向现货市场的波动溢出的非对称效应。

$H_0: g_{21} = 0$ 等式的检验同理。

本文假定残差向量服从二元条件正态分布，采用极大似然法对模型的参数进行估计，对数似然函数为：

$$L(\Theta) = -T\log\frac{\pi}{2} - \frac{1}{2}\sum_{t=1}^{T}\log|H_t| - 1/2\sum_{t=1}^{T}\varepsilon'_t H_t^{-1}\varepsilon_t$$

其中，Θ 为参数，T 为样本长度，估计算法为 BHHH 算法。

3.3 波动溢出模型的实证结果

在进行实证检验前，先对误差修正模型的残差项中 ε_s，ε_f 进行 ARCH 效应检验。在确定其存在条件异方差时，才能进行二元 GARCH 建模。图 13-8 是残差序列图，由图中也可以看出残差项呈现出明显的波动聚类现象。

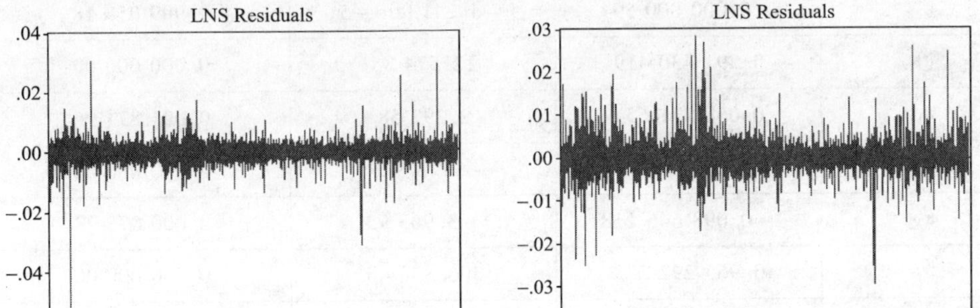

图 13-8 误差修正模型的残差序列图

再利用拉格朗日乘数法检验序列是否存在 ARCH 效应，即 LM 检验。利用 Eviews5.0 检验结果如表 13-11 所示。

表 13-11　　LM 检验结果

滞后期	LM 统计量	P 值
1	13.255 7	0.010 1
2	15.762 9	0.003 4
3	9.505 3	0.049 6
4	9.187 0	0.056 6
5	9.710 8	0.045 6
6	18.015 0	0.001 2
7	15.238 6	0.004 2

从 LM 检验结果来看，前两阶滞后期的 LM 值在 1% 显著水平下拒绝原假设，说明残差序列存在 ARCH 效应。再利用 WinRATS 软件估计二元 BEKK-GARCH 模型的参数，结果如表 13-12 所示。

表 13-12　　二元非对称 BEKK-GARCH 模型的参数估计结果

参数	估计值	T 统计量	P 值
c_{11}	0.000 597 043	13.218 06	0.000 000 00
c_{21}	0.000 744 993	14.455 40	0.000 000 00
c_{22}	-0.000 000 594	-5.241 90e-5	0.999 958 18
a_{11}	0.291 430 419	12.574 85	0.000 000 00
a_{12}	0.068 771 654	2.292 58	0.021 871 96
a_{21}	-0.252 896 624	-12.859 33	0.000 000 00
a_{22}	-0.098 646 118	-3.963 93	0.000 073 73
b_{11}	0.965 292 253	306.838 48	0.000 000 00
b_{12}	-0.034 817 646	-9.088 18	0.000 000 00
b_{21}	0.014 641 580	12.400 80	0.000 000 00

续表

参数	估计值	T 统计量	P 值
b_{22}	1.004 909 120	660.025 43	0.000 000 00
g_{11}	-0.170 402 444	-3.784 77	0.000 153 85
g_{12}	-0.098 767 460	-2.430 69	0.015 070 10
g_{21}	0.213 784 807	6.906 29	0.000 000 00
g_{22}	0.204 229 905	5.655 06	0.000 000 02

对于检验结果，我们将从沪深300指数及其估值期货市场的自身波动的持续性、自身波动的非对称性、两市场间的波动溢出效应和波动溢出的非对称效应四个方面来进行分析。

（1）在自身波动的持续性方面，a_{11}、b_{11}、a_{22}、b_{22}均通过了1%显著性水平检验，说明两个市场对自身上一期的扰动具有显著反应且自身波动具有明显的持续性。

（2）在自身波动的非对称性方面，g_{11}、g_{22}均通过了1%显著性水平检验，说明两个市场对自身前一期的坏消息有显著反应。

（3）在两市场间的波动溢出效应方面，a_{21}、b_{21}、b_{12}均通过了1%显著性水平检验，a_{12}只通过了5%显著性水平检验，说明两个市场间存在波动溢出效应，但是期货市场对现货市场上一期的新消息没有明显反应。

（4）在波动溢出的非对称效应方面，g_{21}通过了1%显著性水平检验，g_{12}只通过了5%显著性水平检验，说明现货市场对期货市场上一期的坏消息有显著反应，期货市场对现货市场上一期的坏消息没有显著反应。

3.4 分时期的波动溢出模型的实证结果

以上我们讨论了沪深300指数期货上市到现在的波动溢出效应，现在我们把股指期货上市以来的时间段分为前期、中期和后期来具体讨论现货市场和期货市场的波动溢出效应的发展变化。重复以上的模型估计过程，得到结果分别见表13-13，13-14，13-15。

表 13－13　前期二元非对称 BEKK－GARCH 模型的参数估计结果

参数	估计值	T 统计量	P 值
c_{11}	0.000 559 023	11.111 81	0.000 000 00
c_{21}	0.000 457 000	7.372 21	0.000 000 00
c_{22}	－0.000 000 043	－0.000 000 83	0.999 999 34
a_{11}	0.309 614 546	11.043 2	0.000 000 00
a_{12}	0.042 452 586	0.941 82	0.346 284 67
a_{21}	－0.303 609 459	－11.300 71	0.000 000 00
a_{22}	－0.036 423 392	－1.022 79	0.306 407 32
b_{11}	0.963 800 495	239.525 98	0.000 000 00
b_{12}	－0.013 224 789	－2.905 05	0.003 672 00
b_{21}	0.009 573 166	3.461 59	0.000 537 00
b_{22}	0.999 620 879	592.733 17	0.000 000 00
g_{11}	0.027 531 554	0.208 88	0.834 541 88
g_{12}	0.064 651 238	1.932 46	0.053 303 07
g_{21}	0.084 481 310	0.737 88	0.460 587 42
g_{22}	0.087 632 550	2.526 7	0.011 514 12

前期的波动溢出结果分析如下：

（1）在自身波动的持续性方面，a_{11}、b_{11}、b_{22}均通过了1%显著性水平检验，a_{22}不能拒绝显著为0的原假设，说明期货市场对自身前一期的新信息没有显著反应，现货市场对自身前一期的新信息具有显著反应，两个市场都对自身波动具有明显的持续性。

（2）在自身波动的非对称性方面，g_{11}、g_{22}均没有通过1%显著性水平检验，说明两个市场对自身前一期的坏消息没有显著反应。

（3）在两市场间的波动溢出效应方面，a_{21}、b_{21}、b_{12}均通过了1%显著性水平检验，a_{12}不能拒绝显著为0的原假设，说明两个市场间存在波动溢出效应，但是期货市场对现货市场上一期的新消息没有显著反应。

（4）在波动溢出的非对称效应方面，g_{21}、g_{12}没有通过显著性检验，说明两个市场都对另一市场上一期的坏消息没有显著反应。

表 13－14 中期二元非对称 BEKK－GARCH 模型的参数估计结果

参数	估计值	T 统计量	P 值
c_{11}	0.000 921 132	7.296 66	0.000 000 00
c_{21}	0.000 446 225	1.727 93	0.084 001 56
c_{22}	0.000 001 035	0.000 080 798	0.999 935 53
a_{11}	0.289 765 402	5.524 48	0.000 000 03
a_{12}	0.122 503 484	1.108 19	0.267 777 73
a_{21}	−0.119 742 708	−2.736 33	0.006 212 96
a_{22}	−0.030 158 335	−0.322 37	0.747 168 99
b_{11}	0.935 335 972	34.096 89	0.000 000 00
b_{12}	0.059 640 680	1.349 87	0.177 057 93
b_{21}	−0.007 419 326	−0.529 31	0.596 589 19
b_{22}	0.963 717 328	65.569 32	0.000 000 00
g_{11}	−0.208 627 049	−1.951 53	0.050 993 76
g_{12}	0.032 780 036	0.258 83	0.795 765 58
g_{21}	0.285 682 243	4.525 35	0.000 006 03
g_{22}	0.089 736 385	0.888 47	0.374 289 17

中期的波动溢出结果分析如下：

（1）在自身波动的持续性方面，a_{11}、b_{11}、b_{22} 均通过了1%显著性水平检验，a_{22} 不能拒绝显著为0的原假设，说明期货市场对自身前一期的新信息没有显著反应，现货市场对自身前一期的新信息具有显著反应，两个市场都对自身波动具有明显的持续性。

（2）在自身波动的非对称性方面，g_{11}、g_{22} 均没有通过1%显著性水平检验，说明两个市场对自身前一期的坏消息没有显著反应。

（3）在两市场间的波动溢出效应方面，a_{21} 通过了1%显著性水平检验，a_{12}、b_{21}、b_{12} 均不能拒绝显著为0的原假设，说明两个市场间不存在显著的波动溢出效应，只有现货市场对期货市场上一期的新消息有显著反应。

（4）在波动溢出的非对称效应方面，g_{21}通过1%显著性水平检验，g_{12}不能拒绝显著为0的原假设，说明现货市场对期货市场上一期的坏消息有显著反应，期货市场对现货市场上一期的坏消息没有显著反应。

表13-15　后期二元非对称BEKK-GARCH模型的参数估计结果

参数	估计值	T统计量	P值
c_{11}	0.001 212 472	7.680 78	0.000 000 00
c_{21}	0.000 957 130	4.030 01	0.000 055 77
c_{22}	-0.000 000 139	-0.000 000 216	0.999 999 83
a_{11}	0.118 909 227	1.324 93	0.185 195 16
a_{12}	-0.034 081 190	-0.363 17	0.716 476 63
a_{21}	-0.048 927 576	-0.549 31	0.582 790 02
a_{22}	-0.018 601 521	-0.200 19	0.841 328 43
b_{11}	1.429 890 641	24.977 35	0.000 000 00
b_{12}	0.597 325 267	9.625 29	0.000 000 00
b_{21}	-0.604 282 336	-8.709 78	0.000 000 00
b_{22}	0.358 208 551	5.387 02	0.000 000 07
g_{11}	0.058 320 696	0.484 39	0.628 107 36
g_{12}	0.315 739 139	2.965 12	0.003 025 63
g_{21}	-0.128 055 661	-0.739 8	0.001 803 10
g_{22}	-0.393 825 668	-4.560 68	0.000 005 10

后期的波动溢出结果分析如下：

（1）在自身波动的持续性方面，b_{11}、b_{22}均通过了1%显著性水平检验，a_{11}、a_{22}不能拒绝显著为0的原假设，说明两个市场对自身波动具有明显的持续性且对自身前一期的新信息没有显著反应。

（2）在自身波动的非对称性方面，g_{22}通过1%显著性水平检验，g_{11}不能拒绝显著为0的原假设，说明期货市场对自身前一期的坏消息具有显著反应，现货市场对自身前一期的坏消息没有显著反应。

（3）在两市场间的波动溢出效应方面，b_{21}、b_{12}通通过了1%显著性水平检验，a_{12}、a_{21}不能拒绝显著为0的原假设，说明两个市场间存在显著的波动溢出效应，但是对另一市场上一期的新消息没有显著反应。

（4）在波动溢出的非对称效应方面，g_{12}、g_{21}都通过了1%显著性水平检验，说明两个市场都对另一市场上一期的坏消息具有显著反应。

3.5　小结

本节建立了沪深300指数及其股指期货之间的波动溢出效应的二元非对称BEKK－GARCH（1，1）模型，并利用上市以来至今的数据进行实证分析。从结果来看，两个市场各个时期序列对自身波动都具有显著的持续性，且大部分时期都存在显著的双向波动溢出效应，但波动溢出效应并不是始终存在，不具有一贯性，可能会随市场情况的变化而发生变化。正如Gwilym和Buckle（2001）所指出市场景气循环也是波动效应的重要决定因素；也可能如Min和Najand（1999）研究发现市场间波动溢出效应存在显著的样本依赖。在坏消息对两个市场的影响方面，两个市场从前期的没有显著反应逐渐发展到后期有显著反应，说明投资者对坏消息的反应越来越敏感，也说明市场的效率在逐步提高。

第4节　研究结论

本文对沪深300指数及其股指期货上市以来的5分钟数据进行价格发现和波动溢出效应的研究，分别建立了误差修正模型（VECM）和二元非对称BEKK－GARCH（1，1）模型。得到的结论主要有以下几条：

（1）虽然我国股指期货市场属于新兴市场，上市交易不足两年时间，但其上市以来运行良好，和现货市场长期走势一致，保持稳定的协整关系。当两市场短期受外界信息干扰而偏离长期均衡水平时，将通过现货和期货市场共同调整来使两个市场重新恢复到长期均衡水平。在价格发现作用上，两个市场互相引导，但期货市场的价格发现作用更强，领先现货价格约5分钟，且卖空限制并不是价格发现的主要原因。

（2）现货和期货市场间存在双向的波动溢出效应，说明信息可以在现货和期货市场间自由传递。但这种波动溢出效应不是一直存在，其原因还有待研究，也许跟市场总体情况有关。在波动的杠杆效应方面，两市场都对坏消息的反应越来越显著，也就是投资者对坏消息越来越敏感。

以上这些说明了我们股指期货市场的运行是有效率的，能够很好地发挥价格发现作用，传递信息，减少波动，稳定市场。

参考文献

[1] 吴冲锋，王海成，幸云. 期铜价格引导关系和互协关系实证研究 [J]. 系统工程理论方法应用，1997（6）.

[2] 赵留彦，王一鸣. A、B 股之间的信息流动与波动溢出 [J]. 金融研究，2003，(10)：37-52.

[3] 严敏，巴曙松，吴博. 我国股指期货市场的价格发现与波动溢出效应 [J]. 系统工程，2009，(10)：32-38.

[4] 高铁梅. 计量经济分析方法与建模（第二版） [M]. 北京：清华大学出版社，2011.

[5] 肖辉，鲍建平，吴冲锋. 股指与股指期货价格发现过程研究 [J]. 系统工程学报，2006，(8)：438-441.

[6] 宋逢明，江婕. 中国股票市场波动性特性的实证分析 [J]. 金融研究，2003，(4).

[7] 任燕燕，李学. 股指期货与现货之间超前之后关系研究 [J]. 山东大学学报，2006，(5)：86-89.

[8] 孙海军，唐利芳. 国外股指期货交易与现货市场的关系研究综述 [J]. 商场现代化，2006，(2)：298-299.

[9] 刘庆富，王海民. 期货市场与现货市场之间的价格研究——中国农产品市场的经验 [J]. 财经问题研究，2006，(4)：44-51.

[10] 方毅. 国内外期铜价格之间的长期记忆成分和短期波动溢出效应 [J]. 数量统计与管理，2008，(2)：304-312.

[11] 张金清，刘庆富. 中国金属期货市场与现货市场之间波动性关系研究 [J]. 金融研究，2006，(7)：102-112.

[12] 华仁海，刘庆富．国内外期货市场之间的波动溢出效应研究［J］．世界经济，2007，(7)：64－74.

[13] 郭洪钧．股票指数：期货价格与现货价格领先一滞后关系［J］．经济理论与经济管理，2007，(6)：48－52.

[14] 杨帆，朱邦毅．论股指期货引入对股票现货市场的联动影响［J］．证券经纬，2007，(2)：176－178.

[15] 华仁海，仲伟俊．土海期货交易所期货价格有效性的实证检验［J］．数量经济技术经济研究，2003，(1)：133－136.

[16] 汪东华，欧阳卫平，Hayk MkrtChyan．股指期货推出前后股市反应的国际比较研究［J］．国际金融研究，2009，(4)：10－16.

[17] 邢天才，张阁．股指期货的推出对现货市场影响的实证研究一基于新华富时 A50 的分析［J］．财经问题研究，2009，(7)：83－88.

[18] 华仁海，陈百助．国内、国际期货市场期货价格之间的关联研究［J］．经济学（季刊），2004，(4)：727－742.

[19] Johansen, S.. Estimation and hypothesis testing of cointegration vectors in Gaussian vector autoregressive models [J]. Econometrica, 1991, (59): 1551－1580.

[20] Garbade K D, Silber W L. Price movement and price discovery in futures and cash markets [J]. Review of Economics and Statistics, 1983, (65): 289－297.

[21] Brooks C, Rew A G, Ritson S. A trading strategy based on the lead－lag relationship between the spot index and futures contract for the FTSE 100 [J]. International Journal of Forecasting, 2001 (17): 31－44.

[22] Y Cheung, L Ng. The Dynamics of S&P500 Index and S&P50O Futures lntraday Price Volatility [J]. Review of Futures Markets, 1990, (6): 185－198.

[23] Ghosh. A, . Hedging with stock index futures: Estimation and forecasting with error correction model [J]. Journal of Futures Market, 1993, (12): 743－752.

[24] Kawaller, Ira G., Koch, Paul D. and Koch, Timothy W. The Temporal Price Relationship between S&P500 Futures and the S&P500 Index [J]. The Journal

of Finance, 1987, (42): 137 - 145.

[25] Herbst, A. F., J. P. McCormack, E. N. West. Investigation of a Lead - Lag Relationship Between Spot Stock Indices and Their Futures Contracts [J]. The Journal of Futures Markets, 1987, (4): 374 - 381.

[26] Chan, K., K. C., A. Karolyi. Intraday Volatility in the Stock Index Futures Markets [J]. Review of Financial Studies, 1991: 123 - 152.

[27] Tse Y. Price Discovery and Volatility Spillovers in the DJIA Index and Futures Markets [J]. Journal of Futures Markets, 1999: 911 - 930.

[28] Alan E. H. Speight, David G. McMillan, Owain ap Gwilym. Intra - day Volatility Components In FTSE - 100 Stock Index Futures [J]. The Journal of Futures Markets, 2000, (20): 425 - 444.

[29] Kutner, G. W. & Sweeney, R. J, Causality tests between the S&P500 cash & futures markets [J], Quarterly Journal of Business & Economics, 1991 (2): 51 - 74.

[30] Neuburger. The International Transmission of Conditional Volatility: A 21 Market Study [C]. Fifth Midwest Econometrics Group Meetings, Washington University in St. Louis, 1995: 227 - 239.

第 14 章

股指期货套利

第 1 节　股指期货、现货套利策略研究综述

沪深 300 股指期货仿真交易推出之后，我国经济学者对股指期货期现套利进行了大量的研究。

股指现货的模拟方面，张敏、徐坚（2007）认为使用 ETF 组合作为现货组合来模拟沪深 300 指数能够取得良好的效果。张文祥（2008）使用 GARCH 模型与 OLS 模型求解 ETF 组合的最优比例，研究表明采用 ETF50 与 ETF100 组合的方案最简便可行。袁象（2008）利用分层抽样复制方法对股指现货进行了复制。

无风险套利策略方面，赵骞（2008）在股指期货无风险套利定价模型的基础上延伸推导了提前结束套利头寸模型和滚动套利模型，实证分析了香港恒生指数期货和沪深 300 仿真交易股指期货的数据，发现在整个观察期内，恒生指数期货都不存在套利机会，而沪深 300 股指期货仿真交易则都存在套利机会。张辉（2010）分析了沪深 300 股指期货上市以来当月连续合约 4 月 16 日至 6 月 18 日的日数据，认为期现无风险套利机会非常少，提出了在无风险套利的基础上实施提前平仓与滚动套利相结合的优化策略。

统计套利方面，陈军（2007）利用协整的统计套利方法分析了 2007 年 1 月 22 日到 2007 年 5 月 30 日股指期货仿真交易合约 IF0709 和 IF0706 的 1 小时频率

数据，该跨期套利组合在有效规避市场风险的前提下获得了一定的收益，结果较为理想。仇中群（2009）以沪深300仿真期货合约2008年5月19日到2008年5月23日这段时间的1分钟数据作为研究对象，通过协整检验，认为股指期货和现货之间不存在协整关系，而股指现货与上证50ETF和深证100ETF之间存在协整关系，并将协整技术应用于股指现货的模拟策略中。

在此之前，西方发达资本主义国家对股指期货期现套利策略的研究也不胜枚举。Meade和Salkin（1989）提出采用二次规划法求解投资于套利现货组合中的各股票最优比例。Klemkosky和Lee（1991）根据借贷利率的不同，将股指期货理论价格扩展成了一个无套利区间。Ganapathy Vidyamurthy（2004）对统计套利配对交易技术作了详细的分析，得出了“若价差序列为白噪声序列，则最大收益的交易边界为 $\pm 0.75\sigma$”的结论。

第2节　套利步骤

2.1　沪深300现货的复制策略步骤

1. 选择现货产品

股指现货的模拟通常有四种方法：一是按沪深300股指的编制方法完全复制沪深300指数；二是对沪深300股指中涉及到的300支股票进行分层抽样，选取一部分股票进行组合，对指数进行模拟；三是利用市场上已有的单支ETF或LOF股指基金作为模拟；四是用市场上已有的多支ETF股指基金进行合理的组合，以模拟现货指数。

由于前两种方法在复制和交易的操作上都十分复杂，因此本文不提倡采用。第三种方法操作最简单，但由于目前市场上以沪深300指数为标的的基金很少且单支基金与沪深300股指的跟踪误差较大。因此，为了减少跟踪误差，本文采取第四种方法对沪深300股指现货进行模拟。

2. 确定产品权重

本文采用最小跟踪误差法：

Meade和Salkin（1989）提出的最优化模型采用二次规划法求解出投资于各

股票的比例来建立套利组合，其模型为：

目标函数：$Min\ TE = \frac{1}{T}\sum_{t=L}^{T}(IR_t - PR_t)^2$

约束条件：$PR_t = \frac{1}{N}\sum_{i=1}^{N} w_i XR_{i,t}$

$$\sum_{i=1}^{N} w_i = 1$$

$$w_i \geqslant 0, i = 1,2,\ldots,N$$

式中，TE 为跟踪误差；IR_t 为第 t 期股票指数的收益率；PR_t 为指数投资组合在第 t 期的收益率；$XR_{i,t}$ 为第 i 支股票在第 t 期的收益率；w_i 为投资组合中股票 i 的比例；T 为样本期间。N 为股票指数成分股股数。

在本文中，将跟踪误差定义为：$TE = \sqrt{\frac{1}{T}\sum_{t=L}^{T}(IR_t - PR_t)^2}$，使 $XR_{i,t}$ 表示第 i 支 ETF 在第 t 期的收益率，从而按上述方法计算出上证 50ETF、上证 180ETF、深证 100ETF 三支基金在模拟股指现货的投资组合中的最佳权重。

3. 计算跟踪误差

在确定三支基金权重之后，算出该组合的跟踪误差。

2.2 现货与期货套利策略步骤

1. 计算股指期货合约的无套利区间上下界

由于套利交易存在交易成本等各种影响因素，股指期货和现货的基差在一定范围内是没有套利机会的。通过计算，我们可以得到这个不存在套利机会的基差区间的上下界。无套利区间上下界的确定与许多参数有关，如借款利率、交易费率等。由于不同的投资者所能拿到的交易成本不同，因此无套利区间的上下界是因人而异的。投资者应根据自身情况进行参数设定，计算出自己的无套利区间上下界，作为判断套利机会存在与否的标准。

2. 发现套利机会

当股指期货与现货的基差大于无套利区间上界时，存在正向套利机会；当基差小于无套利区间下界时，存在反向套利机会。

3. 确定交易规模

投资者根据自己的资金状况确定买入或卖出的现货或期货规模。需要注意的是，应该预留一部分资金以预防期货价格上涨、追加保证金的风险。另外，如果交易规模过大，会增加套利交易的冲击成本，从而减少获利。

4. 下单执行

同时在股指期货市场和股票市场上买入或卖出相应规模的资产。

5. 选择平仓时机进行平仓

当股指期现价差收敛时做相反操作，平掉期货和现货的头寸；或在指数合约到期交割时，平掉现货头寸。如果在套利头寸平仓时，发现下月期货合约存在与本次套利同向的期现套利机会，可以继续持有当前现货头寸，直接买卖下月期货合约，以节约交易成本。

第3节　无风险套利策略研究

3.1　股指期货合约定价模型的选择

持有成本模型（Cost of Carry Model）①，持有成本模型是1983年康泰尔和弗伦奇借助一个套利组合论证的建构在完美市场假设下的定价模型，其限制的假设条件如下：

1. 借贷利率相同且维持不变
2. 无逐日盯市的保证金结算风险
3. 无税收和交易成本
4. 卖空股指成分股无限制
5. 股利发放时间、数量确定，无股利不确定风险
6. 指数成分股可以无限分割
7. 期货和现货头寸均持有到期货合约到期日

股指期货的理论价格公式为：$F_t = S_t(1 + r_f)^{(T-t)} - D(t,T)$

① Cornell B, French K R, "The pricing of stock index futures," Journal of Futures Markets, Vol. 3, No. 1, 1983a, p. 1-14.

表示成连续复利形式为：$F_t = S_t e^{(r_f-d)(T-t)}$

其中：F_t 为股指期货合约在 t 时刻的理论价格；

S_t 为股指现货在 t 时刻的价格；

r_f 为无风险收益率；

T 为股指期货合约的到期时间；

$D(t,T)$ 为 t－T 时间内收到的股利现值；

d 为股利率。

3.2 无套利区间上限的确定（成本模型）

以上股指期货定价模型是建立在完美市场的假设条件下的。然而在现实中，完美市场并不存在，因此期货合约的实际价格往往与其理论价格之间存在着一些偏差。大部分时候，这些偏差是合理的，它们并不能给市场带来套利机会。造成这些偏差的原因，我们将一一分析。

1. 借贷利率不同且因人而异

在实际交易中，套利者在正向套利时考虑的是借款利率，在反向套利时考虑的是贷款利率。因此，Klemkosky 和 Lee（1991）根据借贷利率不相同的情况，将无风险利率扩展为借款利率和贷款利率，使期货理论价格成为了一个无套利区间：

$$S_t(1+r_l)^{(T-t)} - D < F_t < S_t(1+r_b)^{(T-t)} - D$$

其中，r_b 为借款利率，r_l 为贷款利率。①

2. 逐日盯市的保证金结算制度

Cox、Ingersoll 和 Ross（1981）②，以及 Modest（1984）③ 的研究表明：逐日盯市这个因素对期货合约的定价影响微乎其微。

① Klemkosky R C, Lee J H, "The intraday Ex Post and Ex Ante profitability of index arbitrage," Journal of Futures Markets, Vol. 11, No. 3, 1991, p. 291 – 311.

② Cox J C, Jr Ingersoll J E, Ross S A, "The relation between forward prices and futures prices," Journal of Financial Economics, Vol. 9, 1981, p. 321 – 346.

③ Modest D M, "On the pricing of stock index futures," Journal of Portfolio Management, Vol. 10, 1984, p. 51 – 57.

3. 交易成本

现实中的市场不是无摩擦的市场，市场中存在着诸如佣金、税收、冲击成本等交易成本。其中，冲击成本是指由于套利者买卖相当数量的期货或者现货产品，可能会影响到市场价格的变动，造成的实际成交价格与预期成交价格之间的差异。

当实际期货价格与实际现货价格的差能够弥补套利者在套利过程中花费的交易成本时，套利者才有利可图，才会进入市场进行套利活动。因此，考虑到交易成本（C）的存在，无套利区间变为：

$$S_t(1+r_l)^{(T-t)} - D - C < F_t < S_t(1+r_b)^{(T-t)} - D + C$$

4. 股利发放时间、数量不确定

在我国股票市场中，股利发放的时间、数量很不确定，发放股利的上市公司很少，且发放次数不多。并且，由于考虑到市场的流动性，人们用来套利的股指期货合约一般为当月或下月合约，套利持有期较短。因此，股利（D）对我国股指期货合约理论价格的影响非常小且难以估算。因此，本文在对股指期货定价时忽略股利的影响。无套利区间为：

$$S_t(1+r_l)^{(T-t)} - C < F_t < S_t(1+r_b)^{(T-t)} + C$$

5. 股指现货的模拟和跟踪误差

在实际市场中，并不存在与股指期货标的指数完全对应的现货产品供套利者交易。因此需要套利者从市场中现有的股票、基金产品中挑选一些，对股指现货进行模拟。模拟的资产组合与股票指数之间会存在一定的跟踪误差（E），因此，无套利区间应该是：

$$S_t(1+r_l)^{(T-t)} - E - C < F_t < S_t(1+r_b)^{(T-t)} + E + C$$

6. 机会成本

套利者利用资金进行套利交易的同时，也剥夺了这些资金用其他途径赢利的机会。例如，套利者若用自有资金进行套利，则不能获得把这些资金贷出所能得到的利息；套利者若借款进行套利，则失去了不借款所能节省的借款利息。又由于套利操作较为复杂，所以当套利所得的收益≤机会成本（O）时，套利者将不会进行套利交易。因此，无套利区间为：

$$S_t(1+r_l)^{(T-t)} - E - C - O < F_t < S_t(1+r_b)^{(T-t)} + E + C + O$$

7. 卖空限制

在我国金融市场上，融券卖空受到很大的限制，现货卖空操作十分困难，卖空成本难以量化。考虑到这个现实问题，本文只对股指期货期现正向套利进行实证研究。

综上所述，股指期货期现无风险套利中，期货价格的无套利上限为：

$$F_t = S_t(1+r_b)^{(T-t)} + E + C + O$$

第4节　统计套利策略研究

统计套利，又称“配对交易”，或者说是配对交易的进一步发展。当两个金融时间序列存在长期稳定的协整关系时，我们可以通过研究其价差的变化规律，相应的设计出能使我们长期获利的交易策略。统计套利是基于均值回归的原理建立的，当价差高于或低于其均值时都会以很高的概率向均值回归。Andrew Pole 在其著作《Statistical Arbitrage》中证明了75%规则，描述如下：

定义一个独立同分布的连续随机变量 $\{P_t, t = 1,2,\ldots\}$ 序列，这个序列落在一条非负的实线上，中位数为 m，那么：

$$P_r[P_t > P_{t-1} \cap P_{t-1} < m] \cup [P_t < P_{t-1} \cap P_{t-1} > m] = 0.75$$

随机量 P_t 就是时间 t 这一天的价差，每一天的随机量 P_t 都是独立的随机变量。当价差的当前值 P_t 大于（或者小于）序列中值 m 时，我们可以预测下一时间的价差不超过（或者不低于）当前价差的概率为75%，即下一时间价差向中值方向变动（回归）的概率为75%。

统计套利有三个基本规则：

规则1：当价差偏离中值（均值）时，建立套利头寸，待价差回归时平仓。

规则2：对与规则1反向的情况进行套利交易，即当价差位于中值时建立反向头寸，待价差扩大时平仓。

规则3：在更强的进场时点，重复进行交易。

由于现实中存在ETF卖空交易限制，因此本文在期现套利部分只研究买入

ETF 卖出期货的正向套利。对于规则 2 所描述的情况，这种交易成立建立在可以准确预期到价差将扩大到一定程度的基础上，然而在通常的交易中，基于 75% 规则，一旦价差相对于均值稍有偏离，我们就合理的预期价差即将回归，因此规则 2 所描述的情况在现实中比较少见且不易把握，本文不予考虑。同时，本文支持符合现实操作的规则 3。

4.1 单位根检验和协整理论

在传统计量经济学中，当我们对某个时间序列进行回归分析时，总是假设该序列是平稳的，即不存在单位根的。然而，在现实中，我们研究的很多时间序列，尤其是经济、金融时间序列，它们并不是平稳的。如果仍用传统计量方法对两个时间序列进行回归分析，就会出现伪回归，即对两个不存在线性关系的时间序列进行回归做出了回归方程。

单位根检验就是检验时间序列是否存在单位根的方法。常用的一种方法是 ADF 检验法。若检验所得的 ADF 值大于临界值，则接受原假设，认为该时间序列有单位根，是不平稳的；若检验所得 ADF 值小于临界值，则拒绝原假设，认为该时间序列没有单位根，是平稳的。若该时间序列经过 d 次差分后变成了平稳序列，则称该序列为 d 阶单整序列，用 I（d）表示。

在现实中，有的时间序列虽然是不平稳的，但它们可能受到某些共同因素的影响，从而存在一种长期稳定的关系，我们称这种平稳的关系为协整关系。只有当两个时间序列是同阶单整序列时，才可能存在协整关系。因此在对两时间序列协整关系进行检验之前，需要先用 ADF 检验法分别对它们进行单位根检验。

检验几个时间序列之间是否存在协整关系的方法有 Johansen 检验法等。若检验两个时间序列的协整关系，可以采用 EG 两步检验法①：

第一步：用最小二乘法（OLS）估计两序列 x_t、y_t 间的回归方程：

$$y_t = \alpha + \beta x_t + v_t$$

得回归系数的估计值 $\hat{\alpha}$ 和 $\hat{\beta}$，则残差估计值为：

① 于俊年 . 计量经济学 . 北京，对外经济贸易大学出版社，2007，365 –370.

$$\widehat{v_t} = y_t - \widehat{\alpha} - \widehat{\beta} x_t$$

第二步：检验 $\widehat{v_t}$ 的单整性。若 $\widehat{v_t}$ 为 I（0），是平稳序列，则 x_t 和 y_t 之间具有协整关系；反之，则没有协整关系。

4.2　确定最大收益的交易阈值和止损点

股指期货实际价格与股指现货时间序列通过 EG 两步法协整检验，确定两者之间存在长期稳定关系时，可以得到两时间序列回归方程为：

$$y_t = \alpha + \beta x_t + S_t\ (S_t \text{ 即 } v_t)$$

对残差序列 S_t 的数据进行分析，算出能获得历史最大收益的交易阈值。根据交易规则 3，我们假设在价差大于交易阈值的时点持续建仓，没有持有头寸的限制，以使我们获得更大的收益。（事实上，关于持有头寸的假设对交易阈值的设定没有影响①。）这样，我们获得的最小收益为交易阈值价差乘以价差大于交易阈值的次数。

建立模型：

目标函数：$Max\ TD = (S_1 - \mu) * m$

其中：TD 表示在样本时间内进行套利交易能获得的基差点数总数；

$m = countif(S_t, > S_1)$，表示样本数据中大于 S_1 的个数，或是通过价差序列分布求出的 $S_t > S_1$ 的概率；

S_1 表示交易阈值；

μ 表示残差序列的均值。

约束条件：$\mu \leqslant S_1 \leqslant MaxS_t$

根据模型进行规划求解，得出 S_1 的最佳值。

当价差序列是一个高斯白噪声序列时，使套利收益最大的交易阈值在均值 $\pm 0.75\sigma$ 处②。

---

① Ganapathy Vidyamurthy, "Pairs Trading: Quantitative Methods and Analysis," Canada, Published by John Wiley & Sons, Inc., Hoboken, New Jersey, 2004.

② Ganapathy Vidyamurthy, "Pairs Trading: Quantitative Methods and Analysis," Canada, Published by John Wiley & Sons, Inc., Hoboken, New Jersey, 2004.

第5节　数据处理及仿真结果

5.1　数据来源及基差分析

本文数据来自于 Resset 数据库，选取 2010－04－16 到 2011－12－30 沪深 300 股指期货当月、次月、下季月、隔季月连续合约与沪深 300 股指、上证 50ETF、上证 180ETF、深证 100ETF 各 418 个日收盘价数据进行分析。

沪深 300 股指期货当月连续合约价格与股指之间的基差序列图见图 14－1。

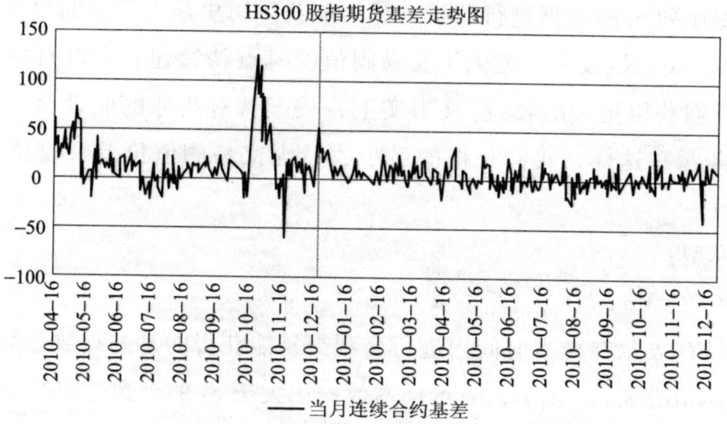

图 14－1　HS300 股指期货当月连续合约与股指现货的基差序列

资料来源：锐思金融研究数据库

从图 14－1 可以看出，沪深 300 股指期货当月连续合约价格与股指现货价格之间的基差变动大致可以分为两个阶段，即 2010 年和 2011 年。2010 年大部分时间基差波动是比较稳定的，波动幅度不大。大的基差波动主要出现了两次，分别出现在 5 月上旬和 10、11 月。其中后者的波动非常大，10 月 24 日、25 日，当月合约价格达到历史最高点 124.92 点；11 月 19 日达到历史最低点－57.05 点。而 2011 年，基差的波动一直维持在较小的范围内，表现相当稳定，股指期货市场明显比 2010 年成熟了许多。由于股指期货上市当日为当月第三个星期五，与两日后的交易数据不连续且差异较大，因此在下面的分析中，本文将对 2010 年和 2011 年的的 417 个数据进行处理分析。

5.2　模拟沪深 300 股指现货价格

由于深证 100ETF 于 2010 年 11 月 19 日进行了 1∶5 的拆分，当天没有进行交易，因此舍弃当天的交易数据，Resset 数据库中 ETF 交易数据更新到 2011 年 9 月 30 日，可用数据为 357 个。从 2010 年 11 月 20 日起的深证 100ETF 的收盘价数据，本文将它们乘以 5，以使之与拆分前的数据保持一致。

通过计算，上证 50ETF、上证 180ETF、深证 100ETF 与沪深 300 股指的相关系数、跟踪误差如表 14－1 和 14－2 所示。

表 14－1　　三种 ETF 基金与 HS300 股指的相关系数表

相关系数		
上证 50ETF	上证 180ETF	深证 100ETF
0.858 0	0.988 7	0.950 2

表 14－2　　三种 ETF 基金与 HS300 股指的跟踪误差表

跟踪误差		
上证 50ETF	上证 180ETF	深证 100ETF
0.518 8%	0.685 7%	0.560 6%

从表 14－1 和 14－2 中可以看出，虽然这三支 ETF 基金与沪深 300 股指的相关系数都很高，但若用单支 ETF 作为股指现货的模拟，则会存在较大的跟踪误差（>0.5%）。

利用上文介绍的最小跟踪误差法，我们将上证 50ETF、上证 180ETF、深证 100ETF 这三支基金进行组合，计算出使组合资产与沪深 300 指数跟踪误差最小的一组组合权数。计算结果见表 14－3。

表 14－3　　三种 ETF 基金模拟股指现货组合权重表

权　数		
上证 50ETF	上证 180ETF	深证 100ETF
44.10%	34.04%	21.86%

得最小跟踪误差为0.002 746，即0.274 6%。

5.3 相关成本计算

1. 参数设定

期货手续费p：中金所收取的期货手续费为合约成交金额的万分之零点五，期货公司一般加收万分之零点五至万分之一。保守起见，本文取万分之一点五，即0.015%。

期货保证金比例m：中金所规定，股指期货近月合约的保证金为15%，远月合约的保证金为18%。

ETF二级市场佣金q：证监会规定佣金最高不超过成交金额的0.3%，最低为5元，网上交易佣金一般为0.1%~0.15%，双边征收。本文取0.15%。

借款利率r：银行六个月以内贷款利率，股指期货上市以来，银行存贷款基准利率上调了5次（见表14-4）。

表14-4　近年六个月内贷款利率变动表

日期	2008-12-23	2010-10-20	2010-12-26	2011-02-09	2011-04-06	2011-07-07
6个月内贷款利率-%	4.86%	5.10%	5.35%	5.60%	5.85%	6.10%

资料来源：和讯网-银行版

跟踪误差e：由上一小节的计算可知，最小跟踪误差为0.274 6%，本文取0.275%。

冲击成本：平安证券于2010-06-12的报告中指出，我国股指期货期现套利冲击成本较小，期货市场冲击成本保守估计为0.11%，ETF（上证50ETF、深证100ETF组合）冲击成本为0.16%。长江证券对2010.5~2011.2的行情数据统计发现，下单数在1~5张时平均冲击成本为0.36点，下单数超过20张时的平均冲击成本超过1点，下单数超过40张时平均冲击成本达2.64点。金元证券2011-03-16研究认为，股指期货各连续合约的冲击成本分别为0.005%、

0.01%、0.03%、0.08%。综合以上机构的研究报告，本文设定期货市场当月合约交易的冲击成本 b 为 0.02%，下月合约冲击成本 b 为 0.05%，下季月合约冲击成本 b 为 0.1%，ETF 冲击成本 d 为 0.1%。

机会成本 O：包括股指现货交易资金和期货保证金的机会成本。在计算时，假设套利者持有头寸至股指期货到期，以求得保守估计的最大机会成本。

2. 计算公式

总交易成本：$C = [(p + b) * Future + (q + d) * Index] * 2$

跟踪误差：$E = e * Index$

机会成本：$O = (Future * m + Index) * (e^{r(T-t)} - 1)$

3. 计算结果如图 14－2 所示

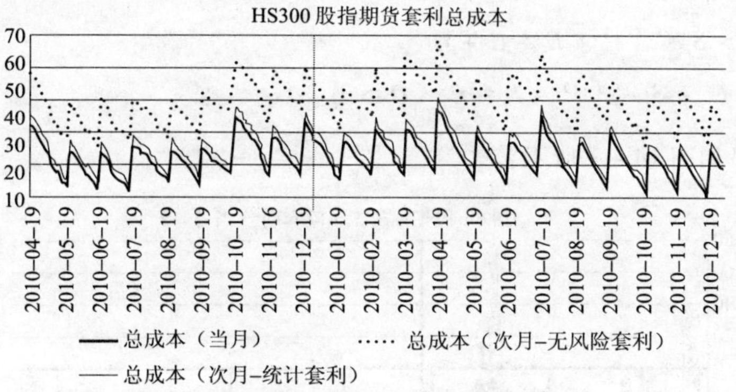

图 14－2　利用期货当月、次月合约进行无风险套利、统计套利总成本图

总成本之所以会呈现从高到底的周期性，主要是因为在计算机会成本的时候，我们假设套利者最长会并且将会持有套利头寸至股指期货合约到期，因此随着到期日的临近，机会成本逐渐变小。又由于我们用的是当月、次月交割合约的连续数据，因此会呈现这种周期性。

次月无风险套利和统计套利总成本之间的差距之所以比较大主要是因为：当我们利用次月合约进行无风险套利时，假设我们将合约持有至到期，因此机会成本较大；而当我们利用次月合约进行统计套利时，不需要持有到期的假设，最长的持有期限为次月合约转为当月合约的时候，相当于当月合约到期的时间，因此机会成本较小。

在接下来第五部分介绍的统计套利的相关计算中，我们得到统计套利期货现货当月合约的最优套利比是1:1，次月为1:1.02，因此当月合约统计套利与无风险套利的总成本相同，而次月合约二者之间的差距除了机会成本外，还表现在套利比率的不同。

5.4 无风险套利机会

经过本文第四部分的讨论，期货价格的无套利上限为：

$$F_t = S_t(1 + r_b)^{(T-t)} + E + C + O$$

采用连续复利形式，期现正向套利的条件为：

$$F_t > S_t e^{r(T-t)} + E + C + O$$

即：$Z = F_t - S_t e^{r(T-t)} - E - C - O > 0$

计算结果如图14-3所示：

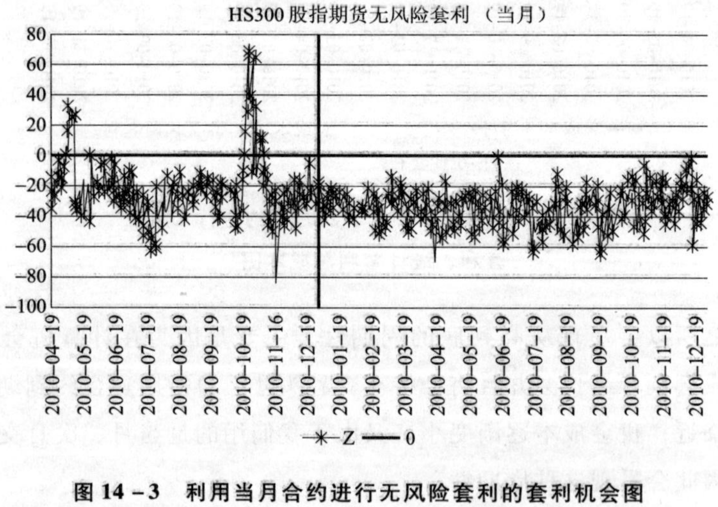

图14-3 利用当月合约进行无风险套利的套利机会图

从图14-3中可以看出，共有15处的Z值大于0，它们分别列示在表14-5当中：

表 14－5　　利用当月合约进行无风险套利的套利机会表

日期	Z	日期	Z	日期	Z
2010－05－04	16.665 2	2010－10－20	1.856 8	2010－10－27	31.711 1
2010－05－05	0.389 0	2010－10－21	16.047 3	2010－10－28	64.774 6
2010－05－06	33.539 1	2010－10－22	29.603 3	2010－11－01	33.961 0
2010－05－07	25.399 5	2010－10－25	69.162 3	2010－11－03	6.445 9
2010－05－10	26.555 8	2010－10－26	37.688 8	2010－11－05	12.570 3

总获利最高为406.370 1点。

从图14－4中可以看出，共有26处的Z值大于0，它们分别列示在表14－6当中。

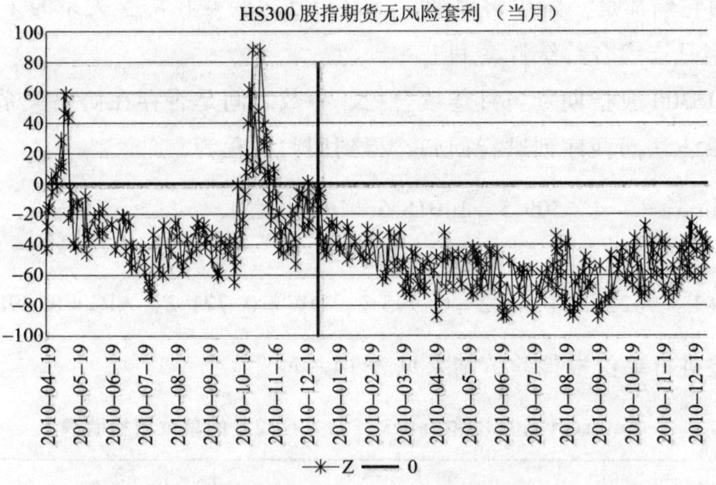

图14－4　利用次月合约进行无风险套利的套利机会图

表 14－6　　利用次月合约进行无风险套利的套利机会表

日期	Z	日期	Z	日期	Z	日期	Z
2010－04－26	5.799 9	2010－05－10	45.293 7	2010－10－28	89.542 8	2010－11－08	28.409 7
2010－04－28	1.070 5	2010－10－15	0.656 0	2010－10－29	9.097 4	2010－11－09	25.018 7
2010－04－30	10.915 2	2010－10－21	9.317 1	2010－11－01	47.333 3	2010－11－10	7.067 2

续表

日期	Z	日期	Z	日期	Z	日期	Z
2010-05-04	30.7954	2010-10-22	18.4374	2010-11-02	10.3653	2010-11-19	9.4671
2010-05-05	12.6004	2010-10-25	63.0220	2010-11-03	36.1057	2010-12-21	2.2208
2010-05-06	59.6979	2010-10-26	39.5094	2010-11-04	47.6216		
2010-05-07	46.1059	2010-10-27	40.2946	2010-11-05	88.8218		

总获利最高为784.5866点。

5.5 统计套利机会

用Eviews对股指期货当月、次月连续合约以及HS300股指现货进行单位根检验，证明它们都是一阶单整序列，满足相互之间存在协整关系的条件。

(1) 当月连续合约统计套利

检验HS300股指期货当月连续合约、指数之间是否存在协整关系：

用OLS方法对两序列进行回归，得到回归方程为：

$$Future = -45.5095 + 1.0186 * Index$$

$$(9.7363)\ (0.0033)$$

$$(F = 96226.24,\ R^2 = 0.9957,\ DW = 0.7712,\ AIC = 8.5981)$$

对残差进行单位根检验，结果见表14-7。

表14-7　Future（当月）和Index回归方程残差的单位根检验表

			t-Statistic	Prob. *
Augmented Dickey-Fuller test statistic			-6.246626	0.0000
Test critical values:	1% level		-3.445890	
	5% level		-2.868285	
	10% level		-2.570428	

结果表明：在1%的置信水平下，拒绝零假设，残差序列不存在单位根，是平稳序列。因此，股指期货和现货价格两序列之间存在协整关系。

修正两序列之间的回归方程：

原方程：Future = -45.509 5 + 1.018 6 * Index (DW = 0.771 2)

$DW = 0.771\,2 < d_L = 1.65$，可见残差序列存在一阶正自相关，从而破坏了回归方程的最佳性。用 ARCH 自回归过程消除自相关，对回归方程进行修正，自相关校正方程为：

$$\text{Future} = -7.555\,7 + 1.005\,6 * \text{Index}\ (AR(1) = 0.404\,8, AR(2) = 0.355\,2)$$

$$(24.883\,1)\ (0.008\,4)$$

$$(F = 58628.37,\ R^2 = 0.997\,7,\ DW = 2.040\,7,\ AIC = 7.997\,8)$$

由此可得，期货与现货的最佳交易比例为 F∶I = 1∶1.005 6 ≈ 1∶1。

此时 DW = 2.040 7，在 1% 的置信水平下，$1.835\,1 = d_U < DW < 4 - d_L = 2.155\,4$，可以认为已不存在自相关。

确定最大收益的交易阀值：

由模型规划求解结果得：当 $S_1 = 10.348\,2$ 时，m = 80，此时 TD 最大，见图 14-5，确定统计套利区间：

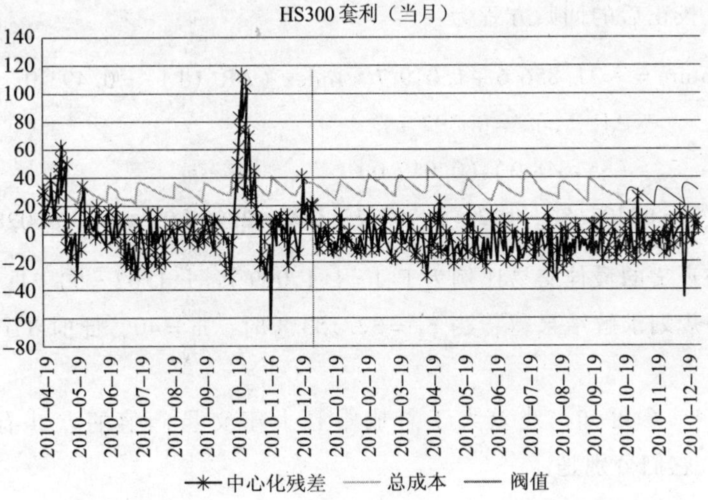

图 14-5　利用当月合约进行统计套利的套利机会图

由图 14-5 可以看出，残差大于总成本且大于交易阀值的点共有 14 个，它们分别列示在表14－8中：

表14－8　利用当月合约进行统计套利的套利机会表

日期	中心化残差	总成本	日期	中心化残差	总成本
2010－05－04	47.2016	33.4424	2010－10－25	112.5735	43.5765
2010－05－06	61.4815	31.2093	2010－10－26	79.8580	42.7884
2010－05－07	52.0896	30.1174	2010－10－27	72.2181	41.4623
2010－05－10	50.9289	29.0248	2010－10－28	104.2328	40.8749
2010－10－20	49.4474	45.1944	2010－11－01	69.8990	39.4931
2010－10－21	62.3724	44.3705	2010－11－03	39.8554	37.7590
2010－10－22	74.9700	43.8924	2010－11－05	44.6300	37.7357

总获利最高为380.8169点。

（2）次月连续合约统计套利

股指期货次月合约价格与股指时间序列通过检验，证明两序列存在协整关系。自相关校正后的回归方程为：

$$Future = -31.8566 + 1.0197 * Index \quad (AR(1) = 0.4930,$$
$$AR(2) = 0.3921)$$
$$(35.6483)\ (0.0120)$$
$$(F = 60401.86,\ R^2 = 0.9977,\ DW = 2.0389,\ AIC = 8.0283)$$

期货与现货的最佳交易比例为 F∶I = 1∶1.0197≈1∶1.02 = 50∶51。

由模型规划求解结果得：当 $S_1 = 32.1538$ 时，m = 40，此时TD最大，见图14－6。

由图14－6可知，残差大于总成本且大于交易阀值的点共有30个（见表14－9），它们分别是：

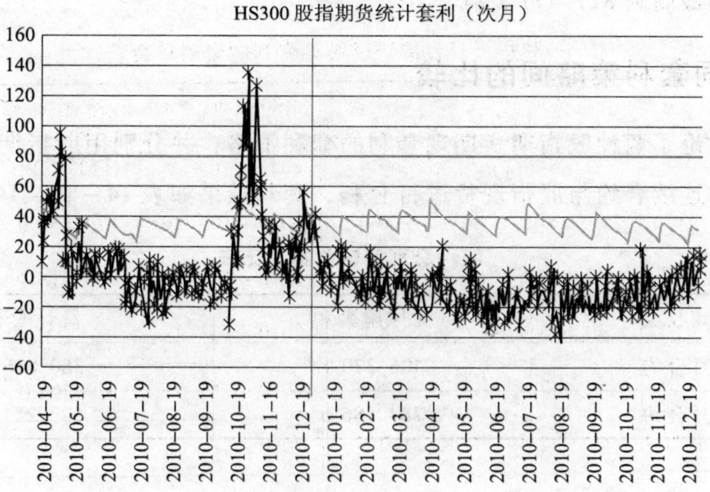

图 14-6 利用次月合约进行统计套利的套利机会图

表 14-9 利用次月合约进行统计套利的套利机会表

日期	中心化残差	总成本	日期	中心化残差	总成本
2010-04-26	51.660 2	41.722 1	2010-10-27	87.820 2	44.372 4
2010-04-27	41.903 5	40.381 6	2010-10-28	136.122 1	43.817 4
2010-04-28	44.781 4	39.757 6	2010-10-29	54.381 1	42.889 8
2010-04-29	41.806 4	38.794 4	2010-11-01	89.927 8	42.415 0
2010-04-30	52.752 3	38.425 2	2010-11-02	51.792 3	41.661 3
2010-05-04	69.016 8	35.959 4	2010-11-03	76.425 6	40.625 0
2010-05-05	49.942 9	35.653 8	2010-11-04	87.069 7	40.782 9
2010-05-06	96.022 9	33.636 8	2010-11-05	127.385 7	40.738 9
2010-05-07	81.476 8	32.473 3	2010-11-08	63.668 3	39.207 6
2010-05-10	78.214 3	31.368 7	2010-11-09	59.173 6	38.350 0
2010-10-20	48.548 0	48.125 6	2010-11-10	40.103 2	37.476 8
2010-10-21	62.785 5	47.282 7	2010-11-19	33.675 2	29.346 0
2010-10-22	70.927 1	46.797 2	2010-12-21	56.822 5	46.590 5
2010-10-25	113.088 5	46.570 0	2010-12-29	40.801 5	40.407 8
2010-10-26	88.384 1	45.753 7	2010-12-30	42.086 8	39.911 3

总获利最高为 827.271 2 点。

5.6 不同套利策略间的比较

本文讨论了两种股指期货期现套利的套利策略，并分别用股指期货当月连续合约和次月连续合约与股指现货进行套利，套利结果如表 14－10，14－11 所示。

表 14－10　　四种套利策略收益对比表

最高收益	无风险套利	统计套利
当月合约	406.370 1	380.816 9
次月合约	784.586 6	827.271 2

表 14－11　　四种套利策略次数对比表

套利次数	无风险套利	统计套利
当月合约	15	14
次月合约	26	30

我们看到，获利最高的且套利机会最多的是利用次月期货合约的统计套利，其次是利用次月期货合约的无风险套利，然后是利用当月期货合约进行的无风险套利，而获利最小且套利机会最少的是利用当月期货合约的统计套利。利用次月合约进行套利比利用当月合约的套利收益和次数都大，而无风险套利和统计套利之间却没有呈现出统一关系。利用当月合约进行套利时，无风险套利比统计套利的收益和次数大；利用次月合约进行套利时，无风险套利的收益和次数却比统计套利小。同时，无风险套利与统计套利收益和次数相差不大。

我们还观察到，在统计套利中，有很多时点虽然残差大于交易阀值，但由于无法弥补套利成本而不能进行套利。总成本是影响无风险套利以及统计套利的关键因素。更重要的是，我们发现所有套利机会都出现在 2010 年，2011 年中虽然有几次接近满足套利的执行条件却没有明显的套利机会。这说明，2011 年沪深 300 股指期货市场运行已经非常成熟，给投资者利用股指期货进行风险管理和套期保值提供了良好的市场条件。

第6节 研究结论

1. 利用次月合约套利比利用当月合约更可行

沪深300股指期货上市以来，其当月、次月合约与股指的价差序列呈现出这样一种状态：大部分时候波动很小，偶尔会有显著大幅的波动。由于当月连续合约距离交割时间太近，大波动下价差变动空间有限，因此套利空间较小；而次月连续合约距离交割时间适度，大波动下价差变动空间较当月合约更大，因此套利空间也较大。基于对这种序列的分析，在这样的市场环境下，利用次月连续合约比利用当月连续合约套利效果更好。

2. 无风险套利还是统计套利收益更大没有定论

当利用当月连续合约进行套利时，采用无风险套利策略效果较好；当利用次月连续合约进行套利时，采用统计套利策略效果较好。也就是说，虽然无风险套利比统计套利的条件更强更严格，但并不一定就比统计套利的机会和收益少。这主要是因为统计套利是基于均值回归的原理，残差均值、套利比率以及机会成本的影响使二者的比较没有定论。在本文中，当月连续合约套利比率均为1:1，机会成本相同且期货理论价格与指数价格之间的差异很小，当残差均值有机会大于前者时，无风险套利优于统计套利；次月连续合约统计套利比率为1:1.02、无持有至到期的假设，使统计套利比无风险套利节约了成本，同时残差均值较小，从而统计套利优于无风险套利。

3. 股指期货套利机会很少

无论是采用无风险套利策略还是统计套利策略，在沪深300股指上市以来，套利机会都出现的很少，并且在扣除成本后，套利收益也较小，2011年市场几乎不存在套利机会。这说明，沪深300股指期货上市以来运行的很好，市场变得越来越有效。在股指期货仿真交易时期，人们发现期货市场上存在着丰富的套利机会，从而做了大量的套利相关研究，积极准备着在期货正式上市后大赚一笔。沪深300股指期货正式上市交易以来，尤其是2011年以来，由于套利者众多且多数为资金雄厚、技术专业的机构投资者，所以期货上市后不久，期现价差就收敛并长期处于无套利区间内了。

参考文献

[1] Meade N, Salkin G R.. Index funds-construction and performance measurement [J]. Journal of the Operational Research Society, 1989, (10): 871 - 879.

[2] Cornell B, French K R.. The pricing of stock index futures [J]. Journal of Futures Markets. 1983, (1): 1 - 14.

[3] Klemkosky R C, Lee J H. The intraday Ex Post and Ex Ante profitability of index arbitrage [J]. Journal of Futures Markets, Vol. 11, No. 3, 1991, p. 291 - 311.

[4] Cox J C, Jr Ingersoll J E, Ross S A. The relation between forward prices and futures prices [J]. Journal of Financial Economics, Vol. 9, 1981, p. 321 - 346.

[5] Modest D M. On the pricing of stock index futures [J]. Journal of Portfolio Management, Vol. 10, 1984, p. 51 - 57.

[6] Ganapathy Vidyamurthy. Pairs Trading: Quantitative Methods and Analysis [M]. Canada, Published by John Wiley & Sons, Inc., Hoboken, New Jersey, 2004.

[7] 方世圣. 股指期货套保与套利 [M]. 上海: 上海远东出版社, 2010.

[8] 薛宏刚, 徐成贤, 徐凤敏. 股票指数期货—投资、套利与套期保值 [M]. 北京: 科学出版社, 2008.

[9] 刘仲元. 股指期货教程 [M]. 上海: 上海远东出版社, 2007.

[10] 唐衍伟, 陈刚. 股票指数衍生工具 [M]. 北京: 科学出版社, 2009.

[11] 姜昌武. 股指期货投资攻略 [M]. 北京: 中国金融出版社, 2007.

[12] 安德鲁 波尔 (Andrew · Pole), 陈雄兵、张海珊译. 统计套利 [M]. 北京: 机械工业出版社, 2011.

[13] 陈军. 从仿真交易看统计套利方法在股指期货交易的应用 [EB/OL]. 和讯网, http: //qizhi. hexun. com.

[14] 仇中群. 基于协整的股指期货套利研究 [D]. 合肥: 中国科学技术大学, 2009.

[15] 袁象. 我国股指期货期现套利实证分析 [J]. 现代管理科学, 2008, (3): 117 - 119.

[16] 张辉. 股指期货期现套利研究 [D]. 上海: 同济大学, 2008.

[17] 赵骞. 我国股指期货期现套利研究 [D]. 北京: 北京工商大学, 2008.

第 15 章

股票指数期权的应用现状

第 1 节　股指期货与股指期权的区别

我国股票指数期货正式推出已近两年，目前仍处于稳健发展阶段。股票指数期权是在股票指数期货合约的基础上产生的。期权购买者付给期权的出售方一笔期权费，以取得在未来某个时间或该时间之前，以某种价格水平，即股指水平买进或卖出某种股票指数期货合约的选择权。股指期权与股指期货存在以下区别：

1. 权利义务不同

股指期货赋予持有人的权利与义务是对等的，即合约到期时，持有人必须按照约定价格买入或卖出指数。而股指期权则不同，股指期权的多头只有权利而不承担义务，股指期权的空头只有义务而不享有权利。

2. 风险收益机制不同

股指期权风险收益机制的不对称性：对于看涨期权的多头，收益无限，损失被锁定；对于看跌期权的多头，收益有限，损失被锁定；对于看涨期权的空头，收益被锁定，损失无限；对于看跌权的空头，收益被锁定，损失有限。

3. 杠杆效应不同

股指期货的杠杆效应，主要体现为利用较低保证金交易较大数额的合约；而股指期权的杠杆效应则体现期权本身定价所具有的杠杆性。

股指期权成为金融衍生品市场主流产品。股指期权虽然产生时间晚于股指期货，但它诞生之后却显示出了强大的生命力，以其方便、灵活、可操作强等特点受到投资者尤其是套期保值者的青睐，伴随着交易品种的不断创新，交易量持续攀升，成为当今金融衍生品市场里头最闪耀的明星。

在股指类衍生品中，股指期权独占鳌头，成为了交易所交易金融衍生产品中的主流产品。从 2004 年全球股指期货与股指期权交易量前 10 名的交易所，可以清楚地看出股指期权的龙头地位。位于首位的是处于亚洲的韩国交易所，其股指期权的交易量在股指期货与股指期权交易量中所占的比例达到了 97.86%，而在这 10 名交易所中，这一比例超过 50% 的有 6 家，近两年，随着股指期权的快速增长，这些数字还在攀升。

第 2 节　美国、韩国、中国台湾的股指期权发展特点

国际股票市场的交易方式经历了现货、期货、期权这样一个从低级到高级的演化过程。目前，由于其具有风险不对称、现金结算等交易机制及灵活、方便、操作性强等特点，股指期权已发展成为国际金融市场最为成功的风险管理工具之一，在全球衍生品市场中占据极其重要的地位。2011 年，韩国交易所凭借 KOSPI200 股指期权，继续位列全球衍生品交易所期货与期权成交量排名首位。下面将就最早开展股指期权交易的美国市场、成交最为活跃的韩国市场以及邻近的台湾市场进行分析，总结其发展历程及运行特点，以期发现对我国发展股指期权值得借鉴的地方。

2.1　美国股指期权发展特点

美国是世界上最早发展股指期权的国家。世界上第一个股票指数期权产生于芝加哥期权交易所。1983 年 3 月 11 日，该交易所开发了 CBOE-100 指数期权，后更名为标准普尔 S&P100（OEX）指数期权。1983 年 7 月 1 日，基于 S&P500 的指数期权开始上市交易。其后股票指数期权的发展向两个方向展开：一个是许多的交易所都相继推出了股票指数期权；另一个是股票指数期权的品种也不断增多。

美国股指期权市场呈现出许多特点：

（1）产品创新不断。从期权属性来分，如今美国上市的股票指数期权已包括了许多种类。从大的方面来看，有看涨期权和看跌期权、有欧式期权和美式期权。

（2）交易量快速增长。从交易量来看，最近几年，股指期权产品一直是增长最快的衍生产品之一。CBOE 在 2000 年，年交易量就突破 3 亿张。到 2005 年期权合约量已到 468 249 301 张，比上年增长 30%。从日交易量来看，2000 年，日平均交易量才突破 1 百万张。到了 2006 年 5 月 19 日，单日交易量超过了 570 万张，创造了新的日交易量记录。2004 年，CBOE 的 S& P500 指数期权的交易量为 4 974 万张，2005 年度达 7 180 万张，增长 14%。

（3）国际化趋势明显。美国股指期权市场的国际化表现在多个方面。首先是投资者的来源国际化。另一个表现是期权交易所纷纷推出国际指数期权。再次，期权交易所走出美国开展与其他国家的合作与交易如近年来 CBOE 与中国的合作和交流就大大增加。

（4）交易设施和技术不断完善。交易设施和技术的不断完善是股指期权交易有序进行的客观条件和基础。

（5）市场监管体系较完善。股指期权市场的健康发展离不开有效的市场监管。美国股指期权市场主要有四个层次：中央监管、行业自律、交易所规则和各经纪商的自律。中央监管机构如证券交易委员会（SEC）、商品期货交易委员会（CFTC）和美国财务会计标准局（FASB）。证券交易委员会的主要作用在于促进重要信息的披露、确保证券法律规则得到实施，保证交易过程的公平和公正。股指期权主要归证券交易委员会管辖，但是股指期货期则主要归期货委员会管理。美国财务会计标准局则是在财务会计方面促进会计信息的真实可靠。美国有丰富的股票交易所的成功经验，为建立完善的股指期权交易制度提供了经验。期权品种设计中的期权清算制度、头寸限额和保证金制度都是保证股指期权市场顺利发展的基础。

同时，之前美国市场的国际指数期货和期权产品主要集中在欧洲和日本股指上。但伴随着中国经济的快速发展，美国逐渐开始发展中国指数期权（CZH）。2004 年 5 月 6 日，美国股票交易所（AMEX）推出了中国指数期权。芝加哥期权交易所（CBOE）也于 2004 年 11 月 8 日开始上市中国指数期权（CYX）。

2.2 韩国股指期权发展特点

韩国证券交易于1999年所推出股指期权。股指期权的诞生满足了韩国投资者为指数交易寻求保险的市场需求。2011年韩国股指期权交易量为36.72亿手，占全球总交易量的63.7%。其中KOSPI200股指期权早在在2001年一跃成为当年全球期权交易量第一的品种，单个产品年成交量曾超过全球衍生品成交总量的四分之一，可以说是国际衍生品市场上史无前例的“黑马”。

1. 政府大力支持金融衍生品市场的发展

韩国政府在建立金融衍生品市场过程中发挥明显的政策导向作用，积极推动衍生品市场的发展。在1987年时韩国政府就修改了证券法，为股指期货的推出提供法律依据。1993年成立期货、期权委员会，为金融衍生品的推出做准备，1995年12月制定期货法，1996年3月明确由金融与经济部（MOFE）对金融衍生品进行统一监管。在1997年爆发金融危机后，为加强金融衍生品的风险监管，对期货执行法规进行修改。2000年12月29日对期货交易法再次进行修改，到2004年，韩国期货市场将合并到KOFEX之下，KOFEX将成为韩国惟一一家期货交易所。这些法规明确了股指期货等金融衍生品的交易规则，使金融衍生品的市场布局合理化，增强了本国市场的竞争力。

2. 创新的交易方式形成了特点鲜明的投资者结构

韩国股指期货、期权交易获得成功的深层原因首先应该归结为网上交易的盛行。韩国网络基础设施齐备，交易所拥有完全计算机化的交易系统，能够保证快速可靠地执行指令，也适合家庭交易网络技术的发展以及发达的基础网络，为交易所吸引众多投资者通过在线交易系统上网交易提供了物质基础。网上交易以其便捷性和低成本吸引了以个人投资者为主的广大投资者积极地参与股指期货、期权的投资活动。目前，网上交易量已经占到韩国股指期货、期权交易量的50%以上。正是广大个人投资者的广泛参与形成了具有韩国特色的投资者结构。而且交易手续费非常低廉。韩国交易所与证券公司均按期权权利金比率收取交易佣金，权利金越小，收费就越低，导致价格低廉的深度虚值期权交易非常活跃，有时期权交易价格仅为0.01韩元，每个合约相当于9元人民币，证券公司收费仅为权利金的0.1%，不足1分钱人民币。

3. 市场参与者分工明确

从韩国股指期权市场的流动性角度来看，股指期权净买入/净卖出的交易量分布非常符合角色分工。期货佣金商、证券公司、信托投资公司以及保险公司等作为合约成交量的净卖方提供了市场流动性，合约的净买方则为个人投资者、外国投资者、银行，这部分投资者往往需要衍生品工具提供资本保值增值的功能。合约的净买方中，个人投资者占主要份额。从总交易量来看，外国投资者的交易量占到个人投资者交易量的43%左右；而从净买单量来看，外国投资者看来更加均衡，净买单量只占个人投资者净买单量的15%。对比所有的市场参与者，买卖单量最为均衡的则为期货佣金商，其次为银行。韩国股指期权市场分工相对明确，而且没有像发达国家市场那样依赖机构投资者，这是韩国股指衍生品成功的一个非常重要的因素。

2.3 中国台湾股指期权发展特点

2001年12月，中国台湾股指期权的上市是台湾期货市场里程碑式的重要事件，该品种推出后获得市场交易人士的青睐，日均交易量从2002年的6 316手大幅提高至2009年的287 181手，增长了45倍。

1. 做市商制度的推出

做市商制度是一种市场交易制度，由具备一定实力和信誉的法人充当做市商，不断地向投资者提供买卖价格，并按其提供的价格接受投资者的买卖要求，以其自有资金和证券与投资者进行交易，从而为市场提供即时性和流动性，并通过买卖价差实现一定利润。简单说就是：报出价格，并能按这个价格买入或卖出。

中国台湾在2001年上市台指期权时，成功推出做市商制度。做市商制度缩小了市场买卖价差，除可让市场价格在高流动性中得以准确反映，也让套期保值者有信心进场避险，且自营商（做市商）进行做市交易时，为规避做市部位风险，也会在相关品种上进行避险操作，带动整体期货市场的交易量。做市商制度无疑是解决新品种上市时流动性不足的最佳方法。中国台湾期货市场自营商（含做市商）的交易比重从2001年的4.74%大幅增长至2009年的48.71%，在中国台湾期货市场中扮演了关键性的角色。

2. 期货从业人员的热情推广

在 2002 年台指期权推出初期，期权在台湾是一个较为陌生的品种，其对于一般投资者而言具有相当的复杂性。因此，期交所与期货商均投入大量人力开设一系列教育课程及开办交易奖励活动。期货从业人员通过与一般投资者面对面的沟通，使投资者能够深入了解期权的特性、交易策略及交易风险，让投资者对期权品种产生兴趣，增强入市的意愿，期货从业人员在与客户的互动中，彼此都获得学习与成长，创造了双赢。

3. 自然人交易占很大比例

自然人交易一直以来在中国台湾期货市场交易量中占有很高的比重，不过近年来交易比重已从 1998 年的 95.1% 下降至 2009 年的 44.39%。主要原因是期货自营账户交易量的大幅增长，期货自营商交易比重自 1998 年的 0.26% 大幅提高至 2009 年的 48.71%。

交易门坎的降低是自然人交易量大幅增长的主要原因。2002 年台指期权上市，做市商制度推出，期货自营商账户交易量大幅增长 2.28 倍，之后逐年增加，并于 2006 年开始领先自然人交易量，其中最主要的原因是期货商手续费的杀价竞争。手续费收入、客户保证金利息收入两项为期货商经纪业务收入的主要来源，但期货商之间为了争夺市场占有率，纷纷降低手续费以吸引投资者参与交易，长期砍价竞争的结果是期货商虽然获得更大交易量，但手续费收入锐减。期货商为维持公司盈利水平，不得不另谋经营之道，在此环境下，期货自营商交易量开始大幅增长，自有资金操作的获利占了期货商总盈利的很高比例，期货自营人才在中国台湾金融期货市场也变得炙手可热。

第 3 节　对中国的借鉴意义

3.1　投资者教育

期权市场的发展和期权理论的发展是相互促进的。在整个发展过程中，期权理论对期权市场发展的指导作用是非常明显的。在期权市场的发展过程中，期权知识的普及也相当重要。为了使普通的投资者能参与到市场中来、同时为了避免盲目的投机给市场造成大的波动，对投资者进行必要的期权知识培训显得尤其重要。在对期权知识的普及方面，美国的一些交易所都非常重视。比如说，CBOE就建立了期权学院来从事期权知识的普及和教育，这也是CBOE不断发展壮大的一个重要因素。从整体上来说，中国目前在期权方面的研究水平还比较落后，有影响的原创性研究几乎没有。理论水平的欠缺和实际经验的不足，在金融不断开放的条件下会使中国的投资者与国外的投资者之间处于极为不利的竞争地位。相应地，监管方式和手段很难跟上形势的发展要求。因此，在美国和新加坡等其他国家和地区相继推出基于中国的股指类期货和期权产品的紧迫形势下，加强对期权理论和知识普及方面的投入、积极引导对期权知识的研究和普及具有非常重要的意义。

3.2　做市商制度

为提高市场流动性，进而扩大交易规模，中国期货市场开始出现减免手续费制度。各期货交易所相继实行。减收政策的目的在于吸引资金、刺激交易，同时也有利于减轻会员单位特别是经纪公司的经营与财务困窘。减收政策一般针对全体会员，没有资格选择，也无报价义务要求，只是就交易量及持仓量做出要求。因此，虽然其目的也在于提高市场流动性，但诸多方面与做市商制度存在不同。

与手续费减收政策相比，郑州商品交易所于2002年4月推出的指定交易商制度向着做市商制度更进一步。郑商所在此之前已经深入研究了做市商制度及在期货市场实行的可行性。并向国家监管机构提交了正式报告。由于做市商制度在国内金融市场尚属探索中的新生事物，出于谨慎性考虑，同时结合期货交易中的主要问题进行了变通的情况下推出指定交易商制度。在对做市商制度进行深入研究和指定交易商措施的基础上，为了迎接股指期权交易这一新型交易工具的推出，并确保推出后能够成功运行，郑商所正在加紧制定《郑州商品交易所期权做市商管理办法》，并确定在开展股指期权交易的同时实行做市商制度。这意味随着期权的上市，做市商制度有可能在我国金融市场完成实质意义上的突破。与期货交易相比，股指期权交易的交易策略众多、交易理论复杂，被称为华尔街的“导弹科学”，更需要做市商发挥其专家作用，为期权提供报价，因此引入做市商制度更具有不可忽视的作用。

3.3 交易系统

从分析中可以看出，美国、日本、台湾股指期权的迅速发展都离不开发达的网络系统。完善的交易网络为交易者提供便捷的网络下单环境，这大大地提高了股指期权市场的交易效率。在电子交易平台的建立与发展上，通过多样化的交易策略与仿真工具，让交易者可以很方便地分析交易策略和计算控制损益风险，这是我们要努力的方向。韩国和台湾的实例都表明拥有发达的家庭网络系统，提高网络覆盖率会极大地方便个人投资者在家中进行交易，提高交易数量和佣金比例。同时，期货交易所应加强技术和通信的建设和优化升级设施，保证完全计算机化的交易系统能够确保命令被快速可靠地执行。

参考文献

[1] 约翰·赫尔．期权、期货及其他衍生产品［M］．北京：机械工业出版社，2011.

[2] 胡舜，黄上国．发达国家或地区推出的中国股指期货和期权探析［J］．理论界，2008，(7).

[3] 王政，吕卓易，牟晨冰，黄雪松．股票指数期权在中国的适用性：基于期权定价模型的分析［J］．山东青年政治学院学报，2011，(9).

附录　2011年期货市场大事记

1. 2011年全国期货市场交易量交易额经过连续五年的高速增长之后出现明显下滑，这是2005年以来国内期市年成交量和成交额首次下降。

2. 2011年，各类机构客户进入期货市场步伐明显加快。证券公司、基金管理公司等“特殊单位客户”对期货市场的参与热情逐渐升温。信托账户也已获批开户，合格境外机构投资者（QFII）被允许参与期指交易，基金管理公司特定客户资产管理计划被允许参与商品期货交易。

3. 2011年第一个交易日，随着上海期货交易所燃料油期货新合约（FU1201）的挂牌，国内期货市场将迎来商品期货“大合约”的新时代。

4. 2011年3月11日，日本东北部海域发生里氏9.0级地震并引发海啸，引起核泄漏危机，引发全球股市恐慌性暴跌。日经指数震后三个交易日内狂泻17.5%，全球资本市场无一幸免。

5. 2011年3月24日，铅期货在上海商品交易所上市。

6. 2011年4月1日《期货公司期货投资咨询业务试行办法》正式发布，并于5月1日开始实施。8月19日，首批14家期货公司获得期货投资咨询业务资格，标志着该业务正式开展。

7. 2011年4月12日，《期货公司分类监管规定》发布并实行。

8. 2011年4月15日，焦炭期货在大连商品交易所上市。

9. 2011年4月18日，标普降低美国债信评级，“评级门”惊扰全球。

10. 2011年5月6日，证监会发布指引，允许QFII参与股指期货。

11. 2011年7月8日，意大利股市、债市双双暴跌，欧债危机蔓延。

12. 2011年8月5日，标准普尔宣布下调美国长期主权债务评级，这是美国有史以来首次丧失3A主权信用评级，引发全球市场担忧。

13. 中国证监会9月2日发布《关于开展期货市场账户规范工作的决定》，

对期货市场账户管理进行规范，使期货市场实名制和统一开户等基本制度得到全面和彻底的落实。

14. 2011年9月9日，中国中期（000996）发布公告，宣布公司参股的中国国际期货拟以3.875亿元的对价吸收合并珠江期货，开启了期货公司通过兼并重组做大做强的序幕。

15. 2011年9月15日，欧洲央行宣布，将与美、英、瑞、日央行联合提供三次美元流动性操作，刺激欧元兑美元汇率上升。

16. 2011年9月16日，焦炭合约最低保证金调为7%，停板调为5%。

17. 2011年9月26日，亚太股市全部下跌，其中上证综指跌破2 400点，创年内新低。9月，香港产业资本爆发回购潮，超过金融危机时期。

18. 2011年10月28日，甲醇期货在郑州商品交易所上市。

19. 10月21日，中证期货发布公告称，拟以自有资金3.117 5亿元收购浙江新华期货全部股权。

20. 2011年11月1日，资产超过400亿美元的美国金融巨头全球曼氏金融一夜间宣告破产，成为欧洲债务危机爆发以来第一个牺牲品。曼氏金融持有63亿美元的欧债敞口，分别来自西班牙、意大利、比利时、爱尔兰和葡萄牙。

21. 中国期货业协会制定发布《期货业诚信建设实施指导意见》，并于11月在全国开展“期货诚信建设宣传月”活动，进一步加强行业诚信建设。

22. 国务院办公厅11月11日发布《国务院关于清理整顿各类交易所切实防范金融风险的决定》，建立由证监会牵头，有关部门参加的“清理整顿各类交易所部际联席会议”制度，统筹协调有关部门和省级人民政府清理整顿违法证券期货交易工作，督导建立对各类交易场所和交易产品的规范管理制度。

23. 12月21日，国务院法制办公室、中国证券监督管理委员会共同起草的《国务院关于修改<期货交易管理条例>的决定（征求意见稿）》公开征求意见。